An Introduction to
Early Childhood Education

유아교육개론 ^{2판}

우수경 · 김현자 · 신선희 · 유영의 · 김 호 · 김현정 공저

학지사

2판 머리말

초판이 나온 지 어느새 7년이 지났고, 개정 필요성에 대한 저자들의 합의에 따라 개정 작업을 시작한 지도 햇수로 3년이 다 되어 간다. 더 미루기에는 유아교육과 보육 분야에서 적지 않은 변화들이 있었기에, 서둘러 개정 작업을 마무리하여 개정판을 내게 되었다.

초판에서와 마찬가지로 이번 개정판에서도 유아교육에 대한 공부를 시작하는 예비 유아교사들에게 유아교육 영역 전반에 대하여 개괄적으로 안내하는 입문서 역할을 하도록 집필의 방향을 유지하였으며, 예비 유아교사들이 내용을 보다 쉽게 이해할 수 있도록 가독성을 높이기 위해 노력하였다.

이번 개정판은 초판의 내용을 바탕으로 하되 유아교육과 보육에 관련된 사회적·제도적 변화를 반영하여 수정하였다. 새롭게 추가된 내용을 보면, 인구구조 변화와 양극화 문제, 미디어시대 놀이양상의 변화, 성인학습자로서 논의되고 있는 부모학의 관점, 유아교사 양성 교육과정의 변화, 유치원교직원의 구성 및 복지 관련 규정의 개정, 유치원과 어린이집의 시설·설비 관련 기준의 개정, 3~5세 연령별 누리과정과 표준보육과정의 개정, 유치원평가와 어린이집 평가인증 지표의 변화, 4차 산업혁명 도래에 따른 유아교육의 과제 등이 굵직한 변화이다.

가속화되고 있는 과학기술과 사회·문화적 변화와 함께 유아교육 분야에서도 계속하여 많은 변화와 발전이 있을 것으로 전망된다. 또한 이번 개정판에서 저자들의 의욕을 한껏 담아내지 못하여 아쉬움과 미완의 느낌도 있다. 이러한 점에서 추

후 개정 노력을 계속하리라 다짐해 본다.

　마지막으로, 출판을 기꺼이 허락해 주신 학지사 김진환 사장님과 임직원 여러분께 깊이 감사드린다. 그리고 '소소하지만 확실한 행복'을 주는 주인공이자 일상에서 만족의 원천이 되는 우리 가족들에게 감사와 사랑의 마음을 전한다.

2019년 2월
저자 일동

1판 머리말

유아교육개론은 유아교육을 본격적으로 공부하려는 학생이나 유아교육에 관심을 가지고 탐구하려는 이들에게 유아교육 영역 전반에 대하여 간략히 안내하는 입문서이다. 이 책은 그러한 필요를 가진 이들의 지적 여행에 쉽고 참신한 지도를 제공함과 동시에 대학에서 강의 교재로 활용하고자 하는 목적에서 만들어졌다. 그러한 취지에 부합하도록 유아교육의 전체 범주를 구성하는 부문들을 고루 선정하여 각 장의 내용으로 배치하고, 각 장에서는 유아교육을 공부하는 데 기초가 되는 주요 개념과 이론을 중심으로 세부 내용을 다루었다. 또 개념적 · 이론적 이해를 가능한 한 유아교육이 실천되는 유치원과 어린이집에서의 실제와 연관시켜 볼 수 있는 방향으로 구성하였고, 적절한 토론 과제를 제시함으로써 교원양성 과정에서 유아교육을 공부하는 학생들의 탐구 의욕을 북돋고자 하였다.

이 책은 유아교육을 전공하고 다년간의 유아교육 연구 및 현장 경력을 쌓으며 교류해 온 여섯 명의 저자들이 함께 집필하였다. 내용 구성의 적절성, 표현의 정확성, 체제의 통일성 등의 기준에 비추어 집필진이 여러 차례 검토하며 수정하였고, 관련 법령의 개정에 따른 변화도 최대한 반영하고자 노력하였다.

각 장별 주요 내용을 개괄하면, 1장에서는 유아교육의 개념과 중요성 및 유아교육기관의 유형에 대하여 소개하였고, 2장에서는 유아와 유아교육에 대한 사상의 흐름을 시대별 사상가들의 견해를 중심으로 제시하였다. 3장에서는 영유아의 발달에 대하여 그 개념과 주요 학자들의 발달이론 및 영유아의 일반적 발달을 중심으로 기술하였고, 4장에서는 사회의 변화에 따른 제도와 생활양식의 변화가 유아교육에 미치는 영향과 그로 인해 새롭게 제기되는 문제들에 대하여 고찰하였다. 5장에서는 유아교육에서 놀이에 대한 관점의 변화와 놀이 이론 그리고 놀이와 유아 발달 및 교육과의 관계에 대한 관점을 정리하였고, 6장에서는 유아교육에서 부모가 차지하는 위치와 역할에 대한 탐색 및 현대사회에서 유아교육에 부모가 참여하는 유형과 방법들에 대하여 다루었다. 7장에서는 유아교직의 전반적인 특성과 유아교사의 역할과 자질 및 발달에 대하여 개관하였고, 8장에서는 유아교육기관의 환경 구성 원리, 흥미 영역의 구성, 환경의 효율적 활용 방법을 개관하였다. 9장에서는 유아교육기관을 경영함에 있어 요구되는 인사 · 시설 및 설비 · 재정, 사무 · 건강 및 안전을 관리하는 방법들을 제시하였고, 10장에서는 영유아교육과정의 개념과 대표적인 프로그램 그리고 우리나라의 유치원교육과정과 표준보육과정을 중심으로 살펴보았다. 11장에서는 유아교육 평가의 원리와 내용 및 다양한 평가 방법의 적용에 대하여 기술하였고, 12장에서는 유아교육의 동향 및 발전 방향을 제시함으로써 심리 · 사회 · 문화적 변화에 따른 유아교육의 변화에 대한 관심을 환기하고자 하였다.

이 책을 집필하면서 내용의 적합성을 확보하고 공동 집필에 따른 부조화 및 불일치의 문제를 최대한 없애고자 노력하였으나 의도에 온전히 미치지 못하였음을 인정한다. 부족한 부분에 대한 지적과 비판적 제안을 적극 수용하여 이후 수정과 개선에 반영할 것을 다짐한다.

마지막으로, 항상 무한한 애정으로 지지와 격려를 해 주는 사랑하는 가족에게 감사의 마음을 전한다. 또 출판을 기꺼이 허락해 주신 학지사 김진환 사장님과 이 책이 나오기까지 아낌없는 지원과 조언을 해 주시고 편집에 심혈을 기울여 주신 관계자 여러분께 감사를 드린다.

2012년 2월
저자 일동

차례

Chapter
01

유아교육의 개념 및 중요성 … 16

Chapter 06 유아교육과 부모·가족 ··· 148

Chapter 07

유아교육과 교사 … 178

Chapter 08

유아교육과 물리적 환경 … 204

유아교육평가 ⋯ 314

유아교육의 개념 및 중요성

유아교육에 대한 이해를 위하여 선행되어야 할 것은 유아와 유아교육의 개념에 대한 올바른 인식이라고 할 수 있다. 즉, 유아교육에 대한 개념 정립을 위하여 제반 관점을 고찰하고 유아교육이 중요하게 된 배경을 알아볼 필요가 있으며, 다양한 유아교육기관의 유형별 특성을 파악함으로써 유아교육에 대한 기본적인 이해를 도모할 수 있어야 한다. 이 장에서는 유아교육의 개념을 인식하고 유아교육의 중요성을 철학적, 발달이론적, 사회·문화적 입장에서 고찰하며 유아교육기관의 유형과 특성을 살펴본다.

이 장을 학습한 후
달성할 수 있는
목표

- 유아교육의 개념을 이해한다.
- 유아교육의 중요성을 이해한다.
- 다양한 유아교육기관 유형을 이해한다.
- 유아교육기관별 특성을 이해한다.

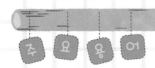

주 요 용 어

유아, 유아교육, 유치원, 어린이집

1. 유아교육의 개념

'유아교육'을 이해하기 위해서는 우선 개념을 정립할 필요가 있다. 유아교육의 개념은 여러 가지 방법으로 규정할 수 있으나 그 대상이 유아라는 측면에서 '유아'에 대한 개념 정립과 교육의 일환이라는 점에서 '교육'에 대한 개념 정립을 함으로써 '유아교육'의 개념을 규정할 수 있다.

1) 유아의 개념

'유아'에 대한 정의는 인간발달 과정의 한 시기인 '유아기'의 의미를 통해 살펴볼 수 있다. 발달이론에서 규정하는 유아기는 신생아기와 영아기 이후의 시기로 대개 3~5세를 뜻한다. 일반적으로 '유아기'는 초등학교 취학 이전까지의 시기로 그 의미가 통용되고, 초등학교 입학 이전의 교육이 유아교육으로 인식되어 왔다. 특히 유아교육 대상 연령의 범위는 국가가 어떤 교육제도를 채택하고 있는가에 따라 차이가 있다. 우리나라의 경우 출생~만 5세까지는 어린이집을 다닐 수 있으며 만 3~5세까지는 유치원에 다닐 수 있는 연령으로 규정하고 있다.

그러나 유아교육의 효과성 측면에서 대상의 연령을 달리 제시할 수 있다. 즉, 유아기의 중요성이나 효과를 입증하는 연구결과들에 따르면 유아교육의 시작 시기는 점차 하향화되고 있으며, 그 기간도 길어져야 하는 것으로 보고되고 있다. 이와 관련하여 스포덱(Spodek, 1978)은 유아교육을 '3세에서 8세까지의 유아를 대상으로 실시하는 교육'이라 보았으며, 모리슨(Morrison, 1995)은 '0세에서 8세까지의 유아를 위한 교육'으로 정의하였다. 이렇게 볼 때, 초등학교 저학년까지를 유아의 개념에 포함시켜야 한다고 할 수 있다. 즉, 초등학교와의 연계의 중요성과 발달적으로 연속적인 연령임을 감안할 때, 유아교육의 대상은 어린이집이나 유치원에 다니는 유아뿐 아니라 초등학교 저학년을 포함하는 8세까지로 볼 수 있다(지옥정 외, 2008). 실제 미국의 'Follow-Through Project'에서는 유치원에서부터 초등학교 3학년까지 연장된 프로그램들이 시행되고 있으며 최근 우리나라에서도 영아 프로그램이나 초등학교 저학년 대상의 방과 후 프로그램으로 확대되고 있는 추세이다.

한편 생명의 시작을 어디서부터 인정할 것인지에 대한 관점에 따라 0세의 의미에 대한 논의도 있어 왔다. 0세를 수태 순간으로 볼 것인지 아니면 출생 시점으로 볼 것인지에 대한 것이다. 인간의 발달은 태내기부터 이미 시작된다고 보아 태교의 중요성을 인정하고, 수태 순간부터 환경의 영향이 주어짐을 고려할 때 유아교육의 대상 연령을 수태 순간부터 출생 후 8년까지로 보는 것이 타당할 것이다(이기숙 외, 2002).

또한 최근의 유아교육은 유아의 발달뿐 아니라 부모는 물론 형제자매를 포함한 가족 모두의 성장과 발달을 위하여 포괄적인 프로그램을 제공하고자 노력하고 있으며, 교사진의 전문적 발달을 돕기 위한 노력도 하고 있다. 그러므로 광의의 관점에서 본다면 유아교육은 8세 이전의 유아를 주 대상으로 하되 부모와 교사를 포함하여 보다 광범위한 연령의 인간을 대상으로 하는 교육으로 이해할 수 있다(심성경 외, 2004).

이상과 같이 유아교육의 의미가 어린이집이나 유치원과 같은 유아교육기관에서의 교육에만 국한되지 않는 것처럼 유아교육의 대상 연령 역시 유아교육기관의 법적 대상 연령에만 제한되지 않는다. 따라서 유아교육의 대상은 유아교육기관에 다니는 유아뿐 아니라 초등학교 저학년까지 포함하여 출생에서 8세까지 유아라고 할 수 있다.

2) 교육의 개념

어원으로 볼 때 가르칠 '敎'와 기를 '育'의 합성어인 '교육(敎育)'의 '敎'는 윗사람이 베푸는 것을 아랫사람이 본받는 것을 의미하며, '育'은 어린 아이를 착하게 만드는 것을 의미한다. 즉, 윗사람이 아무것도 모르는 어린 아이를 가르쳐서 착하게 만드는 것을 '교육'이라고 할 수 있다. '교육'에 해당되는 서양의 용어로는 '가르치다'라는 영어의 'education'과 그리스어 'paidagogos'에서 유래된 pedagogy가 있다. 'education'은 라틴어의 'educare'에서 유래된 것으로서 '밖으로'라는 뜻의 접두사 'e'와 '끌어내다'라는 뜻의 'ducare'의 합성어이며, '도출하다' '인출하다'라는 의미를 갖는다. 즉, 잠재적인 능력을 밖으로 끄집어내어 변화하는 사회에 적응할 수 있도록 능력 계발을 촉진하는 것을 말한다. 'paidagogos'는 'paidos(아동)'와 'agogos(이끌다)'의 합성어로 어린 아이를 이끌어 준다는 의미이며, 타고난 잠재적 능력을 계발할 수 있도록 안내하는 것을 뜻한다(한상길 외, 2007). 결국 교육을 그 단어가 지닌 의미를 중심으로 풀이한다면 '인간을 바람직한 방향으로 육성하여, 타고난 잠재 가능성이나 소질을 계발시키는 과정'이라고 할 수 있다.

우리나라에서 가장 널리 인용되는 교육의 정의는 '인간 행동의 계획적 변화'(정범모, 1976)라고 할 수 있다. 이 정의는 '인간 행동' '변화' '계획적'이라는 세 가지 주요 개념으로 이루어져 있다(이기숙 외, 2002).

첫째, 변화의 대상인 '인간 행동'은 동작이라는 형태의 외현적 행동뿐만 아니라 지식, 사고, 가치관, 동기체제, 성격특성, 자아개념 등 인간의 모든 심리적 특성, 이른바 내면적 행동도 포함한다(정범모, 1976). 그럼에도 불구하고 이 정의는 교육이 단편적이고 외현적인 행동의 형성에만 치우치게 할 우려가 있다. 그러므로 교육이 인간 삶의 지속적인 과정에 관심을 두어야 한다는 의미에서 '행동'이란 용어 대신 '삶의 전체 과정에 대한 변화'를 강조하여 교육을 '인간 삶의 바람직한 변화'로 정의하기도 한다(이은화, 양옥승, 1988).

둘째, '변화'라는 것은 '육성, 조성, 배양, 계발, 교정, 개선, 성숙, 발달, 증대 등을 포함'하는 포괄적인 개념(정범모, 1976)이다. 특히 인간 행동의 변화 중에서도 부정적인 변화는 배제하고 바람직한 측면에서의 변화만을 일컫는다는 입장에서 '인간 행동의 계획적이며 긍정적인 변화'로 정의되기도 한다(이연섭 외, 1996).

셋째, 인간 행동의 변화는 여러 경로로 일어날 수 있으나 그 변화가 '계획에 의한 것'일 때에만 교육이라고 할 수 있다. 교육의 과정에는 적어도 변화시키고 자 하는 인간 행동의 명확한 설정과 인식(교육목적)이 있어야 하며, 이러한 목적을 실현시킬 수 있는 구체적인 이론, 즉 인간 행동을 변화시킬 수 있는 이론(교육이론)과 구체적인 프로그램(교육과정)이 있어야 한다.

교육의 형태는 분류하는 기준을 무엇으로 설정하느냐에 따라 다양해진다. 우선 교육이 이루어지는 장면에 따라 가정교육과 학교교육 그리고 사회교육으로 분류 할 수 있으며, 교육의 의도성이나 목적의식에 따라 의도적 교육, 반의도적 교육 그 리고 무의도적 교육으로 분류할 수 있다. 듀이는 학교교육을 협의(狹義)의 교육인 형식적 교육(formal education)으로, 가정교육과 사회교육을 비형식적 교육(informal education)으로 분류하였다. 즉, 형식적 교육이란 교사, 학생, 교과라는 세 요소를 갖추고 목표를 달성하기 위해 교육내용 선정, 지도, 평가를 실시하는 것으로서, 학 교교육처럼 의도적이고 계획적인 교육 실천을 주된 목적으로 하여 설립된 기관에 서 이루어지는 교육을 의미한다. 반면 비형식적 교육이란 광의(廣義)의 교육이라 고도 하며 교육기관 이외의 가정이나 사회에서 각종 사물이나 신문, 방송, 잡지, 영 화, 인터넷 등의 생활환경을 통해 비의도적이고 자연발생적이며 간접적으로 이루 어지는 교육을 의미한다. 그 외에 교육의 형태는 목적이나 성격에 따라 일반 교양 교육(general education), 직업교육(vocational education) 또는 전문교육(professional education) 등으로 구분할 수 있으며, 교육대상의 연령이나 발달단계에 따라 유아교 육, 초등교육, 중등교육, 고등교육 또는 대학교육, 성인교육 등으로 분류할 수 있다 (한상길 외, 2007).

3) 유아교육의 개념

유아교육에 대하여 스포덱은 '3세에서 8세까지의 유아를 대상으로 유아원, 유치원, 어린이집 및 초등학교 저학년에서 실시하는 교육'이라고 정의하였으며, 모리슨은 '0에서 8세를 위한 교육'으로 정의하였다. 앞에서 살펴본 '유아'와 '교육'의 개념을 기초로 유아교육에 대한 개념을 정의한다면 '출생~8세 유아 행동의 계획적이며 긍정적인 방향으로의 변화' 또는 '출생~8세 유아의 정신적 · 신체적 성장과 발달을 도와주는 일련의 과정' '유아를 대상으로 타고난 잠재능력이 바람직한 방향으로 변화될 수 있도록 계획적으로 돕는 과정' 등으로 정의할 수 있다(이기숙 외, 2002).

과거로부터 유아교육은 제도적이고 형식적인 학교교육과는 달리 다양한 형태로 발달되어 오면서 비형식적 교육으로 간주되어 왔기 때문에 유아교육의 개념에 대한 이해 역시 부분적으로 잘못된 관점들이 존재해 왔다. 다소 왜곡되거나 편협하게 규정되어 온 유아교육에 대한 관점들은 다음과 같이 네 가지로 정리할 수 있으며, 이에 대한 고찰을 통하여 유아교육의 본질에 대한 정확한 이해와 올바른 개념 정의를 모색할 수 있을 것이다(심성경 외, 2004; 이기숙 외 2002).

(1) 유아교육을 육아 또는 탁아로 보는 관점

취업한 부모들의 자녀양육을 돕기 위한 목적에서 시작되었다는 점에서, 유아교육을 부모를 대신하여 유아를 돌보아 주는 육아(child rearing practice)의 개념으로 규정하는 관점이다.

이 관점에 의하면 유아교육은 어머니의 역할을 대신해서 유아의 생명을 보호하고 심신의 발달에 문제가 없도록 배려하여 자연적 성장과 발달이 이루어지도록 돕는 일이며 주로 건강과 영양, 기본 생활 습관 지도, 정서적 안정의 유지 등과 같은 보호에 초점을 두는 것을 의미한다. 이는 유아교육이 교육학의 분야로 명백히 인정되지 못했던 1970년대까지 지배적이었던 생각으로 유아교육을 비형식적 교육으로 간주하는 대표적 견해이다(심성경 외, 2004).

유아교육이 영유아의 안전과 영양 및 건강을 기본 전제로 하는 것은 사실이지만, 기본적인 보호에 치중하는 육아나 탁아와 같이 소극적 개념으로 보는 것은 부적절하며, 보육이나 육아의 개념을 포함하는 것으로서 통합적이고 적극적인 개념 정립이 필요하다. 즉, 유아의 잠재 가능성을 최대한 발달시키기 위한 종합적인 지원체제로서 발달적 탁아(developmental day care)와 질적 탁아(quality day care)의 개념을 강조하며, 유아의 교육, 사회적 서비스, 영양, 건강 서비스 등을 제공하는 종합적 서비스로서 '보호(care)'와 '교육(education)' 기능을 통합한 '교육·보호(educare)'의 개념으로 이해하여야 한다.

(2) 유아교육을 초등학교 준비교육으로 보는 관점

유아교육의 기능을 초등학교 1학년부터 시작되는 형식적 교육을 준비시키기 위한 일련의 경험을 제공하는 것으로 인식하는 관점으로서, 유아교육을 통해 초등학교 학습을 위한 학문적 기초능력이나 집단생활 적응에 필요한 사회적 기본 능력을 길러 초등학교에서의 성공적 성취를 돕고자 하는 견해이다.

각급 학교교육이 상급 학교의 준비교육으로서의 기능을 갖는 것은 당연한 결과이지만 초등교육이 중학교의 준비교육으로만 한정될 수 없듯이, 유아교육 역시 초등교육의 준비교육 자체라고 규정해서는 안 된다. 즉, 인간 발달의 단계마다 그 자체의 독특한 의미와 가치를 갖기 때문에 어느 시기의 교육도 그 이후 교육의 준비교육으로만 규정지을 수는 없다.

이와 관련하여 유아교육을 취학 전 교육이나 학령 전 교육으로 보는 관점 역시 부적절하다. '취학 전 교육' '학령 전 교육'이란 학교교육이 시작되기 이전의 교육을 의미한다. 그러나 최근에는 많은 나라에서 유아교육이 공교육화됨에 따라 유아교육기관 역시 제도적 학교교육에 포함되고 명칭에 '학교'라는 용어가 사용되고 있다. 대표적으로 프랑스에서는 모성학교(ecole maternelle), 영국에서는 유아학교(infant school)로 명명하고 있으며, 미국은 5세 유아를 K-학년으로 초등학교에 포함시키고 있다. 이와 같이 유아교육 역시 학교라는 명칭과 교육제도에 포함되며, 유아교육의 부분적 효과로서 초등교육의 준비를 돕는 결과를 가져올 수는 있지만, 유아기의 발달적 특성과 독특한 욕구에 부응하는 다양한 경험의 제공이 유아교육의 본질적 성격임을 간과해서는 안 된다(심성경 외, 2004).

(3) 유아교육을 보상교육으로 보는 관점

유아를 잘 교육하는 것은 국가와 사회의 인력을 양성하는 것이므로 유아교육을 국가 발전의 수단으로 보며, 특별히 가정에서의 교육적 결손을 조기에 보충시켜 주는 보상교육으로 보는 관점이다. 이는 사회적 또는 정치적 필요나 목적에 따라 정부가 유아교육의 발달에 적극적으로 개입한 경우에서 확인할 수 있는데, 대표적으로 1960년대 미국의 헤드스타트(Head Start) 운동을 예로 들 수 있다. 즉, 문화적으로 혜택 받지 못한 저소득층 가정의 유아들에게 초등교육 이전에 교육 기회를 제공함으로써 결손을 보상하여 빈곤의 악순환을 막자는 정부 주도의 노력이 개입된 예이다.

우리나라의 경우 1970년대 후반부터 '복지사회 건설'이라는 국가적 목표에 따라 유아교육 보편화를 위한 노력을 시작하였다. 1980년대에 저소득층 유아를 위한 새마을 유아원을 운영하였으며 공립 유아교육 기회 확대를 위하여 초등학교 병설유치원을 설립하고, 1999년부터 저소득층 유아에 대한 교육비 지원을 시작하는 등 정부 차원의 유아교육 개입노력으로 보상교육의 기능을 수행해 왔다(이기숙 외, 2002).

그러나 국가가 유아교육을 사회발전의 수단으로 보고 적극적으로 개입해 온 보상교육이 곧 유아교육이라는 개념 정의는 저소득층 유아를 대상으로 할 때만 해당되므로 편협한 정의라고 할 수 있다. 유아교육은 모든 사회 계층 유아들의 전인적 발달 그 자체를 위한 목적에서 계획되고 운영되어야 하므로 보상교육을 포함하는 통합적인 교육으로서의 유아교육 개념화가 바람직하다.

(4) 유아교육을 조기교육 또는 재능 · 특기 교육으로 보는 관점

유아교육을 조기교육으로 보는 관점은 유아가 가지고 태어나는 선천적 능력과 가능성을 조기에 발견하여 지도함으로써 효과를 극대화할 수 있다는 입장에서 비롯된 관점이다. 이는 유아의 지적 능력이 고정된 것이 아니라 유동적이며 출생에서 8세까지 성인 지능의 80%를 형성하게 된다는 블룸(Bloom)이나 헌트(Hunt) 등의 연구결과에 영향을 받은 견해이다. 이 입장으로 인하여 과거보다 더 많은 인지적, 언어적 능력의 학습을 유아에게 요구하게 되었다고 할 수 있다.

유아교육을 재능이나 특기교육으로 보는 관점은 유아기에 음악, 미술, 운동, 무용 등의 특별한 기예를 가르쳐 재능을 계발시키는 것을 유아교육의 주목적으로 보는 것이다. 각종 학원에 유치부가 산재해 있고 사설학원을 유치원과 유사한 기관으로 인식하는 것도 이러한 관점 때문이다.

유아교육의 부분적 결과로서 조기교육이나 재능·특기 교육의 효과를 가져올 수는 있지만 유아교육이 곧 조기의 재능·특기 교육이라고 보는 견해는 부적절하다. 유아의 발달 수준이나 흥미에 맞지 않는 자극이나 훈련이 계속될 때 유아들은 스트레스를 받을 수 있으며 발달이나 학습에 부정적 효과가 나타날 수 있고, 유아에 대한 지나친 교육적 기대는 오히려 비교육적 결과를 낳을 수 있음을 간과해서는 안 된다. 유아교육은 특별한 재능을 가진 유아나 특정한 계층의 유아만을 대상으로 하는 교육이 아니며 출생에서 8세까지의 모든 유아를 위한 전인교육이다. 그러므로 특정한 분야의 발달을 촉진하기 위한 조기교육 또는 재능이나 특기교육으로 인식해서는 안 된다(심성경 외, 2004; 이기숙 외, 2002).

이상과 같은 논의를 종합하여 볼 때, 유아교육은 평생 교육의 첫 단계로 출생~8세의 모든 유아를 위한 전인교육이라 할 수 있다. 즉, 유아교육은 특정 계층이나 특정한 능력의 유아만을 대상으로 하는 교육, 혹은 특정한 영역의 발달을 위한 조기교육이 아니라 출생~8세의 모든 유아의 전인적, 통합적 발달을 돕는 적기 교육의 개념으로 이해해야 한다. 유아교육의 본질은 유아의 전인적 발달을 통합적이고 조화롭게 이루기 위해 유아기가 아니고서는 발달시킬 수 없는 독특한 교육경험을 제공하는 것이다(한국유아교육학회, 1996).

한편 유아교육의 효율성을 높이기 위해서는 유아교육기관과 가정의 상호 보완적 관계가 필수적이다. 그리고 가정과 지역사회의 여러 장소에서 이루어지는 비형식적 교육 경험들도 유아교육에 포함되며, 태교나 초등학교 저학년까지의 연계교육도 포함된다. 즉, 유아교육은 가정을 중심으로 한 비형식적 교육에 기본을 두고 유아교육기관에서의 형식적 교육이 조화롭게 연계되는 형태, 즉 형식적 교육과 비형식적 교육의 통합을 기본 입장으로 한다. 이러한 유아교육의 실천 과정에는 교육학, 심리학, 특수 교육, 사회복지, 상담, 의료, 영양 등 여러 관련 분야의 상호 협조가 필요하므로 유아교육은 다학문적 접근에 의한 포괄적인 교육활동이라고 할 수 있다(심성경 외, 2004).

　　주변의 지인들이 유아교육을 어떻게 생각하는지 조사해 보고 관점을 구분하여 봅시다.

2. 유아교육의 중요성

　　유아교육의 중요성은 여러 측면에서 강조될 수 있다. 20세기 이전의 유아교육이 철학적이고 관념론적인 측면에서 그 중요성이 이해되었다면, 그 이후의 유아교육은 인간의 성장과 발달에 대한 과학적인 연구결과에 근거한 심리학적인 측면에서 강조되었다. 현대의 유아교육은 이전의 두 기반 위에 사회적 상황이 강조되어 유아의 필요뿐 아니라 부모와 사회의 필요에 의한 중요성도 부각되고 있다(양옥승 외, 2001).

　　유아교육의 중요성에 대한 철학적 입장, 발달이론적 입장, 사회문화적 입장은 각각 2, 3, 4장에서 구체적으로 학습할 수 있으므로 이 절에서는 각 입장별로 유아교육의 중요성을 간단히 언급하고자 한다.

1) 철학적 입장에서 본 유아교육의 중요성

　　철학적 입장에서 유아를 어떤 존재로 인식하는가는 각 시대의 정치·문화·사회적 요인에 기인한다. 역사적으로 볼 때, 고대와 중세 사회에서는 아동기의 고유성에 대한 본질적 이해가 없었으므로 아동은 미래 시민으로 성장해야 하는 대상으로 인식되었고, 아동에 대한 교육의 방향도 그 사회의 시민이 갖추어야 할 기본적 덕목이나 소양에 따라 결정되었다. 아동은 그가 속한 가족이나 사회, 국가의 힘을 증진시키는 데 기여할 수 있느냐에 따라 가치가 평가되었으며, 가치가 없다고 판단될 경우 영아 살해나 유기도 행해졌다. 중세에는 기독교의 전파로 인하여 인간에 대한 평등과 박애 개념에 따라 아동의 평등과 태아 보호사상이 확립되기는 했지만 현대사회에서와 같은 개념의 아동관은 형성되지 않았으며, 여전히 아동기가 성인기를 위한 준비기로 인식되었다(정미라, 2006).

아동기가 본연의 고유한 시기로 인식되고 아동의 양육과 교육에 대한 현대적 개념이 새롭게 나타나기 시작한 것은 16세기 종교개혁과 르네상스 시대의 사상가들로부터이다. 즉, 루터, 에라스무스, 코메니우스, 로크 및 루소 등의 사상가에 의해 아동기가 특별히 보호하고 존중되어야 할 독자적인 시기로 받아들여졌다.

코메니우스는 아동의 내재적 가능성을 인정하였고, 로크는 아동은 선하지도 악하지도 않은 상태이기 때문에 교육에 의해 후천적으로 본성이 변할 수 있다는 '백지설(tabula rasa)'을 주장하였다. 아동을 성인의 소유물이나 축소판이 아닌 독특한 인격체로 보는 루소의 근대적 아동관은 그의 저서 『에밀(Emile)』(1762)에 잘 나타나 있으며, 이는 아동 중심 사상의 근간이 되었다.

그러나 오늘날에도 모든 사회가 아동에 대한 현대적 개념을 수용하고 있는 것은 아니다. 여전히 아동을 성인의 축소판 또는 미숙한 성인으로 받아들이는 사회가 있으며, 남아선호사상으로 인하여 영아 살해가 공공연히 자행되는 사회도 있다. 또 일부 사회에서는 아동보호를 위한 노동법을 제정하여 시행하고 있음에도 불구하고 경제적 이익을 위하여 생산현장에서 유아의 저임금 노동력을 착취하고 있는 실정이다(이기숙 외, 2002).

근대 이전의 사회에서 아동기가 인간의 생애 중 잊혀진 시기라고 본다면 현대사회에서의 아동기는 아동으로서의 고유한 권리를 누리지 못하는 '아동기의 실종(Elkind, 1981)' 시기라고 할 수 있다. 즉, 1960년대 이후 이루어진 많은 연구에서 영아기 뇌세포나 지능 발달을 위한 환경적 영향의 중요성이 다루어지고 영유아에게 조기에 많은 경험을 제공함으로써 선천적 능력을 향상시킬 수 있다는 인식이 확산되었다. 그에 따른 천재아 선호 증상(super baby syndrome)과 조기교육 열풍을 낳은 온실(hot housing) 이론이 상업적인 유아산업을 급속히 팽창시키고, 과거와는 다른 새로운 의미의 아동기 상실을 초래하고 있다(이기숙 외, 2002).

그러나 유아교육 프로그램의 효과에 대한 연구에서 단기간의 인지적 훈련에 따른 조기교육의 효과가 지속되지 않는 것으로 보고됨으로써 부모의 지나친 기대나 교육열에서 벗어나 유아들이 자신의 발달속도나 성향이 존중되는 환경에서 잠재가능성을 최대한 계발하도록 유아기의 독자적 가치를 존중하는 전인교육으로서의 유아교육이 더욱 중요하게 부각되었다.

 탐구활동

> 중세의 문학이나 미술작품에 묘사된 아동기의 특징을 찾아보고 현대의 아동에 대한 관점과 비교하여 봅시다.

2) 발달이론적 입장에서 본 유아교육의 중요성

철학적 입장에 의한 현대적 아동관의 성립과 더불어 1880년대 후반 홀(Hall)에 의해 시작된 '아동연구운동(child study movement)'은 아동에 대한 체계적이고 과학적인 이해를 가능케 하였다. 20세기 이후 발달심리학의 많은 연구들에 의해 규명되어 온 아동발달의 원리인 기초성, 적기성, 누적성, 불가역성의 원리는 유아교육의 중요성을 강조하는 과학적 근거가 된다.

유아기 초기 경험이 이후 발달에 지속적인 영향을 미친다는 주장이 많은 학자들에 의해 다양한 각도에서 제기되었다. 프로이트는 성격의 틀이 인간의 생후 초기 6년간 형성된다고 하였으며, 에릭슨은 6세 이전에 기본적 신뢰감, 자율성, 주도성과 같은 심리사회적 특성이 형성된다고 함으로써 사회 정서적 발달에 있어서의 기초성을 주장하였다.

인지발달 역시 생의 초기에 그 기초가 형성된다는 견해가 지배적이다. 블룸(Bloom)은 개인의 17세 때 지능을 100%로 볼 때 수태에서 4세까지 약 50%, 4~8세에 약 30%, 그리고 8~17세에 나머지 20%의 지능이 발달된다고 하여 8세 이전에 지능의 80%가 발달한다고 보았다. 피아제는 아동과 성인의 사고가 질적으로 다르고 인지발달이 단계적으로 이루어지는데 영아기의 감각적, 운동적 경험이 이후 단계의 발달의 기초가 된다고 하였다.

또한 유기체가 생애의 어떤 시점에서 특정한 발달과업을 가장 확실하게 학습하는 최적의 시기를 일컫는 결정적 시기(critical period) 개념에 의해 유아교육의 중요성이 부각되었다. 어린 동물이 생후 초기의 특정한 시기 동안 어떤 대상에 노출되면 그 대상에 대한 추종행동(following behavior)을 보인다는 로렌츠(Lorentz)의 각인(imprinting) 연구나 태어난 지 3주에서 12주 사이에 사람과 접촉하지 않은 개는 야생견처럼 행동하고 인간을 두려워한다는 스코트(Scott)의 연구를 예로 들 수 있다.

이러한 현상은 인간에게도 적용되는데, 고아원에서 성장한 아동들이 타인과 친밀하고 지속적인 관계를 형성하지 못하고 여러 가지 정서적 문제를 보이는 원인에 대하여 생애 초기에 주 양육자의 애정 어린 양육을 받을 수 없어 안정된 애착을 형성하지 못하였기 때문이라고 한 보울비(Bowlby)의 애착이론이 그 예이다. 그뿐 아니라 언어발달의 결정적 시기 역시 렌네버그(Lenneberg)나 촘스키(Chomsky)에 의해 2세에서 6세까지의 시기로 받아들여지고 있으며, 이 시기의 언어 환경이 이후의 언어 능력에 지속적인 영향을 미치게 된다.

한편 해비거스트(Havighurst)는 개인이 행복하고 유능하다고 느끼기 위해 일생에 걸쳐 어떤 일정한 시기에 반드시 수행해야 하는 '발달과업(developmental task)'이 있다고 하였다. 각 시기에 발달과업의 성취가 제대로 이루어지지 않으면 그 손상이 누적되며, 이후 그 손상을 치유하기 위한 시도나 노력이 주어지더라도 회복이 어렵거나 불가능하므로 적기 교육으로서의 유아교육이 중요하다(이기숙 외, 2002).

이상과 같이 발달에 있어서 유아기의 초기 경험과 결정적 시기가 중요하며, 초기의 발달이 이후 발달의 기초로서 장기적 영향을 미치고 한 개인의 성격, 지능, 학습 등은 유아기에 어떤 경험을 했느냐에 따라 달라질 수 있다는 점에서 전인발달의 초기 경험을 제공하는 유아교육이 얼마나 중요한지 확인할 수 있다.

3) 사회문화적 입장에서 본 유아교육의 중요성

사회가 추구하는 가치가 교육에서 추구하는 인간상으로 반영되듯이 교육은 사회상을 반영한다. 유아교육 역시 사회적 변화와 사회가 추구하는 가치를 반영하면서 발전하여 왔다. 궁극적으로 유아교육은 복지사회 구현이라는 이념의 한 축으로서 그 중요성이 증가하였다. 민주주의 이념에 따른 교육 받을 권리는 국민의 기본 의무이자 권리이며, 유아교육 역시 사회적 필요성이 증가하면서 교육 받을 기회 균등의 범위에 포함되고 있다.

교육의 기회균등 이념을 실현시키기 위하여 국민의 교육을 공공기금으로 실시하고자 하는 공교육 개념이 도입되어, 대부분의 나라에서 초등교육을 시작으로 하는 공교육이 발전하여 왔으며 교육선진국에서는 유아교육의 공교육화도 추진되었다. 가령 프랑스는 만 2세부터 공교육을 실시하고, 3세 유아 전원이 유아교육기관에 취원하고 있으며, 영국은 만 3세부터 유아교육기관에 취원하기 시작하여 만 4세 취원율이 94%에 이른다(OECD, 2006).

우리나라에서도 만 5세아를 위한 무상교육이 1999년부터 '중산층 육성 및 서민생활 안정 대책'의 일환으로 실시되기 시작하였다. 취학 전 1년 동안의 교육을 무상으로 받을 수 있는 권리가 법적으로 명시되었으며(초 · 중등교육법, 2008), 2012년 만 5세에 이어 2013년 만 3~5세 누리과정이 적용되면서 만 3~5세 유아의 교육과 보육에 대한 국가적 책임이 강화되어 유아교육 · 보육 선진화로 한 걸음 더 나아가게 되었다.

한편 교육의 기회 균등 권리와 더불어 유아기를 유아답게 보낼 권리, 놀이공간의 제약에 따른 사고의 위험이나 체벌, 성폭력으로부터 보호받을 권리, 각종 유해 환경이나 상품으로부터 안전하게 보호받을 권리 등은 유아교육에서 좀 더 적극적으로 추구해야 할 필요가 있다(지옥정 외, 2008).

또 다른 현대사회의 변화로 가정생활과 가족 기능의 변화를 들 수 있으며, 그에 따라 유아교육의 책임과 의무를 가정과 사회가 함께 분담하게 되었다. 전통적으로 가정은 자녀 양육과 교육뿐 아니라 종교적 지도, 생산과 소비, 여가 선용 등의 모든 것을 자급자족 형태로 유지하여 왔으며, 가족구성원의 다양한 요구도 가정 내에서 독자적으로 해결하여 왔다. 그러나 현대 사회에서의 가정의 기능은 점차 분화되어 생산기능은 물론 교육이나 종교적 기능까지 전문기관에 위임하면서 극도로 단순화되었다. 이와 같은 가정의 기능 변화는 여성의 사회참여 증가, 평균 자녀 수의 감소 등과 함께 전문적 유아교육기관에 대한 사회적 요구를 증가시켰다. 특히 여성의 평균 출산율 감소와 소자녀화 현상에 따른 부모의 자녀교육에 대한 기대나 열성은 '과열'로 표현될 만큼 높아졌으며, 국가나 사회적 입장에서도 인적 자원을 확보하고 미래 시민을 양성한다는 측면에서 유아교육에 대한 적극적인 지원과 투자가 요구되고 있다(이기숙 외, 2002).

한편 여성의 의식구조 변화와 기혼여성의 사회활동 참여율 증가에 따라 유아교육에 대한 사회적 요구와 필요성이 다양해졌다. 여성의 교육 수준 향상과 취업률 증가는 기혼여성이 육아와 가사 및 직업을 병행해야 하는 부담을 가중시켰다. 그 결과 자녀의 연령이 어릴수록 어머니의 취업률이 낮아지는 것으로 나타나 육아와 직업을 병행할 수 있도록 돕기 위한 다양한 사회적 지원과 정책 마련이 필요하게 되었다.

영아의 어린이집 이용률 증가는 가정과 사회가 영유아 보육을 나누어 담당하고 있음을 보여준다. 그러나 여전히 자녀를 부모나 친·인척이 양육하는 비율이 높으며, 영아의 경우에는 이 비율이 더 높으므로 2세 미만 영아의 양육을 지원하는 영아 전담어린이집의 확충이 필요하다. 그리고 성인의 보호 없이 방치되는 저소득층 유아의 문제에 대한 국가 차원의 적극적인 대책도 요구된다(이기숙 외, 2002).

이처럼 현대사회의 변화에 따라 유아교육의 범위가 확대되고 그 역할과 중요성이 증가하였음을 알 수 있다. 그러나 부모나 가족의 역할을 유아교육기관이 대체할 수 없으므로 유아교육기관과 가정의 동반자적 관계 유지가 바람직하며, 궁극적으로 국가, 사회, 개인이 유아교육의 발전을 위해 함께 노력해야 할 것이다.

3. 유아교육기관의 유형 및 특성

　유아교육기관 유형의 구분과 명칭은 국가와 소관부처에 따라 달라진다. 또한 기관의 운영주체나 재정, 대상, 장소, 시간 등에 따라 구분된다. 각국의 유아교육기관 유형과 운영체계는 〈표 1-1〉과 같다. 보육과 유아교육의 일원화를 위해 각국이 노력하고 있지만 일원화가 실현된 스웨덴을 제외한 미국, 영국, 프랑스, 일본, 한국 등은 유아의 연령에 따라 보육과 유아교육의 이원화 체제를 유지하고 있다.

표 1-1 각국의 유아교육기관 명칭과 운영체계

국가	명칭	유아 연령	정부소관부처
미국	Day Care Center Nursery School(3~4) Kindergarten(5)	0~4세 5세	보건복지부 교육성
영국	Day Nursery Nursery Class Nursery School	0~4세 3~4세	보건부 교육고용부
프랑스	Crèhe Ecole maternelle	3개월~3세 2~6세	보건복지부 교육부
독일	Kinder-Krippen Kindergarten(3~6세) Schule Kindergaryen(6세)	3세 미만 3~6세	청소년가족여성보건부 보건사회복지부 교육부
스웨덴	förskola(Preschool)	0~6세	교육부
일본	보육소 유치원	0~6세 3~6세	후생성 문부성
한국	어린이집 유치원	0~5세 3~5세	보건복지부 교육과학기술부

출처: 이기숙 외(2002).

우리나라의 유아교육기관을 유형별로 분류한 내용은 〈표 1-2〉와 같다. 우리나라 유아교육기관은 「유아교육법」(2004. 1. 29. 제정)에 의거하여 만 3세에서 초등학교 취학 전 유아의 교육을 위하여 설립 · 운영되는 유치원과 「영유아보육법」(1991. 1. 14. 제정)에 의거하여 만 6세 미만의 초등학교 취학 전 아동을 보육하는 어린이집으로 구분된다. 두 기관의 소관부처는 유치원이 교육부이고, 어린이집은 보건복지부이며, 교육과정은 3~5세 연령별 누리과정을 공통으로 준수하고, 유치원교육과정(유치원)과 표준보육과정(어린이집)을 따르고 있다.

표 1-2　우리나라 유아교육기관의 유형

구분	유치원	어린이집
취원 연령	만 3~5세	출생~만 6세 미만
소관부처	교육부	보건복지부
관련법령	유아교육법	영유아보육법
교육과정	유치원교육과정	표준보육과정
	누리과정	
운영시간	기본과정제 방과후과정제	종일제보육 반일제보육 시간제보육 시간연장보육 24시간보육 휴일보육 방과후보육
운영주체	국립유치원 공립유치원(병설/단설) 사립유치원	국공립어린이집 사회복지법인어린이집 법인 · 단체 등 어린이집 직장어린이집 가정어린이집 부모협동어린이집 민간어린이집

1) 유치원

  유치원(幼稚園)은 만 3세부터 초등학교 취학 이전까지의 유아를 대상으로 하는 교육기관으로서 유아교육법에 따라 국가, 지방자치단체, 법인 또는 개인이 설립, 운영하는 학교다. 오늘날 유치원의 효시는 1837년 프뢰벨이 독일 블랑켄 부르크에 설립한 '킨더가르텐(Kindergarten)'이라 부른 '놀이를 통한 어린이 심리 훈련학교'다. 우리나라 유치원의 효시는 1909년에 설립된 나남유치원이며, 현존하는 가장 오래된 유치원은 1914년에 설립된 이화여자대학교 사범대학 부속유치원이다. 1976년 공립유치원이 등장한 이후 최근 유치원 통계(교육부, 2017)에 의하면 2017년도 전체 유치원 수는 9,029개이며, 국공립 유치원 수는 4,747개이다.

  유치원의 종류는 설립유형과 운영시간에 따라 나누어 볼 수 있다.

  첫째, 설립유형에 따라 살펴보면, 국가나 지방자치 단체에서 설립·운영하는 국·공립 유치원과 개인이나 법인에서 설립·운영하는 사립유치원으로 구분한다. 국·공립 유치원은 다시 교육부에서 직접 지도·관장하는 국립유치원과 초등학교 내의 병설유치원, 초등학교에 소속되어 있지 않고 전임 원장과 원감이 배치되고 5학급 이상의 독립기관인 단설유치원이 있다. 사립유치원은 개인이나 법인, 기타 단체에서 설립하여 부모들의 납입금으로 운영되는 유치원이다. 설립유형별 유치원/원아 현황, 지역별 유치원 취원 현황, 유치원 취원율을 살펴보면 〈표 1-3〉, 〈표 1-4〉, 〈표 1-5〉와 같다.

표 1-3 설립유형별 유치원/원아 현황

구분		2008	2009	2010	2011	2012
원 수	국공립	4,483	4,493	4,501	4,502	4,525
	사립	3,861	3,880	3,887	3,922	4,013
계		8,344	8,373	8,388	8,424	8,538
원아 수	국공립	119,128	125,536	126,577	126,095	127,347
	사립	418,694	411,825	412,010	438,739	486,402
계		537,822	537,361	538,587	564,834	613,749
구분		2013	2014	2015	2016	2017
원 수	국공립	4,577	4,619	4,678	4,696	4,747
	사립	4,101	4,207	4,252	4,291	4,282
계		8,678	8,826	8,910	8,987	9,029
원아 수	국공립	142,052	148,259	161,339	170,349	172,521
	사립	516,136	504,277	521,214	533,789	522,110
계		658,188	652,546	682,553	704,138	694,631

출처: 교육부 유치원 통계현황(2008~2017).

표 1-4 지역별 유치원 취원 현황

시	취원아 수							
	계		국립유치원		공립유치원		사립유치원	
	2016	2017	2016	2017	2016	2017	2016	2017
총계	682,553	694,631	256	249	161,083	172,272	521,214	522,110
서울	91,394	88,987	0	0	15,107	15,003	76,287	73,984
부산	45,175	45,853	0	0	5,272	6,924	39,903	38,929
대구	36,951	38,936	0	0	4,897	6,415	32,054	32,521
인천	42,389	44,009	0	0	8,879	10,078	33,510	33,931
광주	23,741	24,654	0	0	4,484	4,379	19,257	20,275

대전	25,660	25,067	0	0	4,829	4,766	20,831	20,301
울산	19,177	19,571	0	0	3,420	3,897	15,757	15,674
세종	4,108	5,370	0	0	3,894	5,117	214	253
경기	191,293	194,299	0	0	42,447	46,146	148,846	148,153
강원	17,387	17,438	65	59	6,533	6,575	10,789	10,804
충북	18,305	18,351	83	81	8,682	8,410	9,540	9,860
충남	27,141	28,242	108	109	9,591	10,013	17,442	18,120
전북	25,059	25,768	0	0	8,128	8,407	16,931	17,361
전남	19,983	20,710	0	0	9,869	10,675	10,114	10,035
경북	38,663	39,836	0	0	10,889	10,962	27,774	28,874
경남	50,580	51,647	0	0	11,646	11,694	38,934	39,953
제주	5,547	5,893	0	0	2,516	2,811	3,031	3,082

출처: 교육부 유치원 통계 현황(2016~2017).

표 1-5 유치원 취원율

연도	유치원 수	유치원 아동 수	취원율	교원 수	교사 1인당 아동 수
2006	8,290	545,812	48.8	32,096	17.0
2007	8,294	541,550	53.2	33,504	16.2
2008	8,344	537,822	55.7	34,601	15.5
2009	8,373	537,361	58.3	35,415	15.2
2010	8,388	538,587	60.9	36,461	14.8
2011	8,424	564,834	40.9	38,662	14.6
2012	8,538	613,749	44.0	42,235	14.5
2013	8,678	658,188	47.4	46,126	14.3
2014	8,826	652,546	47.3	48,530	13.4
2015	8,910	682,553		50,998	13.4

출처: 교육부 유치원 통계 현황(2015).

둘째, 프로그램 운영 시간에 따라 구분할 경우 기본과정제와 방과후과정제로 분류된다. 기본과정제 유치원은 1일 3시간 이상 5시간 미만의 교육과정을 운영하는 유치원을 의미한다. 기본과정제 프로그램은 교육 시간이 짧기 때문에 유아들이 지루해 하지 않고, 하원 후 부모와 함께 지내는 시간을 충분히 갖도록 하며, 교사들이 교육활동을 계획하고 평가하며 부모와 상호작용하는 시간을 더 확보할 수 있다는 장점이 있다. 그러나 사회적 요구에 따라 교육부는 1999년 3월부터 유치원 운영형태를 지역 특성이나 교육적 필요에 따라 종일제 프로그램으로 실시할 수 있도록 다원화 하였다. 그에 따른 방과후과정제 유치원은 1일 8시간 이상의 교육과정을 운영하는 유치원을 의미한다. 방과후과정제 유치원은 교육에 중점을 둔 기본 교육과정 이후에 그 밖의 교육활동과 돌봄활동으로 이루어진다. 이 과정을 통하여 유아교육 제공이라는 기본 취지와 더불어 취업모 자녀를 위한 돌봄기능을 동시에 수행하게 된다.

2) 어린이집

보육은 보호자의 위탁을 받아 6세 미만의 초등학교 취학 전 영유아를 건강하고 안전하게 보호하고 영유아의 발달 특성에 맞는 교육을 제공하는 사회복지 서비스를 말하며, 어린이집은 보호자의 위탁을 받아 영유아를 보육하는 기관을 가리킨다. 어린이집은 「영유아보육법」을 근거로 하고 보건복지부에서 관할하며, 장소, 운영 주체, 운영시간, 대상에 따라 다음과 같이 구분할 수 있다.

첫째, 장소에 따라 가정보육과 기관보육으로 구분된다. 가정보육은 보육 대상 아동의 집에서 부모가 아닌 타인으로부터 보육서비스를 받는 자기집 보육과, 보육자의 집으로 가서 보육서비스를 받는 보육자 가정보육으로 나뉜다. 기관보육은 가정이 아닌 장소에서 일정 규모의 운영체계를 갖추고 영유아를 보육하는 것을 말한다.

둘째, 운영주체에 따른 보육유형은 「영유아보육법」에 근거하여 국공립어린이집, 사회복지법인어린이집, 법인·단체 등 어린이집, 직장어린이집, 가정어린이집, 부모협동어린이집, 민간어린이집이 있다. 국공립어린이집은 국가와 지방자치단체가 운영하는 기관 중 직장어린이집을 제외한 기관으로 상시 영유아 11인 이상을 보육할 수 있다. 사회복지법인어린이집은 「사회복지사업법」에 의한 사회복지법인이 운영하며 상시 영유아 21인 이상을 보육할 수 있다. 법인·단체 등 어린이집은 사회복지법인을 제외한 비영리법인이나 단체 등이 운영하는 기관으로 상시 영유아 21인 이상을 보육할 수 있다. 직장어린이집은 사업주가 사업장의 근로자를 위하여 단독 또는 공동으로 운영하는 기관으로 정원의 1/3 이상이 사업장의 근로자 자녀이어야 하며 상시 영유아 5인 이상을 보육할 수 있는 기관이다. 가정어린이집은 개인이 운영하는 기관으로 상시 영유아 5인 이상 20인 이하를 보육할 수 있다. 부모협동어린이집은 보호자 또는 보호자와 보육교직원이 영리를 목적으로 하지 않는 조합을 결성하여 설치, 운영하는 기관으로 상시 영유아 11인 이상을 보육할 수 있다. 민간어린이집은 개인이 운영하는 기관으로 상시 영유아 21인 이상을 보육할 수 있다.

셋째, 시간에 따라 종일제보육, 반일제보육, 시간제보육, 시간연장보육 및 24시간보육, 휴일보육, 방과후보육 등으로 나뉜다. 먼저 종일제보육은 오전 7시 30분부터 오후 7시 30분까지 약 12시간을 기준으로 운영한다. 반일제보육은 하루 8시간 혹은 그 이하로 운영한다. 시간제보육은 비취업모들이 필요로 하는 시간 동안만 아이를 맡기는 부정기적 시간제 형태이다. 21시 30분 이후까지 시간을 연장하여 보육하는 경우를 시간연장보육이라고 하며, 24시간보육은 부모의 경제활동이나 가정형편으로 불가피하게 야간보육이 필요한 영유아들을 대상으로 서비스를 제공하는 보육을 의미한다. 휴일보육은 일요일 및 공휴일에 하는 보육을 말하고, 방과후보육은 정해진 일과시간 이

외의 시간 동안 아동을 위험한 환경으로부터 보호하고 아동에게 다양한 교
육활동을 제공하여 건전하게 성장할 수 있도록 도와주는 보육을 의미한다.
넷째, 대상에 따라 영아전담보육, 장애아전담보육, 통합보육으로 구분된다. 영
아전담보육이란 36개월 미만의 영아 20인 이상을 전담해서 보육하는 것을
말한다. 장애아전담보육은 「영유아보육법」 시행 규칙에 의한 시설 및 장비
를 갖추고 상시 20인 이상의 장애아를 보육하는 기관 중 도지사 또는 시·
군·구청장이 장애아 전담어린이집으로 지정한 기관이다. 통합보육은 일
반 영유아를 대상으로 하는 프로그램 안에 장애아를 함께 배치하여 보육하
는 형태로 정원의 20% 이내에서 장애아반을 편성하거나 3인 이상 장애아
를 통합보육하는 것이다.

연도별, 시·도별, 정원규모별 어린이집 현황은 〈표 1-6〉, 〈표 1-7〉, 〈표 1-8〉
과 같고, 연도별, 연령별 어린이집 보육아동 현황은 〈표 1-9〉, 〈표 1-10〉과 같다.
그리고 2016년 12월 31일 기준 어린이집 일반 현황, 특수보육어린이집 현황, 직장
어린이집 현황은 〈표 1-11〉, 〈표 1-12〉, 〈표 1-13〉과 같으며, 지역유형별 다문
화 아동 현원은 〈표 1-14〉와 같다.

표 1-6 연도별 어린이집 현황(2016. 12. 31.)

(단위: 개소)

구분	계	국·공립 어린이집	사회복지법인 어린이집	법인·단체 등 어린이집	민간 어린이집	가정 어린이집	협동 어린이집	직장 어린이집
2016	41,084	2,859	1,402	804	14,316	20,598	157	948
2014	43,742	2,489	1,420	852	14,822	23,318	149	692
2012	42,527	2,203	1,444	869	14,440	22,935	113	523
2010	38,021	2,034	1,468	888	13,789	19,367	74	401
2005	28,367	1,473	1,495	979	12,769	11,346	42	263
2000	19,276	1,295	2,010	324	8,970	6,473	미분류	204
1996	12,098	1,079	1,280	69	4,688	4,865	미분류	117

출처: 보건복지부(2016). 2016년 보육통계.

표 1-7 시·도별 어린이집 현황(2016. 12. 31.) (단위: 개소)

구분	계	국·공립 어린이집	사회복지 법인 어린이집	법인· 단체 등 어린이집	민간 어린이집	가정 어린이집	협동 어린이집	직장 어린이집
계	41,084	2,859	1,402	804	14,316	20,598	157	948
서울특별시	6,368	1,071	33	131	2,054	2,824	29	226
부산광역시	1,937	163	82	38	804	795	13	42
대구광역시	1,483	54	121	32	689	558	5	24
인천광역시	2,231	150	11	19	808	1,181	6	56
광주광역시	1,238	33	107	23	419	620	10	26
대전광역시	1,584	33	40	13	428	1,013	8	49
울산광역시	895	36	13	5	460	347	4	30
세종특별 자치시	250	14	8	4	89	123	0	12
경기도	12,120	625	67	132	3,911	7,096	65	224
강원도	1,180	87	111	44	401	493	4	40
충청북도	1,208	59	108	33	448	525	6	29
충청남도	1,974	77	125	55	647	1,029	1	40
전라북도	1,562	56	144	95	501	743	0	23
전라남도	1,251	97	174	55	406	490	2	27
경상북도	2,102	137	83	39	886	913	1	43
경상남도	3,158	140	99	47	1,120	1,706	3	43
제주도	543	27	76	39	245	142	0	14

출처: 보건복지부(2016). 2016년 보육통계.

표 1-8 정원규모별 어린이집 현황(2016. 12. 31.) (단위: 개소)

	구분	계	20명 이하	21~39명	40~49명	50~80명	81~99명	100~160명	161~200명	201~240명	241~300명	300명 초과
계	소 계	41,084	21,010	6,211	3,384	4,436	2,912	2,265	498	202	152	14
	국공립	2,859	190	402	418	957	542	297	39	10	4	0
	사회복지법인	1,402	6	60	151	330	408	339	72	21	14	1
	법인 · 단체 등	804	23	111	140	282	146	69	22	6	4	1
	민간	14,316	22	5,445	2,422	2,649	1,712	1,470	332	149	105	10
	가정	20,598	20,598	0	0	0	0	0	0	0	0	0
	협동	157	80	46	18	7	4	2	0	0	0	0
	직장	948	91	147	235	211	100	88	33	16	25	2

출처: 보건복지부(2016). 2016년 보육통계.

표 1-9 연도별 어린이집 보육아동 현황(2016. 12. 31.) (단위: 명)

구분		계	국 · 공립 어린이집	사회복지 법인 어린이집	법인 · 단체 등 어린이집	민간 어린이집	가정 어린이집	협동 어린이집	직장 어린이집
2016	계	1,451,215	175,929	99,113	45,374	745,663	328,594	4,240	52,302
	남	750,122	91,124	52,038	23,638	385,046	168,970	2,197	27,109
	여	701,093	84,805	47,075	21,736	360,617	159,624	2,043	25,193
2014	계	1,496,671	159,241	104,552	49,175	775,414	365,250	3,774	39,265
	남	773,987	82,306	55,049	25,478	400,579	188,152	2,012	20,411
	여	722,684	76,935	49,503	23,697	374,835	177,098	1,762	18,854
2012	계	1,487,361	149,677	113,049	51,914	768,256	371,671	2,913	29,881
	남	769,573	77,321	59,562	26,867	397,021	191,722	1,572	15,508
	여	717,788	72,356	53,487	25,047	371,235	179,949	1,341	14,373
2010	계	1,279,910	137,604	114,054	51,126	671,891	281,436	1,898	21,901
	남	665,305	71,195	60,124	26,846	348,844	146,009	1,051	11,236
	여	614,605	66,409	53,930	24,280	323,047	135,427	847	10,665

2005	989,390	111,911	125,820	56,374	552,360	129,007	933	12,985
2000	686,000	99,666	157,993	15,949	336,625	67,960	미분류	7,807
1996	403,001	85,121	99,119	2,735	153,990	58,440	미분류	3,596

* 아동 수: 현원(종일, 야간, 24시간, 방과후) 기준
* 남/녀 구분: 아동의 주민등록번호의 7번째 자릿수가 홀수이면 남, 짝수이면 여−이후 남/녀 구분 동일한 조건
출처: 보건복지부(2016). 2016년 보육통계.

표 1-10 연령별 어린이집 보육아동 현황(2016. 12. 31.)　(단위: 명)

| 구 분 | | | 설립주체별 | | | | | | | |
			계	국 · 공립 어린이집	사회복지 법인 어린이집	법인 · 단체 등 어린이집	민간 어린이집	가정 어린이집	협동 어린이집	직장 어린이집
전국	계	계	1,451,215	175,929	99,113	45,374	745,663	328,594	4,240	52,302
		남	750,122	91,124	52,038	23,638	385,046	168,970	2,197	27,109
		여	701,093	84,805	47,075	21,736	360,617	159,624	2,043	25,193
	만 0세	계	141,013	4,866	2,958	1,199	41,054	88,626	159	2,151
		남	73,633	2,530	1,521	611	21,661	46,139	74	1,097
		여	67,380	2,336	1,437	588	19,393	42,487	85	1,054
	만 1세	계	318,245	24,490	13,998	5,528	131,911	131,783	574	9,961
		남	163,877	12,592	7,238	2,911	67,967	67,804	276	5,089
		여	154,368	11,898	6,760	2,617	63,944	63,979	298	4,872
	만 2세	계	386,726	38,541	22,734	9,437	197,978	104,775	980	12,281
		남	198,291	19,755	11,781	4,888	101,676	53,292	479	6,420
		여	188,435	18,786	10,953	4,549	96,302	51,483	501	5,861
	만 3세	계	263,652	39,560	23,824	10,766	173,991	2,356	1,017	12,138
		남	136,873	20,520	12,648	5,586	90,106	1,177	549	6,287
		여	126,779	19,040	11,176	5,180	83,885	1,179	468	5,851
	만 4세	계	180,255	35,265	17,897	8,993	107,757	630	768	8,945
		남	93,283	18,285	9,296	4,738	55,560	333	413	4,658
		여	86,972	16,980	8,601	4,255	52,197	297	355	4,287

		계							
만 5세	계	153,893	31,604	15,555	8,070	90,833	381	727	6,723
	남	79,858	16,488	8,139	4,189	46,933	205	397	3,507
	여	74,035	15,116	7,416	3,881	43,900	176	330	3,216
만 6세 이상	계	7,431	1,603	2,147	1,381	2,139	43	15	103
	남	4,307	954	1,415	715	1,143	20	9	51
	여	3,124	649	732	666	996	23	6	52

출처: 보건복지부(2016). 2016년 보육통계.

표 1-11 어린이집 일반 현황(2016. 12. 31.) (단위: 개소, 명, %)

구분			계	국 · 공립 어린이집	사회복지 법인 어린이집	법인 · 단체 등 어린이집	민간 어린이집	가정 어린이집	협동 어린이집	직장 어린이집
어린이집 수	개소(A)		41,084	2,859	1,402	804	14,316	20,598	157	948
	(비중)		100.0	7.0	3.4	2.0	34.8	50.1	0.4	2.3
아동 수	정원(B)		1,767,224	197,365	134,189	58,511	927,517	374,907	5,052	69,683
	(비중)		100.0	11.2	7.6	3.3	52.5	21.2	0.3	3.9
	현원 (C)	계	1,451,215	175,929	99,113	45,374	745,663	328,594	4,240	52,302
		남	750,122	91,124	52,038	23,638	385,046	168,970	2,197	27,109
		여	701,093	84,805	47,075	21,736	360,617	159,624	2,043	25,193
	(비중)		100.0	12.1	6.8	3.1	51.4	22.6	0.3	3.6
	이용률		82.1	89.1	73.9	77.5	80.4	87.6	83.9	75.1
보육 교직원수	인원 (D)	계	321,766	32,937	18,920	8,436	145,609	101,891	979	12,994
		남	14,124	941	1,928	726	9,013	1,330	29	157
		여	307,642	31,996	16,992	7,710	136,596	100,561	950	12,837
	(비중)		100.0	10.2	5.9	2.6	45.3	31.7	0.3	4.0
어린이집 1개당 아동 수(C/A)			35.3	61.5	70.7	56.4	52.1	16.0	27.0	55.2
보육교직원 1인당 아동 수(C/D)			4.5	5.3	5.2	5.4	5.1	3.2	4.3	4.0

* 아동 수: 현원(종일, 야간, 24시간, 방과후) 기준
출처: 보건복지부(2016). 2016년 보육통계.

표 1-12 특수보육어린이집 현황(2016. 12. 31.) (단위: 개소, 명)

구분			설립주체별							
			총계	국·공립 이린이집	사회복지 법인 어린이집	법인· 단체 등 어린이집	민간 어린이집	가정 어린이집	협동 어린이집	직장 어린이집
영아 전담	어린이집	어린이집 수	453	65	79	16	246	47	0	0
	아동	아동 정원	19,403	3,064	4,275	659	10,465	940	0	0
		영아아동 현원	15,759	2,532	3,283	525	8,507	912	0	0
	보육 교직원	영아반 보육교사	3,168	501	623	109	1,739	196	0	0
장애아 전문	어린이집	어린이집 수	177	42	103	6	25	1	0	0
	아동	아동정원	8,504	1,714	5,517	270	985	18	0	0
		장애아동 현원	6,158	1,249	3,915	210	767	17	0	0
	보육 교직원	장애아반 보육교사 특수교사, 치료사	2,590	521	1,662	86	315	6	0	0
장애아 통합	어린이집	어린이집 수	911	667	37	34	150	15	1	7
	아동	아동정원	84,019	61,079	3,832	3,232	14,177	294	37	1,368
		장애아동 현원	4,079	2,997	174	195	668	20	0	25
	보육 교직원	장애아반 보육교사 특수교사, 치료사	1,429	1,082	63	64	208	3	0	9
방과 후	어린이집	어린이집 수	294	61	52	68	104	6	1	2
	아동	아동정원	24,455	4,886	5,901	3,991	9,202	118	77	280
		방과후 아동현원	3,075	950	250	1,229	596	8	0	42

	보육교직원	방과후반 보육교사	174	61	11	54	45	0	0	3
시간연장	어린이집	어린이집 수	8,296	1,777	343	166	2,461	3,400	9	140
	아동	아동정원	410,816	132,309	32,981	12,150	156,859	61,406	505	14,606
		시간연장 아동현원	36,367	5,620	1,504	893	13,224	13,575	39	1,512
	보육교직원	시간연장 보육교사	8,349	1,402	379	223	3,192	2,704	7	442
휴일	어린이집	어린이집 수	300	130	44	16	64	36	0	10
	아동	아동정원	21,167	10,681	4,160	1,376	3,388	667	0	895
		휴일아동현원	311	48	76	39	83	25	0	40
	보육교직원	휴일반 보육교사	184	42	44	25	58	5	0	10
24시간	어린이집	어린이집 수	258	73	15	5	83	77	0	5
	아동	아동정원	13,994	5,612	1,133	463	4,865	1,433	0	488
		24시간 아동현원	701	134	54	14	294	198	0	7
	보육교직원	24시간 보육교사	244	28	12	4	110	79	0	11

* 보육교사: 담임교사, 대체교사, 방과후교사, 시간연장보육교사, 24시간보육교사, 시간제교사, 누리과정보조교사, 보조교사
* 영아 아동현원: 보육나이가 0, 1, 2세인 아동현원
* 영아반 보육교사 수: 0세반 / 1세반 / 2세반 / 0, 1혼합반 / 1, 2혼합반 / 2, 3혼합반을 담당하는 보육교사 수
* 장애 아동현원: 아동자격이 '(영유아, 누리, 방과후) 장애아'인 아동현원
* 장애아반 보육교사, 특수교사, 치료사 수: 장애아반을 맡고 있는 일반 보육교사 혹은 특수교사, 치료사의 수
* 방과후: 방과후전담＋방과후통합 어린이집
* 방과후 보육교사 수: 아동이 1명 이상 배치된 방과후반을 맡고 있는 보육교사 수
* 시간연장 보육교사 수: 아동이 1명 이상 배치된 시간연장 반을 맡고 있는 보육교사 수
* 휴일반 보육교사 수: 아동이 1명 이상 배치된 휴일 반을 맡고 있는 보육교사 수
* 24시간 보육교사 수: 보육교사 구분이 24시간 보육교사인 보육교직원 수
출처: 보건복지부(2016). 2016년 보육통계.

표 1-13 직장어린이집 현황(2016. 12. 31.) (단위: 명)

시도	어린이집 수	보육아동 수			보육교사 수	
		보육정원	보육현원			
계	948	69,683	계	52,302	계	9,514
			남	27,109	남	71
			여	25,193	여	9,443
서울특별시	226	16,248	계	11,800	계	2,380
			남	6,143	남	19
			여	5,657	여	2,361
부산광역시	42	2,697	계	1,952	계	342
			남	1,045	남	6
			여	907	여	336
대구광역시	24	1,605	계	1,149	계	193
			남	574	남	0
			여	575	여	193
인천광역시	56	3,380	계	2,871	계	489
			남	1,469	남	0
			여	1,402	여	489
광주광역시	26	1,908	계	1,273	계	220
			남	671	남	0
			여	602	여	220
대전광역시	49	4,181	계	3,273	계	577
			남	1,662	남	3
			여	1,611	여	574
울산광역시	30	1,953	계	1,417	계	262
			남	693	남	0
			여	724	여	262
세종특별자치시	12	2,280	계	2,082	계	330
			남	1,082	남	13
			여	1,000	여	317

경기도	224	16,375	계	12,615	계	2,362
			남	6,557	남	12
			여	6,058	여	2,350
강원도	40	2,597	계	1,871	계	325
			남	979	남	4
			여	892	여	321
충청북도	29	2,094	계	1,574	계	265
			남	830	남	1
			여	744	여	264
충청남도	40	3,046	계	2,380	계	388
			남	1,196	남	6
			여	1,184	여	382
전라북도	23	1,335	계	836	계	142
			남	431	남	1
			여	405	여	141
전라남도	27	2,052	계	1,599	계	258
			남	827	남	0
			여	772	여	258
경상북도	43	3,497	계	2,370	계	427
			남	1,250	남	3
			여	1,120	여	424
경상남도	43	3,254	계	2,505	계	415
			남	1,318	남	2
			여	1,187	여	413
제주도	14	1,181	계	735	계	139
			남	382	남	1
			여	353	여	138

* 보육교사: 담임교사, 대체교사, 방과후교사, 시간연장보육교사, 24시간보육교사, 시간제교사, 누리과정보조교사, 보조교사

출처: 보건복지부(2016). 2016년 보육통계.

| 표 1-14 | 지역유형별 다문화 아동 현원(2016. 12. 31.) | | | | | | | (단위: 명) |

구 분			설립주체별							
			계	국·공립 어린이집	사회복지 법인 어린이집	법인· 단체 등 어린이집	민간 어린이집	가정 어린이집	협동 어린이집	직장 어린이집
합계	계	소계	54,560	8,209	5,842	2,785	29,048	8,343	51	282
		남	27,776	4,194	2,962	1,451	14,704	4,300	24	141
		여	26,784	4,015	2,880	1,334	14,344	4,043	27	141
	대도시	계	17,383	3,400	916	441	9,840	2,631	34	121
		남	8,783	1,704	481	224	4,947	1,356	17	54
		여	8,600	1,696	435	217	4,893	1,275	17	67
	중소 도시	계	18,098	2,149	833	474	10,444	4,100	5	93
		남	9,195	1,117	415	244	5,261	2,106	2	50
		여	8,903	1,032	418	230	5,183	1,994	3	43
	농어촌	계	19,079	2,660	4,093	1,870	8,764	1,612	12	68
		남	9,798	1,373	2,066	983	4,496	838	5	37
		여	9,281	1,287	2,027	887	4,268	774	7	31

* 현원 기준(종일, 야간, 24시간, 방과후) 다문화가정 또는 '다문화보육료' 자격 아동의 어린이집 이용현황
출처: 보건복지부(2016). 2016년 보육통계.

 탐구활동

주변의 지인들이 유아교육기관을 선택하는 기준을 조사하여 보고 본인의 유아교육기관 선택 기준에 대하여 생각해 봅시다.

Chapter

02

유아교육사상

교육사상 및 철학은 교육현상이나 교육문제에 대해 사고하고 비판하며 분석함으로써 교육에 대한 지혜와 안목을 갖게 하므로 인간생활 그 자체가 당면하는 문제에 대한 이해를 높인다. 교육문제의 저변에는 궁극적으로 철학적 질문과 대답이 전제되어 있고 사상의 흐름은 늘 교육에 직간접적 영향을 준다(조용태, 2003). 이 장에서는 현재의 유아교육 신념과 교육관 및 아동관에 영향을 준 우리나라의 유아교육사상과 서양의 유아교육사상을 시대별로 고찰하고자 한다.

이 장을 학습한 후
달성할 수 있는
목표

- 우리나라의 유아교육사상을 이해한다.
- 서양의 유아교육사상을 이해한다.
- 우리나라와 서양의 유아교육사상의 특성을 이해한다.
- 우리나라와 서양의 유아교육사상의 차이점을 비교할 수 있다.

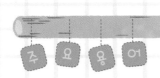

주 요 용 어

불교, 유교, 천도교, 코메니우스, 로크, 루소, 페스탈로치, 프뢰벨, 오웬, 몬테소리, 듀이

1. 유아교육사상의 개념과 필요성

교육은 인간의 삶 속에서 일어나는 현상 중 하나이며, 모든 인간의 삶은 특정한 문화를 통해서 이루어지므로 교육이란 '특정한 문화 속에서의 삶의 경험'이라고 정의할 수 있다. 그러므로 인간과 삶의 문제를 분리해서 다룰 수 없으며, 이로 인해 교육의 문제에서 사상이나 철학적 접근이 등장하게 된 것이다. 모든 시대의 모든 문화는 나름대로의 인간관과 세계관을 가지고 있는데, 이는 그 시대의 문화 내용에 반영되며, 문화 나름대로의 사상이나 철학적 기반 위에서 교육의 내용과 방법이 설정된다고 할 수 있다. 이것이 우리가 교육을 역사적으로 이해해야 하고, 교육의 역사와 교육사상이 서로 불가분의 관계를 갖는 이유이기도 하다. 이처럼 교육의 사상에 대한 이해는 교육의 역사적 발달과정을 통해 나타난 철학적 기반들을 이해하고 이러한 배경이 탄생하게 된 원인과 과정을 분석함으로써 현재의 교육이 올바른 방향으로 가고 있는지를 점검하는 데 필요한 이해의 틀을 제공한다는 점에서 그 의의를 갖는다(한상길 외, 2007).

따라서 유아교육에 영향을 주었던 사상들을 고찰해 보는 것은 지금 유아교육이 가지는 실제적 문제를 철학적 관점에서 바라보고 유아교육의 여러 가지 당면문제를 깊이 있게 성찰하도록 하며 새로운 관점으로 해결방안을 찾고 유아교육이 나아갈 방향을 제시할 수 있게 한다. 그러나 유아교육사상에 대해서만 연구한 교육사상가를 떠올리기란 쉽지 않다. 왜냐하면 유아교육은 교육의 범주에 속해 있고, 교육은 삶의 일부로 존재하기 때문이다(지옥정 외, 2008). 따라서 수많은 철학자들 중 교육에 대해 특별히 언급하거나 유아교육에 영향을 미친 업적이 있는 사상가들이 주로 유아교육사상에서 다루어진다.

지금까지 유아교육사상은 서양의 교육사상이나 교육사상가를 중심으로 고찰되었던 것이 사실이다. 그러나 우리나라 교육환경에 적합한 교육관을 정립하기 위해

서는 과거로부터 우리나라에 영향을 미쳐온 동양의 사상에 대한 연구를 병행하는
것이 바람직하다.

2. 우리나라의 유아교육사상

서양의 교육사상이 기독교를 중심으로 발달되어 왔다면, 우리나라의 교육사상
은 불교와 유교를 중심으로 형성되어 왔다. 고려시대 이전에는 불교가 정신적 근간
을 이루었으며, 고려시대 이후 조선시대에는 유교가 중심 사상으로서 당시의 인간
관과 정치, 경제, 문화, 교육 등 전반에 걸쳐 영향을 미쳤다. 그 후 19세기 말 동학
사상에 근거한 천도교와 서양에서 전해진 기독교 교육관이 근대적 교육사상의 전
환점으로 등장하였다. 이 절에서는 우리나라 교육사상으로서 불교, 유교, 천도교를
중심으로 교육이념 및 교육원리를 고찰하고자 한다.

1) 불교

불교는 삼국시대 고구려에 전파된 이후 통일신라와 고려시대를 거치면서 정치
뿐 아니라 정신과 도덕 및 교육과 일상생활에 이르기까지 제반 측면에서 영향을 미
친 종교이다(손인수, 1985). 불교의 핵심 사상은 세상에 존재하는 모든 것은 변하며,
나를 포함한 모든 개체는 그 실체가 없고, 이러한 가르침을 깨달을 때 행복의 경지
에 이른다는 것이다. 또 인간은 누구나 불성을 가지고 태어나며 누구나 부처가 될
수 있다고 보고 아동 역시 불성을 가지고 태어나며 수행과 정진을 통하여 깨달음에
이를 수 있는 존재라고 보았다. 단지 무명(無名)이라는 껍데기로 인하여 진리를 보
지 못하며, 이 무명의 껍데기를 벗기 위하여 다음과 같은 팔정도(八正道)를 따라야
한다고 가르친다(황광우, 2006).

- 정견(正見): 마르게 보라.
- 정사(正思): 바르게 생각하라.
- 정어(正語): 바르게 말하라.
- 정업(正業): 바른 일을 하라.
- 정명(正命): 바른 길을 가라.
- 정정진(正精進): 바르게 수행하라.
- 정념(正念): 바른 마음을 가지라.
- 정정(正定): 바른 상태에 머물라.

이상의 여덟 가지 원리는 어느 것 하나 경시할 수 없으며 유기적으로 연관된다. 불교에서의 교육은 깨달음과 수행의 과정으로 볼 수 있다. 진리에 대해 깨닫고 그 깨달은 것을 실천하는 것이 바로 선이라고 할 수 있다. 그러므로 교육받은 자는 깨달음을 통해 마음과 삶의 태도를 선한 방향으로 이끌어 갈 수 있어야 한다고 보고 있다.

불교는 현대적 유아교육 관점에서 다음과 같은 선구자적인 입장을 보여 주었다 (김승환, 1990).

첫째, 유아를 완전한 인격적 존재로 인정함으로써 선구적인 유아관을 가졌다.
둘째, 유아가 어른의 지도나 교육에 의하지 않고도 스스로 잠재력을 발휘하여 깨달음에 도달할 수 있는 능력이 있음을 인정함으로써 유아의 주체성과 독자성을 인정하였다.
셋째, 유아의 놀이나 장난을 단순히 미성숙한 단계의 행위가 아니라 이상적인 인간형성의 과정으로 파악하고, 어른 세계에 삶의 지혜를 일깨워 주는 상징적 의미로 보아 놀이의 중요성을 인식하였다.
넷째, 유아의 순진무구한 마음과 심성을 깨달음의 단계에서 최상의 단계로 여겨 성인도 유아에게서 본받을 점이 있다고 보았다.

다섯째, 깨달음을 통한 선한 마음과 삶의 태도를 이끄는 것을 중시함으로써 지적인 교육에 중점을 두고 있는 현대 교육의 한계를 극복하고 참된 인간교육을 실현하는 데 시사하는 바가 있다.

불교에서 보는 유아는 미숙하고 어리석은 존재가 아니라 마음이 아직 세속에 물들지 아니 한 이상적 인간 상태일 수 있으며, 참되고 변치 않는 마음과 어둡고 변하는 마음을 동시에 가지므로 자아와 세계에 대해 바르게 이해하고 평정을 유지하도록 하는 교육이 필요한 존재이다. 그리고 불교는 모든 성인에게 수행과 교육이 필요하다고 보는 점에서 태교나 부모교육에도 시사하는 바가 있다(안경식, 2000).

2) 유교

기원전 5~4세기경 중국의 공자와 맹자의 사상을 기초로 발전된 유교사상은 불교가 국교였던 삼국시대와 고려시대에도 교육이념이나 틀에 영향을 미쳤으며, 조선시대에는 정치이념으로 활용되고 이황과 이이에 의해 성리학으로 발전되었다(문미옥, 이혜상, 2003). 유교는 인간이 갖추어야 할 가장 고귀한 덕으로서의 인(仁)을 강조하며, 이는 남과 친히 사귀고 서로 사랑하고, 약한 이나 없는 이에게 베풀 줄 아는 어진 마음이다(이영석, 이항재, 1998).

유교에서는 인간을 자연과 마찬가지로 불완전한 존재로 보며 교육을 통해 인간이 하늘로부터 받은 성품을 잘 길러 성인군자에 이르도록 해야 한다고 본다(이기숙 외, 2002). 유아는 태아 때부터 한 생명과 인격으로서 존중받으며, 가능성을 인정받는 존재였다. 그러나 『소학』이 유아를 대상으로 하는 교재인 동시에 성인의 생활지침서로도 중시되었던 점을 보면, 유아를 인격적인 면에서 성인과 동질적인 존재로 여긴 측면도 있다.

유교의 교육목적은 인간 본연의 모습을 회복하게 하여 성인군자와 같은 최고의 이상적 인간으로 기르는 것이며, 교육방법은 가정이나 서당에서 성인이 본을 보이는 교육, 아는 것과 실천하는 것이 하나 되는 교육, 가정의 대소사를 통해 산 경험을 쌓도록 하는 교육이었다(문미옥, 이혜상, 2003). 특히 아직 생각과 행동이 굳어지지 않은 유아기는 집중적인 교육을 할 수 있는 적기로서 남녀분별교육과 식사습관 및 언어학습 중심의 습관교육이 필수적이지만, 발달특성을 고려하여 마음의 절제나 행동의 절도를 엄격하게 요구하지는 않았다(안경식, 2000).

인간의 도리를 다하고 인간의 본성을 회복하는 것을 강조한 유교 사상은 인간성과 도덕성의 상실로 메말라 가는 오늘날 우리에게 교육의 궁극적 목적을 어디에 두어야 하는지, 부모와 교사로서 어떤 모범을 보여야 하는지에 대해 시사하는 바가 있다.

3) 천도교

조선 말기 최제우에 의해 1860년에 일어난 동학운동은 1906년 손병희에 의해 천도교로 불리게 되었다. 모든 개인의 마음에 한울님이 있다는 만인평등사상을 근거로 한 동학운동은 당시의 계급중심 사회구조와 유교적 폐습을 타파하면서 사람이 곧 하늘이라는 인내천(人乃天) 사상으로 발전하였고, 소파 방정환의 아동중심사상으로 이어졌다.

동학사상에서는 아동의 내면에도 한울님이 존재하므로 아동을 인격적으로 존중해야 한다고 보며, 방정환의 아동존중사상은 아동의 세계를 인정하고 아동의 어림과 미성숙은 계몽되어야 할 어떤 것이 아니고 '크게 자라날 어림, 새로운 큰 것을 지어낼 어림'인 잠재가능성과 성장가능성을 의미한다(이기숙 외, 2002).

천도교의 교육목적은 유아가 끊임없이 변화하고 성장하는 일련의 과정을 통해 자신의 본성을 자각하고 그 본성을 발휘하도록 돕는 것이며, 이러한 과정을 통

방정환(1899~1931)

해 확립된 바른 자아가 공동의 선을 향해 노력하고 협동함으로써 조화로운 세상을 만드는 것이었다(문미옥, 이혜상, 2003).

소파 방정환은 아동이 스스로 자율성에 따라 삶을 살아가도록 도와주고, 이를 위하여 나쁜 환경은 제거하고 좋은 환경을 제공하는 것을 교육이라고 보았으며, 흥미의 원리와 표현의 원리를 중시하였다(이기숙 외, 2002).

첫째, '흥미의 원리'는 아동의 본성에 기초하여 흥미와 놀이를 중시하는 것이다. 방정환은 『어린이』 창간지에서 "여기서는 그냥 재미있게 놀자. 그러는 동안 저절로 깨끗하고 착한 마음이 자라게 하자."라고 적었으며 이것이 그가 만든 잡지 『어린이』의 편집방향이자 그가 지향하는 교육방법이었다.

둘째, '표현의 원리'는 자신의 생각이나 현실을 꾸밈없이 그대로 표현해야 함을 강조하는 것으로 방정환은 예술교육에서 아동 자신이 느끼는 것을 자연스럽게 표현하도록 하였다. 표현을 강조하는 것은 어린이 세계의 독특함을 인정하는 것이고, 어린이의 자기표현을 기쁨이자 성장의 바탕으로 본 것이다.

방정환이 강조한 교육내용은 애국교육, 예술교육, 도덕교육이라고 할 수 있으며 출판물, 운동단체 및 예술문화 운동을 통한 적극적인 실천은 내 자녀뿐 아니라 우리 사회의 모든 유아들을 위한 사회적 운동으로서 공동체 의식이 약화되어 가는 현대사회에 시사하는 바가 크다(임재택, 조채영, 2000).

 탐구활동

- 태교에 대한 동서양의 입장을 조사해 봅시다.
- 우리나라 어린이날의 유래를 알아보고, 유아를 바라본 선조들의 시각에 대하여 토론해 봅시다.

3. 서양의 유아교육사상

서양의 유아교육사상은 고대사회, 중세사회, 근대사회, 20세기 이후로 구분할 수 있다. 고대사회는 종족의 보전과 안전을 최우선으로 한 사회로, 유아는 종족 보존의 수단으로 간주되어 독립된 인격체로 존중받지 못하였다. 교육내용은 생활현장에서 의식주 등 생존과 관련된 교육이 주를 이루었고 부모나 연로한 현인이 교사 역할을 수행하였다.

중세사회는 기독교 사상과 봉건제도가 사회의 축을 형성한 시대로 유아는 이미 만들어진 성인의 축소판으로 태어난다고 믿는 전성설(Preformation)적 관점에서 인식되었다. 아동은 신체 크기로 성인과 구분하였기에 성인과 동등하게 취급하여 걷고 말할 수 있게 되면 성인과 똑같은 놀이와 일을 하고 크기만 작은 같은 형태의 옷을 입혔다. 교육내용은 성경이 주가 되고 반복학습이 강조되었으며 수행능력이 부속할 경우 제별이 허용되는 등 종교적 · 봉·건적 권위나 특권에 따라 유아의 욕구나 흥미는 존중받지 못하였다.

근대사회는 문예부흥이 꽃을 피웠던 그리스 · 로마 중심의 르네상스 교육이 행해졌다. 엄격하고 무서운 곳으로 인식되던 중세시대의 학교가 즐거운 곳으로 변하였고, 과학의 발달로 전성설의 오류가 밝혀지면서 유아는 성인의 축소판이 아니라 인격을 가진 한 독립된 존재로 인식되었다. 그 결과 유아에게 내재된 자연성(自然性)을 신뢰하고, 이를 조장하며 개발하는 것이 교육의 임무라고 생각하게 되었다.

20세기 이후는 시민혁명과 산업혁명이 도래한 이후의 시기를 말한다. 고대에서 근대까지의 많은 사상가들 중 대표적인 유아교육 사상가들을 시대별로 살펴보면 다음과 같다(김옥련, 1990; 조용태, 2003; 팽영일, 2003).

1) 고대사회

플라톤(Platon, BC 427~347)

플라톤은 정신과 육체를 분리하여 받아들였고, 이성을 통하여 우리의 감각과 신념을 초월한 현재에 접근하고자 하였으며 이성의 개발을 중시하여 이상적인 사회상을 그린 학자였다. 그는 지혜가 있고, 영혼 전체를 위해 미리 생각하는 힘이 있는 이성이 인간의 영혼을 지배해야 한다고 하였다. 인간의 개인차를 인정하고 개인의 잠재력을 교육을 통한 노력과 의지로 계발할 수 있다고 보았다. 유아기를 기본적인 틀이 잡히는 중요한 시기로 보고 3세까지는 공포나 고통, 슬픔의 감정을 경험해서는 안 된다고 하였고, 5세까지의 경험이 20세까지 발달의 절반을 형성한다고 보아 유아기 경험의 중요성을 강조하였다. 특히 인간의 성격이 경험에 의해 수정될 수 있다는 점을 인정하였다(오영희 외, 2010).

플라톤은 영유아가 출생한 직후부터 국가가 교육을 계획해야 하며, 놀이와 체조, 동화, 음악, 체육 등을 통해 전인적 발달을 도모해야 한다고 믿었다(김옥련, 1990). 적재적소의 인재를 육성하기 위해 남아뿐 아니라 여아도 개인의 능력에 맞게 교육하여야 한다고 믿은 플라톤의 교육사상은 이후 남녀 모두에게 평등한 교육기회를 제공해야 한다는 사회주의적 교육의 모델이 되었다. 그러나 플라톤의 교육사상은 국가 통치를 위한 지배계층과 귀족계급의 영유아를 대상으로 우수한 인재 양성을 목적으로 한 것이었다(정옥분, 2006).

신체형성과 더불어 순수한 영혼을 지켜나가고 올바른 영혼의 형성을 위해 플라톤이 주장한 교육내용에는 신화, 옛날 이야기, 시, 음악, 미술, 체육 등이 있고, 이들 중 유아의 순수한 영혼에 도움이 되는 것은 장려하되 그렇지 않은 것은 금지할 것을 주장하였다(팽영일, 2003). 플라톤은 『국가론(Poliiteiā)』에서 놀이의 중요성을 강조하였고, 유아교육을 위해 음악과 체육 교육이 중요함을 강조하였다. 음악은 유

아로 하여금 질서의식과 미를 사랑하게 해 주고 건전한 정신에
의해 수행되는 체육은 신체적 건강을 유지하도록 한다고 하여
양자 간의 교육이 적절히 조화를 이룰 때 유아는 심신이 건전하
고 균형 있는 조화로운 인격을 형성할 수 있다고 보았다.

아리스토텔레스는 플라톤의 제자로 이성을 강조했던 스승과
달리 정신과 육체를 통합적으로 인식한 실재론자였다. 아리스
토텔레스는 사고할 수 있는 능력, 논리 및 이성을 활용할 수 있
는 힘이 인간발달의 궁극적 목적이자 인간의 본질이라고 보았
다. 인간과 동물이 동일한 발달단계를 거치며 쾌락을 추구한다

아리스토텔레스
(Aristoteles, BC 384~322)

는 점을 유사점으로 보았으나 인간이 동물보다 높은 수준의 발달을 가능하게 하는
잠재력을 가지고 있는 점을 차이점으로 들었다. 이상적인 유아교육은 부모교육으
로부터 시작된다고 보고 유아를 교육하는 데 있어 신체단련, 놀이, 교육환경 정화
를 강조하였다.

국민의 교육을 위해 국가가 교육기관을 설립하여 유아교육을 담당해야 한다고 주
장한 아리스토텔레스는 가정을 매우 중시하여 7세까지는 가정교육이, 그 이후부터
는 공교육이 필요하다고 하였다. 특히 유아의 자연스러운 본성에 가장 적합한 운동
을 유희라고 하면서 5세까지는 학습 대신 활발한 유희를 권장할 것을 주장하였다.

아우구스티누스는 유아가 언어를 익히는 것은 감각과 욕구
를 나타내리고 하는 것에서 비롯된다고 하였다. 몸짓언어로 욕
구를 충족하는 아이는 음성언어를 통해 욕구표시를 습득해 가
며 언어 습득을 통해 인간형성의 중요한 과정을 체험한다고 보
았다.

교사는 학습자가 배우게 될 사물을 미리 보도록 학습자를 자
극하고 장려하여 생동감 있는 언어를 익힐 수 있게 하는 동시에
권유와 친애를 통한 연대감을 형성함으로써 학습자의 욕구를
파악하는 데 주의를 기울이는 역할을 한다고 하였다. 또한 학습

아우구스티누스
(Aurelius Augustinus, 354~430)

자를 대하는 교사의 태도로 형제와 같은 사랑, 아버지와 같은 사랑, 어머니와 같은 사랑을 가지고 대할 것을 권하였다. 뛰어난 유아의 본성을 이끌어 내기 위해서는 의욕을 불러일으키는 것이 선행되어야 함을 강조하였고 유아의 자유로운 의지로 강건한 의지를 도야하는 것을 목표로 하였다. 유아는 적절한 동기가 부여되면 상상력이 넘치는 마음가짐인 흥미를 가지고 새로운 일에 몰두하여 스스로를 가르치는 존재라고 생각하였다.

2) 중세사회

중세시대에 유아들은 빈부의 차이에 구애받지 않고 성직자로부터 신앙교육과 일반교육을 받을 수 있었다. 이 시기는 아동에 대한 이해가 없었고 전성설의 영향으로 아동을 성인의 축소판으로 여기며 체벌을 허용한 측면에 대해 부정적 평가도 있지만, 성가와 라틴어를 읽고 쓰는 교육을 실시함으로써 순수한 인간을 형성하고자 했다는 긍정적인 평가도 있다. 아동발달에 있어서는 성장의 개념으로 질적 차이는 무시되고 양적 증대만이 받아들여졌다. 전성설의 영향으로 아동은 성인에 상응하는 취급을 받고 엄격한 훈련을 받았으며, 성직자에 의한 신앙교육을 바탕으로 한 교육이 주로 행해졌다.

정신적으로는 기독교가 중추를 이루고 사회적으로는 봉건제도가 확고했던 중세시대는 영토 보전 및 확장을 위해 전쟁을 수행하는 기사교육이 중시되었다. 이러한 기사정신은 유아들의 놀이에도 가미되었다. 신사숙녀 교육은 유아들을 천국과 지상에서 봉사할 수 있는 경건하고 용기 있는 인간으로 기르는 데 목적이 있었다. 또한 중세시대는 활발한 상업교역으로 다양한 시민생활이 가능해지면서 읽기, 쓰기, 셈하기 등의 소양이 요구되었다. 그 결과 귀족의 전유물로 인식되었던 교육이 확산되면서 신흥 시민계층의 유아들은 매우 현실적인 교육환경을 갖게 되었는데 유아교육에도 이러한 현실주의나 합리주의가 반영되었다(지옥정 외, 2008).

3) 근대사회

루터는 부모를 통한 가정교육이 유아의 기본인격을 형성하고 이것이 점차 국가 사회의 공동체 질서로 확대되어 간다고 보고, 경건한 부모가 지닌 특유의 사랑을 통해 최선의 가정교육을 받을 수 있다고 하였다.

유아가 처음 경험하는 교육조직은 밝아야 하고, 빈곤 가정의 유아도 차별 없이 다닐 수 있도록 국가가 필요한 교육시설을 운영하여 읽기, 쓰기, 언어, 음악, 체육교육 등을 가르쳐야 한다고 하였다. 특히 인간을 동물과 구별 짓고 바른 정신표현과 효과적인 복음 전수에 유익한 언어교육, 유혹과 나쁜 생각을 멀리하게

루터
(Martin Luther, 1483~1546)

함으로써 인격 형성에 중요한 음악교육, 평형감각의 습득과 조화로운 심신의 발달을 통해 인격형성을 이루게 하는 체육교육을 강조하였다.

내표적인 감각적 실학주의자인 코메니우스의 사상은 기독교 성경을 토대로 하며 사상의 근본원리를 신에 두고 있다. 그는 '학식' '덕성' '신에 귀의 하는 마음'은 교육을 통해 획득되는 인간의 임무이며, 교육을 받지 않고서는 인간이 될 수 없다고 설파하였다.

교육을 수행하는 데 있어서 유아의 심신을 형성하는 어머니의 역할을 강조하고, 교육장소로 어머니의 무릎을 주목하여 '모친학교' '무릎학교'라고 명명하였다. 코메니우스의 교육사상은 『대교수학(Didactica magna)』과 『유아학교(Schola Ludus)』에 잘 나타나 있으며, 세계 최초의 시청각교재로 평가받고 있는 『세계도회(Orbis sensualium Pictus)』가 훈련 자료로 활용되었다.

『대교수학』은 세계 최초의 교육학 저서로 이 책에서 그는 교육 기간을 4단계로 명명하며 각 시기에 맞는 교육론을 제시하였다. 제1단계는 어머니의 무릎학교(Schola Materni Gremii, 출생

코메니우스(Johann Amos
Comenius, 1592~1670)

~6세), 제2단계는 모국어 학교(Schola vernacula, 7~12세), 제3단계는 라틴어 학교 (Schola Latina, 13~18세), 제4단계는 대학 및 외국여행(Schola Scholarum, 19~24세)으로 구분하였다.『유아학교』에서 유아기 교육에 해당하는 제1단계 '무릎학교'는 덕성과 종교성의 기초가 유아기 때부터 적절한 조성에 의해서 함양되어야 하고, '인간형성은 인생의 최초의 시기에 행하는 것이 가장 적절하며, 그 시기를 잃고서는 행할 수 없다'고 언급하였으며, 이 시기에는 어머니에 의해 교육을 받아야 하는 등 유아기 교육의 중요성을 강조하였다.

교육방법으로 감각교육을 중시하고 합자연의 원리와 직관의 원리를 제시하였다. 교육내용은 실학주의에 기초하여 선정하였으며, 전체 민중을 대상으로 하는 교육제도를 제시하였다.

영국의 철학자 로크는 인간이 백지상태(tabula rasa)로 태어난다고 주장하며 인간 발달에 대한 환경과 경험의 중요성을 강조하였다. 로크의 경험주의 사상은 사회학습이나 행동주의 이론의 근간을 이루었고, 아동이 성인의 축소판이 아니라 백지상태로 태어난다는 주장은 인간 본질에 대한 과학적 연구와 후천적인 교육의 필요성을 제기하였다.

로크는『교육에 관한 고찰(Some Thoughts Concerning Education)』(1683)에서 어린이의 경험이 인간 형성의 중요한 요소임을 지적하며 유아기부터의 교육을 강조하였고, 형식적 교육을 비판하고 신체 단련과 도덕교육을 중요시하였다. 이러한 그의 사상은

로크
(John Locke, 1632~1704)

'건강한 신체에 건강한 정신이 깃든다.'는 전제로 표현되며 합자연성(合自然性)과 합리성을 통해 유아의 심신을 단련하도록 하였다. 또한 자극을 가장 유연하게 흡수하는 유아기에 올바른 습관과 철저한 훈육이 실시되어야 한다는 점을 강조하였으나 체벌은 반대하였고, 칭찬이나 유아의 명예심에 호소하는 것이 바람직하다고 하였다.

아동을 존중한 루소는 자연으로 돌아가 인간이 만든 사회제도나 문화에 의해 왜

곡된 참된 인간의 모습을 회복할 것을 주장하며 인간의 본성을
자연 상태에서 파악하고자 한 자연주의 사상가였다. 루소는 성
선설을 주장하였고 유아기는 어른의 목적에 의해 침해되어서는
안 되고 타고난 본성이 보호받고 유지되어야 하는 시기라고 하
였다(Beatty, 1998).

유아의 내부 가능성은 자연법칙을 따르므로 외부 간섭은 비
교육적이며, 교육은 안내해 주는 것으로써 자연의 성장과정을
수용하고 불필요한 성인의 간섭을 최소화하는 것이라고 하였
다. 자연의 질서에 따라 교육할 것을 주장하는 '합자연의 교육'
이라는 루소의 교육사상은 저서 『에밀』에 잘 나타나 있다(〈표 2-1〉 참조).

루소(Jean Jacques
Rousseau, 1712~1778)

표 2-1 에밀의 발달단계별 교육내용

발달단계	연령	교육 내용 및 강조점
제1부 유아기	출생~5세	• 주변 사물과 사람들을 모방하고 반응하는 법을 배우는 시기 • 가능한 한 많은 자유를 주도록 할 것 • 신체교육에 중점을 둠 • 어머니의 역할 중요: 타인에게 맡기지 않는 어머니의 직접교육 강조 • 유아의 조기 언어교육 반대
제2부 아동기	6~12세	• 감각기관의 훈련에 주력: 감각과 지각은 이성과 도덕성 발달의 기초가 됨 • 체벌, 위협, 징찬 등을 통한 인위적인 교육에 반대 • 지나친 관대함이나 엄격함 모두 피할 것을 주장함 • 언어습득과 오감 발달의 주요 시기: 책을 통해서가 아닌 직접경험을 통한 배움 강조
제3부 소년기	13~15세	• 지식을 배우는 시기 • 자기 활동의 학습법 강조: 스스로 사물을 접해서 발견하고 단력을 기르도록 함 • 학문은 배우는 것이 아니라 창조하는 것이므로 많은 것을 가르치기보다 정확하고 명백한 관념들을 깨우치도록 함

제4부 청소년기	16~20세	• 인간관계와 사회제도에 대해 배우기 시작하는 시기 • 정열이 발달하는 시기로 적절히 통제하지 않으면 합리적 판단과 자제력을 잃기 쉬움 • 종교교육과 도덕교육이 이루어져야 함
제5부 성인기	21세 이상	• 에밀의 배우자가 될 소피(Sophie)의 교육과정과 결혼생활을 다룸 • 루소의 이상적인 여성관과 여성교육관이 드러나 있음 • 이상적 여성상: 건강한, 근면한, 온유한, 아름다운, 존경받는, 미덕을 사랑하는 여자를 말하며, 기지, 통찰력, 섬세한 관찰력도 겸해야 한다고 봄

출처: 지옥정 외(2008).

인간의 본성을 지키는 소극적 의미의 교육은 자연의 질서를 따르는 교육으로, 유아에게 중요한 것은 자연발달 단계에 합당한 교육을 받도록 하는 것이라고 하였다. 그 결과 주입식 교육을 반대하고 전인교육을 중시하여 유아에게 자연과 자유를 되돌려 줄 것을 강조한 '자연으로 돌아가라'는 주장을 하였다(오영희 외, 2010).

페스탈로치는 루소의 아동중심 교육사상을 계승하여 이를 실천에 옮긴 교육실천가이다. 가정교육의 중요성을 강조하였고 모자관계에서 교육이 출발한다고 보았으며 3H(머리-Head, 정신-Heart, 기술-Hand)의 조화로운 발달을 통한 전인교육을 교육목적으로 보았다. 교육내용으로 머리 발달을 위한 실물학습, 가슴 발달을 위한 가정교육, 기술 발달을 위한 노작교육의 필요성을 주장하였다. 그는 교육의 본질은 인간의 본성을 계발하는 데 있다고 보았으며, 루소의 자연주의에 영향을 받아 모성애에 의한 유아기의 교육을 중요하게 생각하였다.

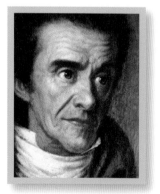

페스탈로치(Johann Heinrich Pestalozzi, 1745~1827)

페스탈로치의 교육사상은 루소와 같이 합자연의 원리를 취하며 이를 위한 교수학습방법으로 개성과 사회성 조화의 원리, 방법의 원리, 자발성의 원리, 직관의 원리, 조화·균형의 원리가 있다. 이러한 그의 교육사상 원리는 근대 교육 확립에 큰 기여를 하였고 현대 교육사상에도 많은 영향을 끼쳤다. 특히 보통교육에 대한 그의 열정은 빈민학교, 가정교육, 노작교육, 고아교육 등의 발전에 많은 영향을 주었고, 교사가 되려는 사람은 사랑을 기반으로 한 교육 행위를 해야 한다는 중요성을 일깨워 주었다.

표 2-2 페스탈로치의 교수 · 학습방법

교수 · 학습방법	내용
개성과 사회성 조화의 원리	• 개인이 도덕적으로 완성될 때 사회가 올바로 형성될 수 있으며 사회는 개인의 창의적 참여를 통해서만 발전할 수 있다는 것
방법의 원리	• 자기 발전은 질서 있는 일정한 단계를 거쳐서 이루어지므로 교육은 이러한 단계에 따라 행해져야 한다는 것
자발성의 원리	• 교육은 인간 내부에 깃들어 있는 자연적인 힘을 유아 스스로 잘 발전시켜 가도록 하는 것이라고 보고 교육장면에서 자기활동적, 계발적, 자율적 훈련방법을 적용해야 한다는 것
직관의 원리	• 모든 인식의 기초로 관찰을 통한 사물의 교육이 언어교육보다 선행하며, 보는 것, 듣는 것, 행하는 것이 판단이나 추리보다 선행한다는 것
조화 · 균형의 원리	• 인간 내부에 도덕적, 지능적, 신체적인 세 가지 힘이 있으며, 이 세 가지 기본적인 힘을 통한 전인발달을 교육이라고 보는 것

프뢰벨은 아버지가 학식과 덕망이 높은 목사였고 어머니는 프뢰벨을 출산한 후 9개월 만에 세상을 떠나 우울한 어린 시절을 보냈지만, 열 살 때 외삼촌 집에 거주하면서 안정을 되찾게 되었다. 자연을 벗 삼아 지낸 유년시절은 그의 교육사상에 많은 영향을 끼쳤다. 그는 신, 자연, 인간 삼자의 조화를 교육의 기본으로 삼고, 아동기 동안 발달하면서 타고난 본성대로 신성한 자아가 표현되도록 하는 것을 교육의 목적으로 보았다. 또 루소의 성선설을 지지하여 수동적이고 추종적인 교육을 중시하였으며, 내재한 인간의 신성을 충분히 전개시키는 것이 교육의 본

프뢰벨
(Friedrich Fröbel, 1782~1852)

질이라고 보았다. 그가 스위스 부르크도르프 고아원장을 지내는 동안 유아기 교육의 중요성을 깨닫고 1836년 '자기교수, 자기교육으로 이끄는 직관교수학원'을 설립하여 유아교구를 제작하였으며, 기하학적 형태를 이용하여 '신으로부터 받은 선

표 2-3 프뢰벨의 은물

종류	구성
1은물	• 통일성과 완전성 상징 • 털실로 짠 6개의 작은 공(빨강, 노랑, 파랑, 주황, 초록, 파랑)
2은물	• 나무로 만든 직경 6센티의 공, 높이 6센티의 원통, 한 변의 길이가 6센티인 정육면체 • 기본적인 사물의 특성 이해에 도움을 줌
3은물	• 사고력, 상상력, 수 개념, 미적 감각, 창의성 신장을 목적으로 함 • 나무로 만든, 한 변의 길이가 3센티인 작은 정육면체 8개
4은물	• 사고력과 상상력을 기르게 함 • 나무로 만든, 각 변의 길이가 1.5센티, 3센티, 6센티인 직육면체 8개
5은물	• 홀수와 짝수가 섞여 있고, 지적 정신적 발달 도모에 적절함 • 한 변의 길이가 3센티인 작은 정육면체 21개, 이 정육면체를 2등분한 각 주 6개, 다시 이 삼각주를 2등분한 작은 삼각주 12개
6은물	• 단일과 복잡, 부분과 전체, 다양성과 통일성의 원리 내포 • 제4은물과 같은 직육면체 18개, 이 직육면체를 2등분한 높이 6센티, 길이와 폭이 다 같이 1.5센티인 기둥 6개, 높이가 1.5센티 길이와 폭이 3센티인 받침 12개 등 36개 직육면체로 구성
7은물	• 독립된 면을 다루며 추상적 활동 전개를 통해 창의적 활동을 격려함 • 나무로 만든 각종 사각형과 삼각형
8은물	• 관찰력, 수리력, 창의력을 기를 수 있음 • 금속이나 나무로 만든 가느다란 막대 6종류(3, 6, 9, 12, 15cm)
9은물	• 아름다운 모양과 형태 구성 • 제 1, 2은물의 곡선을 기초로 하여 원과 반원을 구체화한 것 • 콩, 작은 돌조각, 조개껍질, 그밖에 여러 종자, 두꺼운 종이로 만든 작은 조각
10은물	• 추상적인 점을 입자로 구체화한 것 • 부드러운 완두콩, 초로 만든 작은 구형, 보릿대, 가는 죽대

물'이라는 뜻의 은물(Gabe)을 만들었으며, 이는 최초의 체계적인 교구라는 데 의의가 있다. 그리고 1837년 블랑켄부르크에 '유희와 작업 연구소'를 세워 유아들을 가르쳤다. 이 시설은 이후 프뢰벨이 숲 속을 산책하던 중 영감을 받아 '어린이의 정원(Kindergarten)' 즉 유치원으로 이름을 바꿈으로써 오늘날 유치원의 효시가 되었다.

프뢰벨 교육사상의 기본개념은 만물에는 하나의 법칙이 있고 이 법칙이 삶에 작용하여 삶을 지배한다고 믿는 통일성이다. 그에 따른 교육방법은 통일성의 원리, 자기활동의 원리, 은물을 통한 유희의 원리, 연속적 발달의 원리 등이다.

첫째, '통일성의 원리'는 인간의 마음속에 신이 내재하며, 자연 속에 신의 섭리가 깃들어 있다고 하여 인간, 자연, 신의 통일성을 지향하는 원리로서, 교육은 개인에게 내재된 자연과 신의 섭리를 자각하고 신성을 계발하는 것이라는 원리이다.

둘째, '자기활동의 원리'는 유아의 자발적 활동을 통하여 스스로의 힘으로 활동해야 함을 알게 하는 것으로 유아가 교육받을 준비가 되었을 때 교육이 행해져야 한다는 원리이다.

셋째, 은물을 통한 '유희의 원리'는 유희와 작업이 유아기 교육의 중요한 방법이 되어야 하며, 은물을 통해 감각기관을 훈련하고 신성을 인식하도록 해야 한다는 원리이다.

넷째, '연속적 발달의 원리'는 성장이 비약이나 단절 없이 연속적으로 이루어지며 발달의 출발점은 유아기 교육이라는 원리이다.

이처럼 프뢰벨의 교육사상은 몸, 마음, 정신의 균형과 조화를 중시하는 전인교육 사상의 바탕을 이루고, 자기활동을 강조함으로써 놀이의 중요성을 일깨웠다는 점에서 시사하는 바가 크다(지옥정 외, 2008).

이상적인 사회의 건설을 지향한 오웬은 불결하고 비좁은 공장에서 하루에 10시

오웬
(Robert Owen, 1771~1858)

간 이상 혹사당하던 유아들을 교육적 환경으로 이끌어야 한다
고 주장하였다. 그 주장을 관철시키기 위하여 1816년에 '합리적
인 유아학교'를 개설하여 6세 이하 유아를 교육하였다. 이 학교
의 교육목표는 '항상 합리적으로 생각하고 행동하는, 심신이 안
정된 인간 형성', 즉 합리적인 성격 형성에 있다. 이를 위해 종
교교육이나 조기 문자교육보다 유아의 자발성과 집단적 훈련을
중시하고 놀이를 많이 실시하였다. 그는 당시 사회에 지배적이
었던 공리주의의 영향을 받아 건강한 신체를 지니고 진·선·
미의 모든 욕구와 성격을 충분히 키워나갈 것을 주장하였으며,
빈곤을 근절하는 것이 행복의 전제가 되므로 인격을 완성하는 것과 함께 사회 체제
의 개혁이 병행되어야 한다고 주장하였다.

4) 20세기 이후

정신과 의사였던 몬테소리는 로마대학 부속 정신 클리닉에서 정신지체아를 치
료하면서 이들이 치료 대상이 아니라 교육 대상이 되어야 함을 확신하고 국립특수
아동학교의 관리를 맡아 성공적으로 운영하였다. 그녀는 유아를 '스스로 성장하고
자 하는 내적 생명력을 가진 자유로운 존재'로 보고, 이러한 관
점에 따라 교육은 자유롭게 자신을 표현하고 발전시키며 독특
한 특성을 지닌 유아 각자를 존중하면서 각 유아의 특성에 맞게
개별화되어야 한다고 강조하였다. 빈민 유아들을 위한 '어린이
의 집(Casa dei Bambini)'을 세우고, 이타르와 세강이 사용한 특
수교육용 교구를 개량하여 사용함으로써 오늘날 우리가 몬테소
리 교구라고 부르는 새로운 교구를 개발하였다.

몬테소리는 인간을 스스로 교육할 수 있는 존재로 보았다. 유
아는 정신적인 작용으로 직접 지식을 흡수하기 때문에 일단 작

몬테소리(Marria
Montessori, 1870~1952)

업에 몰두하면 어떠한 경우에라도 방해하지 말 것을 당부하였다. 몬테소리 교육의 중심개념은 유전적으로 계획된 기간으로서, 유아 스스로 특정과제를 숙달하고자 강하게 집중하여 특정 기술을 보다 쉽게 배울 수 있는 기간인 '민감기(sensitive period)'이다. 몬테소리 교육에는 감각훈련을 통한 감각교육, 언어 지도와 셈하기 및 얼굴 씻기, 닦기, 쓸기와 같은 일상생활 훈련이 있다. 부모와 교사의 역할은 유아 개인마다 다른 시기에 나타나는 민감기를 파악하여 유아의 권리를 존중하며 활동리듬에 맞춘 개성교육을 할 수 있도록 최적의 학습 목적을 달성하는 환경을 제공하는 것이라고 하였다.

경험중심, 아동중심 교육을 주장한 듀이는 대표적인 실용주의 철학자로 생활중심교육을 주장하였다. 듀이는 교육이란 관념이나 이상을 추구하는 것이 아니라 생활 그 자체이고, 교육목적은 성인생활 준비가 아니라 생활 과정이며 생활 자체 내에 있다고 하였다. 교육방법으로는 경험의 재구성을 위한 '논리적 교재의 심리화'를 강조했고, 교육의 본질은 현실생활 적응이라고 보았다. 즉, 교육이란 자신의 경험을 통해 끊임없이 재구성하고 성장해 나가는 과정을 말한다. 경험을 통한 재구성 과정은 일생동안 지속되는데 좋은 교육목적을 달성하기 위해서는 '성장' '흥

듀이
(John Dewey, 1859~1952)

미' '놀이' '경험' 등 유아의 내적 욕구, 흥미 및 활동을 존중해 주어야 한다고 하였다. 듀이는 자신의 교육사상을 적용하기 위해 시카고 대학 내에 '실험학교'를 세웠고, 컬럼비아대학으로 옮겨 47년간 연구와 후학 양성에 심혈을 기울였다. 또한 경험을 통한 지식 습득을 위해 교사의 논리적·체계적 설명보다 유아 스스로 주체가 되어 지식과 태도를 종합적으로 획득하는 자발적인 학습 방법을 장려하였다.

듀이 교육이론의 핵심인 경험의 원리는 이전의 경험과 현재의 경험이 따로따로 분리되어 존재하는 것이 아니라 서로 연결되어 연속성을 가진다는 계속성의 원리와 상호작용을 일으키기 위하여 흥미를 중심으로 교육할 것을 제안하는 상호작용의 원리로 구분된다.

구성주의이론은 1950년대에 시작되어 1960년대부터 가속화되어 현재에 이르고 있다. 구성주의는 유아가 경험을 반성하며 지식을 구성한다는 가정에 토대를 두고 유아를 능동적인 학습 구성자로 간주한다. 구성주의이론의 대표적인 유아교육사상가는 피아제(Piaget)와 비고츠키(Vygotsky)가 있다. 피아제와 비고츠키는 지적발달에서 놀이의 가치를 강조하고, 유아와 사물과의 상호작용 및 또래 간의 상호작용을 기초로 한 교육을 주장하였다.

피아제
(Jean Piaget, 1896~1980)

피아제는 유아가 보편적이고 불변의 발달 순서를 통해 앞으로 나아가고, 각 단계는 질적으로 다른 방식으로 사고와 행동이 조직된다고 주장하였다. 그는 인지발달은 동화와 조절, 평형화를 통한 도식의 발달결과이며, 인지발달에 효과적인 상호작용 대상은 인지갈등을 유발하는 또래 유아라고 하였다. 그리고 유아가 인지발달을 효율적으로 수행할 수 있도록 하기 위해서 교사도 의사처럼 고도의 교육을 받고 훈련을 쌓아야 한다고 주장하였다.

비고츠키(Lev Sememnovich
Vygotsky, 1896~1934)

비고츠키는 환경과 능동적으로 상호작용하면서 인지를 구성해 가는 유아의 학습에 사회적 맥락의 중요성을 추가하였다. 유아의 인지발달에는 유아 자신뿐만 아니라 유아보다 상위 수준의 인지수행이 가능한 유아나 부모, 교사와 같은 성인과의 상호작용이 중요하다고 하였다. 즉, 근접발달지대 내에서 비계설정을 통해 이루어지는 상호작용이 유아의 인지발달을 촉진시키는 요인이라고 하였다. 유아의 인지발달의 효용성을 높이기 위한 매개체로 사회문화적 전수 수단인 언어의 역할을 강조하였고, 특히 유아의 혼잣말의 역할에 주목하였다.

구성주의이론에서의 교사는 환경 조직자 역할뿐만 아니라 유아가 자신의 경험을 반성하고 미래를 예측하도록 격려하는 질문 전략을 사용하는 숙련된 기술을 필요로 한다. 또한 교사는 유아의 진보를 평가하고 유아가 활동에 적극적이고 능동적으로 참여하도록 경험을 조직하며, 지식을 구성하는 데 있어 유아와 협력하고 대화하는 역할을 하여야 한다(이순형, 2005).

 탐구활동

- 페스탈로치는 고아의 아버지라고 불리지요. 이와 같이 유아교육사상가들의 별칭을 지어보고, 왜 그렇게 정하였는지 소개해 봅시다.
- 유아교육사상의 계보를 만들어 보고 친구들과 비교해 봅시다.

유아교육개론
Chapter
03

유아교육과 발달

영유아의 발달을 이해하는 것은 영유아의 보육과 교육의 출발점이라 할 수 있다. 영유아는 인간 발달의 기초 시기인 영아기, 유아기, 아동기를 거쳐 발달하므로 교사는 각 시기의 발달 특성을 이해하고 적절한 환경을 조성하여 영유아의 바람직한 성장·발달을 도와야 한다. 이 장에서는 발달의 개념, 단계, 영역에 대해 알아보고 영유아 발달에 대한 다양한 이론을 소개하며, 영유아기의 발달 특성을 살펴본다.

이 장을 학습한 후
달성할 수 있는

목표

- 발달의 개념, 발달 단계, 발달 영역을 이해한다.
- 영유아의 발달이론에 관한 주요 개념을 알고, 교육적 시사점을 이해한다.
- 각 발달이론의 차이점을 비교할 수 있다.
- 영유아기의 발달 특성을 이해한다.

주 요 용 어

발달, 성숙주의이론, 정신분석이론, 행동주의이론, 인지발달이론, 인본주의이론,
동물행동학이론, 생태학이론, 영유아기 발달

1. 영유아 발달의 성격

1) 발달의 개념

인간 발달은 생명이 시작되는 수정의 순간에서부터 죽음에 이르기까지 전 생애에 걸쳐 이루어진다. 발달이란 전 생애에 걸쳐 겪게 되는 양적 또는 질적 변화 과정이다. 양적인 변화는 신장, 체중의 증가와 같이 크기 또는 양에서의 변화를 의미하며, 질적인 변화는 뇌와 신경계의 발달과 같이 구조 또는 조직에서의 변화를 의미한다.

발달과 관련된 개념으로 성장, 성숙, 학습이라는 개념이 있다. 성장(growth)은 키가 커지고 몸무게가 늘어나듯이 신체의 크기나 능력이 증가하는 것을 의미한다. 이에 비해 성숙(maturation)은 사춘기의 2차 성징과 같이 유전적 요인에 의해 나타나는 생물학적 과정을 말한다. 한편, 학습(learning)은 외국어의 습득과 같이 훈련이나 연습에 따른 변화를 의미한다. 이와 같이 생명이 시작되면서부터 일생 동안 진행되는 성장, 성숙, 학습에 의해 이루어지는 변화과정이 발달이다.

2) 발달의 단계

발달의 단계는 대체로 태내기, 영아기, 유아기, 아동기, 청년기, 중년기, 노년기의 7단계로 나누어진다. 아동기까지의 연령과 주요 발달 내용을 정리하면 다음과 같다(동덕여자대학교 국정도서편찬위원회, 2003).

(1) 태내기
태내기는 수태의 순간부터 출산까지의 기간으로 어머니 뱃속에서 태아의 신체

조직이 구성되고 발달되는 시기이다.

(2) 영아기

출생 후 35개월까지를 영아기라고 한다. 그중에서도 출생 후 첫 1개월을 신생아기라고 하는데 이 시기에는 심리적, 신체적 활동에 있어서 성인에게 많이 의존한다. 영아기는 신체적 발달뿐만 아니라 심리적 발달이 급속도로 이루어지는 시기이다.

(3) 유아기

만 3세부터 초등학교 입학 이전까지의 시기를 유아기라고 한다. 유아기는 급속한 언어의 발달로 인하여 지적 능력이 발달하고 상상력이 풍부해지는 시기이다. 또한 부모와 교사를 비롯한 성인과 또래와의 의사소통도 활발하다.

(4) 아동기

공식적인 교육이 시작되어 초등학교에 다니는 시기를 아동기라고 한다. 이 시기에는 생활의 중심이 가정에서 학교로 옮겨 감에 따라 학교라는 사회를 통해 보다 넓은 세상과 문화를 접하게 된다. 아동은 많은 사회적 관계를 형성하며, 또래집단의 비중이 점차 커진다.

3) 발달의 영역

발달은 크게 신체발달, 인지발달, 언어발달, 사회·정서적 발달로 나눌 수 있다(이영 외, 2009). 신체발달은 부모로부터 물려받은 유전인자, 뇌와 감각기관의 발달, 신장과 체중의 증가, 운동 기능의 발달, 사춘기에 나타나는 호르몬의 변화 등을 들 수 있다.

인지발달은 개인의 사고와 지능, 언어, 학습, 기억, 사고, 도덕적 추론과 같은 변화를 포함한다. 영아가 침대 위에 매달려 있는 모빌을 응시하는 것이나, 유아가 말을 배우는 것, 다양한 역할을 모방하는 것, 수학 문제를 푸는 것 등은 인지발달을 반영한다.

언어발달은 음성 언어의 습득, 말하는 법과 문장의 구성 규칙에 대한 발달 그리고 타인과 의사소통하는 방법을 포함한다. 영유아는 빠른 시일 내에 모국어를 습득하여 자신의 생각과 느낌을 타인에게 표현할 수 있고, 타인과 의사소통할 수 있다.

사회·정서 발달은 성격과 정서의 변화, 대인 관계, 사회적 관계의 변화를 포함한다. 영아가 양육자의 달래주는 목소리에 울음을 그치고 편안함을 갖는 것이나, 유아가 또래에게 장난감을 나누어 주는 것 등은 사회·정서적 발달을 나타낸다.

이들 발달은 상호 영향을 미친다. 신체발달은 인지발달에, 인지발달은 사회·정서 발달에, 사회·정서 발달은 인지발달에 영향을 끼친다. 이처럼 영유아의 발달은 서로 독립된 것이 아니라 각각의 발달 영역을 합친 것 그 이상을 의미한다.

[그림 3-1] 인지발달

[그림 3-2] 신체발달

[그림 3-3] 언어발달

[그림 3-4] 사회 · 정서 발달

 탐구활동

영유아 발달의 주요 영역들 간에 상호 영향을 미치는 예를 찾아봅시다.

2. 발달이론

영유아의 발달은 복잡하고 다양하기 때문에, 영유아에게 나타나는 발달의 모든 측면을 설명할 수 있는 통합된 단일 이론은 없다. 영유아 발달의 한 현상을 설명하는 데는 어떤 특정 이론이 적합하고, 또 다른 현상에는 다른 이론이 더 적합하기 때문이다. 영유아의 발달이론에는 유전과 환경의 두 관점을 대표하는 성숙이론과 행동주의이론을 중심으로 인간의 성격, 사회성, 인지발달을 설명하는 다양한 이론들, 인간을 모든 것의 근본적이라고 보는 인본주의이론, 인간을 비롯한 모든 생물에 적용되는 규칙을 찾고자 한 동물행동학이론, 그리고 발달을 인간과 환경의 상호작용을 보는 생태학이론 등이 있다.

1) 성숙이론

성숙이론에 의하면, 모든 인간은 외부 환경의 영향보다는 유전인자의 성숙으로 인해 발생하는 성숙 과정을 통해 성장한다. 환경적 요인들은 유전인자의 성숙을 단지 지지하거나 약간 수정할 뿐이지, 발달을 유발시키지는 못한다는 것이다.

20세기 초반 게젤은 영유아의 성장과 발달은 유전인자가 통제하는 시간표대로 진행되기 때문에 정해진 발달 단계를 거치지만 발달 속도에는 개인차가 있다고 보았다. 그는 발달의 과정을 사진과 관찰로써 기록할 수 있다고 보고, 실제 40년간 예일 대학 아동발달 연구소에서 영유아의 신체, 사회, 지능, 언어 발달을 수치화하여 연령대별 발달 기준표를 만들었다.

이 이론은 연령의 변화에 따른 영유아의 발달을 보다 체계적으로 연구함으로써 체계적이고 객관적인 연구 방법을 사용했다는 점에서 긍정적인 평가가 있으나, 영유아의 발달에 환경의 영향을 전적으로 무시했다는 것이 단점으로 지적되고 있다.

2) 정신분석이론

정신분석이론은 인간의 성격 및 정서 측면을 강조한 이론이다. 정신분석이론에 의하면, 발달은 무의식적인 것이며, 우리의 행동은 단지 표면상 나타나는 특성일 뿐이라고 주장한다. 따라서 정신분석이론에서는 유아의 발달을 제대로 이해하기 위해서는 표면상의 행동만을 보아서는 안 되고, 행동이 의미하는 바를 분석할 줄 알아야 한다고 본다. 한편, 인생 초기에 자녀의 성적(性的)·공격적 충동을 부모가 어떻게 상호작용하였는지가 성장한 후의 자녀의 건강한 인성 발달을 좌우한다고 보았다.

'정신분석학의 아버지'라고 불리는 프로이트에 의하면 모든 인간은 고정된 양의 리비도를 가지고 태어나 다섯 단계의 심리성적 발달단계를 거치며, 발달의 각각 단계마다 신체의 특정한 부분에서 쾌감을 경험한다. 성격은 쾌감의 원천과 현실의 요

구 사이에서 어떻게 갈등을 해결하느냐에 따라 결정된다. 프로이트가 제시한 인간의 심리성적 발달단계들을 설명하면 다음과 같다.

① 구강기

구강기(oral stage)는 출생에서 1세 정도까지이다. 이 시기에는 입과 그 주변을 자극하는 데 만족을 느껴 씹고, 빨고, 깨물고, 삼키고, 입술로 장난함으로써 만족과 기쁨을 얻는다. 구강기에는 따뜻하고 애정적인 분위기에서 영아에게 모유 수유하는 것이 중요하다.

② 항문기

항문기(anal stage)는 1~3세까지로 배변훈련이 이루어지는 시기이다. 이 시기의 영유아는 대소변을 참고 보유하거나 배출하는 것에서 쾌감을 얻는다. 항문기 동안 적절한 대소변 가리기 훈련은 생산적이고 창의적인 성격의 성인을 만드는 데 중요하므로 적절한 배변훈련이 이루어질 수 있도록 해야 한다(조복희, 2006).

③ 남근기

남근기(phallic stage)는 대략 3세 이후부터 4~5세까지를 말한다. 이 시기의 유아는 주된 성적 에너지가 항문에서 성기로 옮아가서 성기에 관심을 가지게 된다. 오이디푸스 콤플렉스와 엘렉트라 콤플렉스를 경험하게 되는데, 이 시기의 유아들은 동성의 부모를 통해 성 역할, 도덕성, 가치관을 배운다.

④ 잠복기

잠복기(latency stage)는 6세 정도에서 시작하여 사춘기에 접어들기까지의 시기로 성충동이 잠복해 버리는 시기이다. 아동은 동성의 친구 집단을 만들어 놀기를 좋아하고, 놀이나 게임을 통해 규칙을 알게 된다. 또한 학교교육을 통하여 기본적인 사회적 기술을 습득하게 되고, 부모와의 동일시가 강력해질 뿐만 아니라 초자아가 발달되는 시기이다(정옥분, 2004).

⑤ 생식기

생식기(genital stage)는 12세 이후 성충동이 시작되는 시기이다. 이성에 대한 관심이 커지고, 성인과 같은 방법으로 성욕을 충족하려고 시도한다.

에릭슨은 프로이트의 이론과는 달리 사회·문화적 환경의 중요성을 강조하였다. 인간은 내적 본능과 사회문화적 요구 간의 상호작용으로 인해 심리사회적 발달이 전 생애를 통해 계속된다고 주장하였다. 에릭슨에 의하면, 인간은 일생 동안 8단계의 발달과정을 거치며, 발달 단계마다 해결해야 하는 심리적 위기(psychosocial crisis)가 있다. 이러한 심리적 위기를 만족스럽게 해결하면 건전한 성격 발달이 이루어지지만, 갈등이 지속되거나 위기를 잘 해결하지 못하면 부정적인 자아발달이 이루어진다고 보았다. 에릭슨의 심리사회적 발달의 4단계를 제시하면 〈표 3-1〉과 같다.

정신분석이론은 인간발달에서 인생 초기 경험의 중요성을 강조하였고, 영유아발달에서 부모 역할의 중요성을 부각시켰다. 프로이트의 심리성적 발달이론은 눈에 보이지 않아서 실제로 증명할 수 없기 때문에 과학적이지 못하다는 단점을 가지고 있다. 반면에 에릭슨의 심리사회적 발달이론은 인간발달에서 전 생애발달적 접근을 취했다는 점에서 긍정적인 평가를 받고 있으나, 발달의 원인이 무엇인가에 대해 설명이 부족하다는 비판을 받고 있다.

표 3-1 에릭슨의 심리사회적 발달의 4단계

단계 (연령)	심리사회적 위기	특징
1단계 (출생~1세)	신뢰감 대 불신감	양육자의 따뜻한 보살핌과 애정을 통해 자신과 세상에 대한 신뢰감을 형성하나 잘 돌봐주지 못하고 방치되면 불 신감을 형성한다.
2단계 (1~3세)	자율성 대 수치심	유아는 걷기를 통해 얻게 된 신체의 자유로움과 말하기를 통해 얻게 된 사고의 자유로움을 실현한다(동덕여자대학교 국정도서편찬위원회, 2003). 다양한 기술을 발달시키는 과정에서 스스로 하려는 욕구가 충족되면 자율성을 형성하나 그렇지 못하면 자신의 능력에 수치심을 가진다.
3단계 (3~6세)	주도성 대 죄의식	목표를 설정하고 계획을 세워 활동하는 과정에서 자기 주도적인 활동이 적절하게 성공할 때 주도성을 발달시키나, 부모가 지나치게 통제하거나 비난하면 죄의식을 가진다.
4단계 (6~12세)	근면성 대 열등감	학교생활을 성공적으로 해나가고 사회적 기술을 충분히 익히면서 일생에 필요한 성실성의 기초인 근면성을 형성하나 그렇지 못한 경우 열등감을 가진다.

3) 학습이론

학습이론은 성숙이론과는 정반대로 영유아발달에서 생물학적 요인보다는 환경만을 강조한다. 영유아 발달에서 변화의 근원을 각 개인이 겪는 경험과 학습이라고 믿는다. 이 이론에서 학습이란 경험이나 관찰의 결과로 유기체에서 일어나는 비교적 영속적인 행동의 변화 또는 행동잠재력의 변화를 의미한다. 학습이론의 기본 원리는 자극과 반응의 연합을 계획적으로 통제하는 것이므로 발달 단계를 설정하지 않는다.

학습이론을 대표하는 학자는 왓슨, 스키너, 반두라가 있다. 왓슨은 파블로프가 개 실험에서 얻은 조건 형성 원리를 유아에게 적용하였다. 조건 형성 원리는 인간은 환경이 주는 자극에 대하여 반응하는 행동을 보인다는 것이다. 고전적 조건 형성(classical conditioning)이라 불리는데, 개가 먹이를 보자 반사적으로 침을 흘리는 것과 같이 영유아의 정서 행동은 무의식적이면서 반사적으로 야기되는 행동이 많다.

스키너는 자극과 반응이 연결되는 또 다른 방법을 제시한다. 조작적 조건 형성 (operant conditioning)이라고 불리는데 행동은 강화를 받게 되면, 그 행동이 다시 발생할 확률은 높아지고, 처벌을 받게 되면 그 행동의 발생할 확률은 낮아진다. 조작적 조건형성에서는 강화와 벌의 역할이 중요하다.

반두라는 영유아는 직접 자신에게 주어진 강화를 받지 않더라도 다른 사람의 행동을 관찰함으로써 보다 빨리 배운다고 주장한다. 예를 들면, 유아가 어머니의 양육행동을 관찰하고, 강아지를 돌볼 때, 그 행동을 그대로 모방하는 경우이다.

학습이론은 조건형성과 모델링을 통해, 영유아의 바람직한 행동은 격려하는 반면, 바람직하지 못한 행동을 제거하는 데 도움이 된다(정옥분, 2004). 그러나 환경의 중요성만을 지나치게 강조하여 생물학적 요인의 영향을 간과했다는 점과, 눈에 보이는 행동에만 관심을 가짐으로써 영유아의 발달을 충분히 이해하는 데 한계를 드러냈다.

탐구활동

"나에게 건강한 몇 명의 유아를 주시오. 그러면 잘 만들어진 나의 특별한 세계에서 그들의 재능, 취미, 버릇, 적성, 인종에 관계없이 의사, 변호사, 예술가, 상인, 대통령 혹은 거지나 도둑이라 할지라도 당신이 선택하는 것 중 하나가 되도록 그들을 훈련시킬 것을 보장합니다."라는 Watson의 주장(환경을 조성하고 적절한 강화만 주어지면 어떤 행동도 학습될 수 있다)에 대해 자신의 견해를 말해보고 친구들과 토의해 봅시다.

---

4) 피아제의 인지발달이론

인지발달이론은 인간이 지식을 어떻게 구성하고, 어떻게 생각하는지에 대한 인간의 사고과정에 관심을 갖는다. 지식을 습득하는 데 있어 영유아는 능동적으로 환경에 적응하고, 스스로 생각하고, 정보를 처리하는 능동적인 존재라고 본다.

피아제(Piaget, 1896~1980)의 관점에서 보면, 지적인 능력이란 개인이 주어진 환경에 효과적으로 적응할 수 있는 능력을 의미한다. 영유아는 능동적으로 환경과 상호작용함으로써 인지발달을 이룬다고 주장한다. 즉, 인지발달을 한다는 것은 지적인 능력이 환경과의 상호작용을 통하여 변화해 가는 양상을 의미하는 것이다.

피아제는 인간은 환경과의 상호작용을 통해서 인지구조(cognitive structure)를 끊임없이 재구성해 간다고 주장한다. 그는 이러한 인지구조를 설명하기 위해서 도식(scheme)이라는 용어를 사용한다. 도식은 개인이 갖고 있는 정신적 구조로서, 환경에 적응하는 데 사용하는 '이해의 틀'이라고 할 수 있다. 이러한 도식은 조직과 적응의 과정을 통하여 형성되는데, 모든 인간은 태어나면서 이 두 가지의 근본적인 경향성을 가지고 있다.

조직(organization)이란 인간이 일관성 있는 체계를 형성하도록 통합하는 인지기능을 의미한다. 분리된 구조나 체계를 고차원의 체계나 구조로 통합시키는 선천적인 경향성을 의미한다. 한편, 적응(adaptation)이란 모든 인간은 동화(assimilation)와 조절(accommodation)을 통하여 환경에 적응하는 경향성을 의미한다. 동화는 자신이 이미 가지고 있는 도식 또는 인지구조 속에 외부의 대상을 받아들이는 인지과정이다. 예를 들어, 어떤 유아가 박쥐에 대해 전혀 알지 못하는 경우, 새와 같은 것을 보았다고 말하는 경우이다. 반면에 조절이란 자신이 가진 기존의 도식이나 인지구조가 새로운 자극을 받아들이는 데 적합하지 않을 때, 이미 가지고 있는 도식이나 인지구조를 바꾸거나 수정하는 과정이다. 예를 들어, 지금까지 포유류의 특성에 '날 수 있다는 것'을 하나 더 첨가시켜서 박쥐에 대해 더 적절하게 설명하는 경우이다.

피아제는 조직과 적응의 과정을 통해서 새롭게 생기는 인지구조는 기존의 구조와 질적으로 다르다고 가정하고, 이러한 인지구조의 질적인 변화를 묶어서 인지발달 단계로 제안한다. 발달 단계는 누구에게나 일정한 순서로, 단계적으로 진행되지만 개인마다 단계를 거치는 속도는 다르다. 각 단계와 그에 해당하는 연령과 특징들을 개략적으로 제시하면 〈표 3-2〉와 같다.

표 3-2　피아제의 인지발달단계

단계	연령	중심적인 특징
감각운동기	0~2세	• 생득적인 반사행동(잡기, 빨기, 미소 짓기 등)이 나타남 • 감각이나 운동 활동을 통해서 환경을 경험함 • 대상이 한 곳에서 사라지더라도 독립적인 실제로서 여전히 존재한다는 사실에 대한 지식(대상영속성) 인식
전조작기	2~7세	• 아주 단순한 수준에서만 정신적인 조작을 할 수 있음 • 논리적인 추론보다는 비논리적인 추리를 함 • 언어가 점차적으로 발달하고 상징적인 형태로 사고 • 사고와 언어가 자아중심적인 특징을 보임
구체적 조작기	7~11세	• 논리적으로 구체적인 문제를 해결할 수 있음 • 보존의 개념을 이해하고, 유목화하고 서열화할 수 있음 • 자신의 견해와 타인의 견해가 다를 수 있음을 인식
형식적 조작기	11세 이후	• 논리적으로 추상적인 문제를 해결할 수 있음 • 사고가 점차로 과학적이게 됨 • 복잡한 언어 과제나 가설적인 문제를 해결할 수 있음

　인지발달이론은 영유아를 '적극적인 사고가'라는 점을 인정하여 유아들이 스스로 지식을 습득하도록 해야 한다는 점을 강조한 면에서 긍정적으로 평가된다. 또한 영유아들을 대상으로 하는 교육활동에서는 구체적인 대상을 가지고 직접 탐구할 수 있는 기회가 주어져야 함을 강조한다. 그러나 각 발달이 이루어지는 원인에 대해서는 자세히 설명하지 못하고 있고, 취학 전 유아의 능력에 대해서는 과소평가하는 반면 청소년이나 성인의 능력은 과대평가하고 있다는 지적이 있다.

 탐구활동

영유아의 생활 또는 자신의 생활에서 동화와 조절이 발생되는 상황의 예를 찾아봅시다.

5) 비고츠키의 인지발달이론

영유아는 인지발달에 있어서 적극적이고 능동적인 존재이며, 지식을 스스로 구성할 수 있다는 점을 강조하는 이론이다. 이와 더불어 인지발달은 문화적 맥락과는 관계없이 이루어지는 것이 아니라 한 문화권에서 사람들 간의 상호작용에서 발생되는 것이라고 본다. 따라서 인지발달은 자신이 속한 문화권에서 보다 성숙한 구성들과의 상호작용을 통해서 이루어진다고 본다.

인지발달에 있어 비고츠키(Vygotsky, 1896~1934)는 피아제가 간과했던 사회문화적 요인의 중요성을 강조한다. 영유아들은 자신의 주위에 있는 다른 사람들로부터 배우는 것이므로 모든 문화권의 유아가 똑같은 인지발달 단계를 거친다고 보지 않았다.

비고츠키는 스스로 문제를 해결할 수 있는 현재의 발달 수준과 성인이나 또래의 도움을 받아서 문제를 해결할 수 있는 잠재적 발달 수준으로 구분한다. 그리고 이 두 수준의 차이를 근접발달영역(zone of proximal development, ZPD)이라고 부른다. 비고츠키는 영유아의 현재 발달 수준이 같더라도 다른 사람의 도움을 받아서 어려운 문제를 해결할 수 있는 근접발달영역은 영유아마다 다를 수 있음을 강조한다.

근접발달지대와 매우 밀접한 연관이 있는 개념이 비계설정(scaffolding)이다. 비계설정이란 영유아가 스스로의 힘으로 문제를 해결할 수 있도록 도움을 제공하는 것을 의미한다. 일반적으로 처음에는 영유아가 할 수 있도록 도움의 양을 많이 제공하다가 차츰 영유아의 능력 안에서 과제를 스스로 해결할 수 있도록 도움의 양을 줄여나간다.

영유아의 발달에서 사회문화적 맥락의 중요성을 강조한 점은 긍정적으로 평가된다. 한 문화권 내에서의 개인 간 차이뿐만 아니라, 각 문화권 간에서의 개인의 차이에도 관심을 가졌다. 또한 근접발달지대와 비계설정이라는 개념을 제공하여 영유아의 발달과 학습에 대한 실제적인 정보를 제공한 점은 긍정적으로 평가된다.

 탐구활동

영유아들의 현재 발달 수준이 같더라도 잠재적 능력이 다를 수 있다는 것을 증명할 수 있는 예를 찾아봅시다.

6) 인본주의이론

인본주의이론은 모든 사람을 하나의 개체로서 존중하고, 인간의 잠재력과 독특성에 관심을 기울인다. 인본주의이론에 따르면, 모든 사람은 자신의 삶을 스스로 결정할 수 있고 자신의 잠재력을 충분히 발달시킬 수 있는 자아 실현적 존재이다. 이 이론에서는 인간을 연구하는 방법으로 과학적 연구 방법이 적합하지 않다고 주장하는데, 그 이유는 인격체인 인간이 연구 대상이 되어서는 안 되기 때문이다(동덕여자대학교 국정도서편찬위원회, 2003).

매슬로우(A. Maslow, 1908~1970)에 의하면 인간의 자아실현은 인간의 기본적인 욕구인 생리, 안전, 소속, 존중의 욕구가 단계적으로 충족된 후에 이루어질 수 있다.

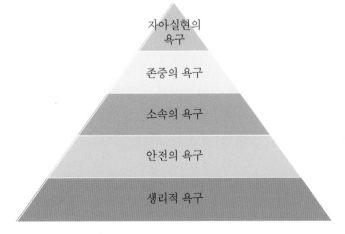

[그림 3-5] 매슬로우의 「욕구 위계」

인본주의이론은 영유아를 독립적이고 독창적인 능력을 지닌 인격체로 본다. 교육의 목적을 자기 성장을 이루고 타인과의 관계를 원만하게 만드는 건강하고 창의적인 성격을 가지고 있는 사람이 되도록 도와주는 것이라고 보는 관점은 긍정적으로 평가된다. 그러나, 인본주의 교육 프로그램의 효과를 입증한 연구는 매우 적고, 교육의 효과를 평가하는 것이 어렵다는 점에서 비판을 받고 있다(신명자 외 3인, 1998).

7) 동물행동학이론

동물행동학이론은 다윈의 진화론적 관점에서 동물의 적응 행동과 인간의 행동을 연구하며, 영유아의 발달에 있어서 생물학적 역할을 강조한다. 동물행동학자들은 여러 문화권에서 공통적으로 나타나는 종 특유의 행동에 관심을 가진다. 예를 들면 아기의 울음, 사회적 미소와 같은 행동들은 생물학적으로 프로그램화된 것이고, 종의 생존가능성을 높이기 위해 진화되어 온 것이라고 주장한다.

로렌츠(Lorenz, 1903~1989)에 의하면, 새끼 거위가 어미 거위를 따르는 추종 행동을 각인(imprinting)이라 하고, 이러한 각인은 결정적 시기에만 일어난다. 각인이란 어린 동물이 생후 초기의 특정한 시기 동안 어떤 대상에 노출되면 그 대상에게 애착되는 것이다. 이러한 현상은 인간에게도 유사한 결정적 시기가 있다. 보울비(Bowlby, 1907~1990)는 고아원에서 성장한 아동들이 타인과 친밀하고 지속적인 관계를 형성하지 못하고 여러 가지 정서적 문제가 있음을 발견하고 이에 대한 원인을 밝히고자 하였다. 이러한 현상에 대해 보울비는 이 아동들이 생애 초기에 주 양육자의 애정 어린 양육을 받을 수 없어 안정된 애착을 형성할 기회가 적었기 때문이라고 해석한다.

동물행동학이론은 발달을 이해하기 위한 기초로 생물학이나 진화론, 민감한 시기 또는 최적인 시기에 대한 관심을 갖게 하여 영유아의 사회·정서적 행동 연구에 중요한 기여를 하고 있다.

8) 생태학이론

생태학이론은 인간발달을 사회문화적 관점에서 이해하는 이론이다. 이 이론에 의하면, 영유아는 고유한 특성을 지닌 능동적인 존재로서 가족, 이웃, 국가, 대중매체 등 여러 가지 환경의 영향을 받으며 발달하게 된다.

생태학이론을 대표하는 학자 브론펜브레너(U. Bronfenbrenner, 1917~2005)는 그의 저서 『인간 발달의 생태학』을 통하여 발달은 능동적으로 성장하는 인간이 끊임없이 변화하는 환경과 상호작용하여 이루어진다고 본다. 브론펜브레너는 인간을

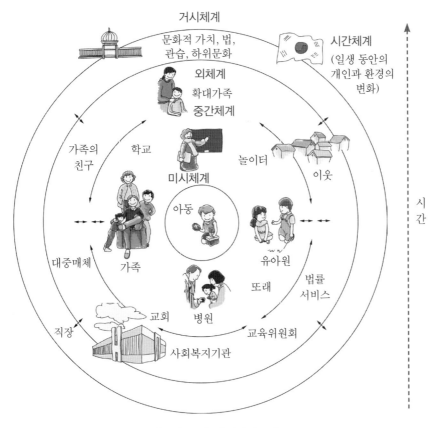

[그림 3-6] 생태학적 모델

출처: Shaffer, D. R. (1999). Developmental psychology: Childhood and adolescence (5th ed.). Brooks/cole.

둘러싸고 있는 생태환경을 가까운 것에서부터 가장 먼 것에 이르기까지 네 개의 층으로 구분하고 있다. 가장 가까운 층인 미시체계는 영유아가 직접적으로 참여하는 환경으로서 가족, 또래, 유아교육기관 등이 포함된다. 다음 층인 중간체계는 영유아가 적극적으로 참여하는 미시체계 맥락들 간의 상호관계를 포함한다. 예를 들어, 부모님과 학교 교사 간의 관계, 형제관계, 이웃과의 관계 등을 들 수 있다. 외체계는 영유아발달에 직접적인 역할을 하지는 않으나 영향을 미치는 생태환경을 의미하는 것으로, 정부기관, 사회복지기관, 교육위원회, 대중매체 등이 여기에 포함된다. 거시체계는 각 문화권 특유의 가치 · 태도 · 신념 등이 이에 속한다.

생태학이론은 영유아의 능동성과 변화하는 환경의 영향력이 동시에 고려되었다는 점에서 영유아 발달을 이해하는 데 독자적인 기여를 하고 있다. 그러나 발달에 영향을 미치는 생물적 요소나 인지적 과정에 대한 관심이 거의 없다는 제한점을 지닌다(박성연, 2006).

3. 영유아기 발달

이 절에서는 영유아기의 신체발달, 인지발달, 언어발달, 사회성발달, 정서발달에 대해 살펴봄으로써 영유아기의 발달 특성을 이해하고 적절한 환경을 조성할 수 있는 방법에 대해 알아보고자 한다.

1) 영유아기의 신체발달

영아기는 신체적인 성장이 가장 급속도로 이루어지는 시기이다. 영아의 체중은 출생 시 보통 3.00~3.50kg이다. 그러나 체중은 빠르게 늘어, 3개월경에는 출생 시 체중의 약 2배가 되고, 만 1세경에는 약 3배가 되며, 만 2세경에는 약 4배로 증가한다. 키는 체중에 비해 성장 속도가 다소 느린 편이다. 출생 시 신장은 50cm 정도인

데, 만 2세경에는 약 87~88cm 정도로 성인 평균 신장의 1/2 정도가 된다.

영아의 운동능력 발달의 순서에는 보편적인 원리가 적용된다. 따라서 모든 영아들은 머리 가누기, 뒤집기, 앉기, 기기, 일어서기, 걷기, 뛰기의 일정한 순서로 발달을 성취한다. 영아기에는 기기, 걷기와 같은 대근육 운동기능의 발달뿐 아니라 물체를 붙잡고 조작하는 정교한 소근육 운동기능도 발달한다.

유아기의 신체적 성장은 영아기에 비해 그 속도는 느리지만 신장과 체중이 꾸준히 증가한다. 유아기의 성장 속도는 신장이 매년 5~7cm 정도 자라며, 체중은 2~3kg씩 증가한다. 이러한 외형적인 신체 변화와 마찬가지로 유아의 근육과 골격의 성장도 빠르게 진행되어 신체적으로 더욱 단단해지고 힘이 더 세어진다. 호흡계와 순환계의 발달로 신체의 신진대사가 활발해지면 면역체계도 발달하여 유아들은 이전보다 건강해진다.

유아기를 거치면서 운동발달은 여러모로 뚜렷한 변화를 보인다. 달리기와 높이 뛰기와 관련된 대근육 운동기술과 단추 채우기나 그림 그리기 등의 소근육 운동기술이 비약적으로 발달한다. 유아들은 영아기에 성취한 신체적인 능력을 기초로 반복적인 연습과 활동을 통해 달리기, 뛰어오르기, 뛰어 내리기, 던지기, 자전거 타기 등 운동 기술을 정교화시킨다.

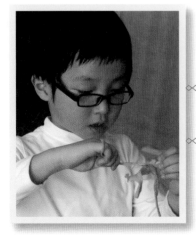

[그림 3-7] 지끈에 호박 꿰기

[그림 3-8] 수 놓기

[그림 3-9] 구름 집에 오르기

[그림 3-10] 바깥으로 나들이 가기

2) 영유아기의 인지발달

영아들은 주위 환경으로부터 오는 여러 가지 자극에 반응하고 적응하는 놀라운 감각을 가지고 태어난다. 엄마 뱃속에서부터 가지고 나오는 이 경이로운 감각능력은 영아기의 다양한 경험을 통해 풍부하게 발달된다. 영아는 감각기관을 통해 자극을 경험할 때 여러 감각 기관으로부터 들어오는 정보를 통합할 수도 있다. 영아는 주로 감각기관과 운동 기능을 통해 세상을 알아 간다. 새로운 물건을 접하면 손으로 만져보거나, 입에 넣어 보거나, 던져 보는 등의 행동을 통해서 지식을 습득한다.

[그림 3-11] 물체를 탐색하는 영아

영아는 태어나서 일정 시간이 지나면 눈에 보이지 않는 사물도 존재한다는 사실, 즉 대상 영속성(object permanence)을 이해한다. 대상 영속성은 영아기에 이루어지는 중요한 인지발달 중의 하나이다. 18개월경이면 대부분의 영아들은 말을 하거나 몸짓을 사용하여 자신의 생각을 표현할 수 있다.

즉, 상징을 이용하는 능력이 생긴 것이다.

만 3세경에는 뇌의 무게가 성인의 90%에 이르게 되고, 뇌의 크기는 만 6세경에 거의 성인과 비슷한 크기로 발달한다. 두뇌의 각 부분은 각기 다른 시기에 발달하는데, 만 3~6세에는 전두엽이 빠른 속도로 발달한다. 전두엽은 인간의 종합적인 사고를 관장하는 곳으로 인간성과 도덕성 등의 최고의 사고 기능을 담당한다.

유아는 사물이 눈앞에 보이지 않아도 그것을 기억하고 생각할 수 있다. 유아는 '지금 여기'의 한계에서 벗어나 정신적으로 과거 또는 미래와 어느 정도 넘나들 수 있게 되고, 가상적인 사물이나 상황을 실제 사물이나 상황으로 상징화한 가상놀이를 할 수 있게 된다. 이러한 상징적 사고능력을 바탕으로 유아들은 소꿉놀이, 목욕탕놀이, 병원놀이, 학교놀이 등의 가상놀이를 즐기는 것이다.

유아는 세상의 모든 현상을 다른 사람의 관점을 고려하거나 이해하지 못하고 자기중심적으로 생각한다. 그래서 선생님께 드릴 생일 선물로 자신이 좋아하는 스티커를 고르고 선생님도 좋아하시겠지 생각한다. 또한 유아는 어떤 현상의 원인과 결과 간의 관계를 정확하게 연결시키지 못한다. 예를 들어, 한 유아가 동생을 미워한다는 사실과 동생이 아프다는 두 가지 사실을 동생을 미워해서 동생이 아프게 되었다는 것을 연결시키는 경우이다. 또한 유아는 어떤 사물의 겉모습이 바뀌어도

[그림 3-12] 소꿉놀이하는 모습

[그림 3-13] 인형극 놀이

그 속성이 바뀌지 않는다는 보존 개념의 이해 능력이 부족하다. 그 이유는 유아들이 사물의 두드러진 속성을 바탕으로 생각하는 직관적 사고를 하기 때문이다.

유아들은 익숙하고 반복되는 사건을 시간이나 장소의 상세한 내용 없이 일반적이고 개괄적으로 기억한다. 그렇다고 유아들이 익숙한 경험만을 기억으로 남기는 것은 아니다. 유아 자신에게 유일하거나 새로운 사건이나 정서적으로 자기에게 의미가 있었던 사건이라면 오래전에 있었던 일을 기억해 내기도 한다. 1년 전에 가본 뮤지컬 내용에 대한 상세한 것들은 일상적으로 반복되는 경험보다 더 잘 기억하기도 한다.

3) 영유아기의 언어발달

인간은 언어를 습득할 준비를 갖추고 세상에 태어난다. 신생아들은 주변의 다른 소리와 엄마 목소리 차이를 알아차리고, 생후 96시간 내에 모국어와 외국어를 구별할 수 있었다.

대체로 3, 4개월이 되면 '우~~~'와 '아~~~'와 같은 웅얼거림(cooing) 소리를 낸다. 또한 6개월경이면 '다다다' 또는 '아부부~~~'와 같이 자음과 모음이 합쳐진 하나의 소리를 내다가 점차 복잡한 소리들을 만들어 내는 옹알이(babbling)를 한다. 영아들은 6~7개월경이면 자기 이름을 부르는 소리에 반응하고, 자기가 스스로 소리를 만들어 반복해 내기도 한다. 생후 9개월 후부터는 성인의 말소리를 모방할 수 있다. 생후 9~15개월쯤이면, 영아는 하나의 단어로 의사소통을 하기 시작한다. 18개월경이 되면 한 단어로 말하는 시기가 끝나고 두 개의 단어를 결합하여 자신의 의사나 감정을 표현한다.

유아가 사용하는 어휘의 수는 유아기에 빠른 속도로 증가한다. 이와 같이 어휘 수의 급증은 유아의 인지적 발달과 관련이 있다. 유아들은 새로운 어휘를 들었을 때, 혼란스러워하지 않고 어휘를 습득하는 비법을 가지고 있다. 첫 번째 비법은 유아는 어휘가 사물의 일부분이나 부분적 특성보다는 사물 전체를 의미한다고 생각

하는 능력이다. 두 번째 비법은 알고 있는 어휘로 비슷한 사물을 일반화시킬 수 있
는 것이다. 세 번째 비법은 하나의 사물에는 한 가지 이름만 있다고 생각하는 능력
이다.

자연스럽고 풍부한 언어 환경에 노출된 유아는 모국어의 문법을 성인과 유사하게
말할 수 있다. 만 3세경에는 부정문이나 복수형에 대한 개념을 갖게 되어 '싫어', '아
니'와 같은 부정적 의미의 문장을 많이 사용한다. 그리고 4~5세경의 유아들이 사
용하는 문장들은 평서문, 부정문, 의문문 및 명령문 등으로 다양하고 복잡해질 뿐
만 아니라 부사와 형용사를 포함한다.

유아는 언어의 문법적인 지식과 함께 타인과 의사소통을 하는 데 필요한 지식과
기술을 습득한다. 말을 할 때 청자의 수준에 맞게 대화 양상을 다르게 할 수 있고,
상대방이 아는 내용에 맞추어 자기가 하는 말을 조정하며, 자기가 알거나 관심을
가지고 있는 내용에 대해서는 상대방과 편안하게 대화를 주고받는다. 예를 들어,
유아가 자신보다 어린 동생에게 말할 때, 쉬운 단어를 사용하여 단순화시켜 말하거

[그림 3-14] 대화하는 모습

[그림 3-15] 책을 읽고 있는 모습

나 천천히 혹은 반복해서 이야기하는 것을 볼 수 있다.

유아들은 생활 속에서 부모나 자기보다 나이 든 형제가 읽고 쓰는 것을 관찰하며, 말과 글의 관계를 자연스럽게 깨닫는다. 또한 부모가 읽어주는 책의 이야기를 듣고, 장난감 글자로 놀이하고, 다양한 필기도구로 자기 생각과 느낌을 적어보면서 문자 언어를 경험하게 된다.

4) 영유아기의 사회성발달

영아는 엄마의 배 속에서 이미 세상을 살아가는 데 필요한 주된 능력을 가지고 태어나지만 일정 기간 동안은 누군가의 도움이 필요한 존재이다. 따라서 누군가로부터 보살핌을 받을 수 있는 장치가 반드시 필요한데, 이 장치가 애착이다. 애착은 영아와 주 양육자 간에 형성되는 친밀한 정서적 유대감이다. 영아와 양육자 간에 긍정적이고 친밀한 애착이 형성되면, 영아는 양육자에서 느꼈던 좋은 감정을 일반화시켜 세상에 적용한다. 이렇게 세상에 대해 호의적인 감정과 생각을 가진 영아는 이후에 자신감, 호기심, 타인과의 관계에서 긍정적인 성향을 보이고 도전적인 과제를 잘 해결하고, 좌절도 잘 참아낸다.

자아개념은 유아기에 발달한다. 자아개념이란 자기 자신과 외적 환경과의 상호작용을 통해 형성된 자신의 능력, 태도, 흥미, 가치관 등에 대한 지각을 의미한다. 유아는 자신에 대한 이해에 따라 자신의 능력과 가치를 평가하고 자신을 조절하거나 통제할 수 있다. 따라서 유아들이 '나는 소중한 사람이다.'와 '나는 ~을 할 수 있다.'라고 생각하는 마음을 갖도록 해야 한다.

유아는 친구들과의 놀이를 통해 갈등하기도 하고 서로 돕기도 한다. 그러면서 친구를 만들려면 어떻게 해야 하는지 스스로 몸과 마음을 통해 자연스럽게 터득한다. 또한 또래와 놀이를 통해 운동능력이 향상되고, 또래와 대화를 나누면서 다양한 언어를 배우고 사용하게 된다. 이 시기에 또래 친구들과 잘 노는 유아는 부모로부터 배울 수 없는 것들을 얻게 된다. 또래 관계 능력은 하루아침에 이루어지는 것

[그림 3-16] 친구와 나뭇가지로 형태 만들기

[그림 3-17] 친구들과 함께 율동하기

이 아니므로 또래와 함께 이야기하고 놀이하고 함께 있는 것을 즐길 수 있는 기회를 제공하는 것이 필요하다. 남을 배려하지 못하고, 규칙을 무시하고, 마음대로 하려는 등의 모습을 보인다면 규칙이 있는 놀이를 통해 규칙을 지켜야 놀이가 진행된다는 것을 자연스럽게 알게 해야 한다.

유아는 자신의 주장을 언어로 표현하기에 미숙하므로, 다소 공격적인 행동을 보일 수도 있다. 공격성이란 타인이나 자신에게 상처나 해가 되는 행동을 하는 것을 의미한다. 때리고, 물고, 치고, 밀고, 물건을 던지고, 부수는 모든 행동이 이에 포함된다. 이러한 공격적인 성향은 이후에도 지속될 수 있기 때문에 공격성을 억지로 숨기고 억누르기보다는 이를 대체할 수 있는 매체나 활동으로 마음껏 표출하고 발산하게 하는 기회를 제공하는 것이 필요하다.

5) 영유아기의 정서발달

영아기는 기본적인 정서가 분화되는 시기로서, 영아는 얼굴표정이나 음성 또는 행동으로 자신의 정서 상태를 표현한다. 영아가 표현하는 대표적인 정서는 분노,

공포, 기쁨이라고 할 수 있다. 분노는 생후 3개월경부터 불쾌에서부터 분화되기 시작하는데, 영아는 자신이 느끼는 좌절감을 고통스러운 울음으로 표현하는 것이 대부분이다. 6개월 무렵이면 영아는 점차 사고능력이 발달함에 따라 새로운 감정인 공포감을 가지기 시작한다. 영아기에 공포를 유발하는 대부분의 원인은 애착이 형성된 양육자와의 분리 또는 낯선 사람 등의 사람과 연관된 것이거나 어둠, 큰 소리, 높은 장소, 새로운 상황 등의 익숙하지 않은 상황으로 인한 것이다. 영아들은 젖을 배불리 먹었을 때, 따뜻한 물에 목욕을 하였을 때, 몸을 부드럽게 주물러 주었을 때에 미소, 웃음, 손뼉 치기 등으로 기쁨을 표현한다.

유아기가 되면 정서의 분화는 두드러지게 나타난다. 불쾌의 줄기로 분노, 혐오, 공포의 정서가 분화되고, 쾌의 줄기에서 애정, 즐거움 등의 정서가 분화된다. 유아는 정서를 표현할 때 아주 강렬하게 폭발하는 듯 느끼는 대로 표현하지만 일시적인 경우가 많다. 예를 들어, 금방 울다가 웃다가, 화를 내다가 미소를 짓고, 금방 질투를 보이다가 애정을 보이는 경우이다.

유아는 연령이 증가함에 따라 자신과 다른 사람의 정서에 대한 이해 능력이 더욱 향상됨으로써 폭발적으로 정서를 표현하는 것은 바람직하지 않으며 때로는 벌을 받을 수도 있다는 것을 알게 된다. 또한 자신이 가지고 있는 정서를 다른 사람들이나 상황에 맞게 표현할 수 있게 된다. 예를 들어, 또래가 표현하는 각기 다른 정서에 다른 반응을 보이기도 하고, 원하는 장난감을 가질 수 없거나, 하고 싶지 않은 일을 해야 할 때도 잘 참을 수 있게 된다.

점차 정서를 적절히 조절하고 활용할 수 있는 능력을 익히게 되면 문제해결과정에서 정서를 적절히 조절하고 활용할 수 있다. 예를 들어, 이전보다 높은 수준의 과제를 완성해야 하는 상황에서 걱정이 될 때, 정서를 적절히 조절하고 활용할 수 있는 능력을 가진 유아는 긴장과 불안, 두려움 등의 정서를 보다 긍정적인 방향으로 변화시키면서 문제해결을 할 수 있다.

 탐구활동

친척이나 집 주변의 동네 영유아 중 한 명을 자세히 살펴보고, 그 영유아의 전체적인 발달 상황을 기술해 봅시다.

유아교육개론
Chapter
04

유아교육과 사회

유아교육은 역사적으로 볼 때 교육의 본질적인 차원보다는 사회·문화적인 분위기와 필요에 의해 좌우되어 왔다. 오늘날 우리가 살고 있는 사회와 문화는 급격하게 변화하고 있고, 그에 따라 교육에도 많은 변화가 수용되고 있음을 관련 연구와 담론들을 통하여 알 수 있다. 따라서, 이 장에서는 유아교육에 영향을 미치는 사회·문화적 요인과 그 변화 경향에 대하여 살펴보고, 사회의 변화에 따른 유아교육 패러다임의 변화에 대해서도 알아보고자 한다.

이 장을 학습한 후
달성할 수 있는
목표

- 가족 양상의 변화를 이해한다.
- 미디어 시대 및 놀이문화의 변화를 이해한다.
- 유아교육을 통한 복지사회 지향 과정을 이해한다.
- 양성평등사회로의 변화 양상을 알아본다.
- 사회 변화에 따른 유아교육 패러다임의 변화를 이해한다.

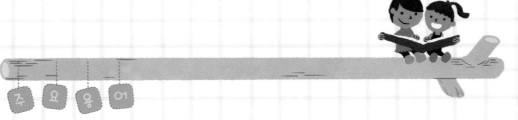

주요용어

복지사회, 양성평등사회, 맞벌이 가족, 재혼 가족, 한부모 가족, 조손 가족, 다문화 가족,
북한이탈주민 가족, 입양 가족, 미디어 시대, 놀이문화, 유아교육 패러다임

1. 유아교육에 영향을 미치는 사회·문화적 요인

1) 가족 양상의 변화

1960년대 이후 한국 사회의 가장 큰 변화는 가족 양상의 변화라고 할 수 있을 것이다. 산업화가 이루어지면서 조부모 세대, 부모 세대, 자녀 세대로 이루어진 전통적인 3세대 가족으로부터 다양한 가족 유형들이 나타나 우리 사회 가족의 구조와 기능에 근본적인 변화가 나타났다. 이러한 가족 구조의 변화 양상은 우리나라에 국한된 것이 아니라 제2차 세계대전 이후 전 세계적으로 나타나는 현상이라고 할 수 있다.

역사적으로 볼 때 가족 구조는 농경사회에서 산업사회로 이동하였을 때와 후기 산업사회에서 지식정보사회로 이동하였을 때, 괄목할 만한 두 번의 변화를 겪었다(이소희 외, 2004). 전자의 경우 전통적인 농경사회에서는 대가족을 단위로 한 가족의 노동력이 필요하였으므로 확대가족을 이루어 공동의 노력을 결집하는 구조가 나타났다. 이는 산업사회로 이동하면서 대가족 형태에서 핵가족이면서 소가족 형태로 분화되었다. 후자의 경우 가족 구조는 핵가족 형태에서 분화되거나 수정된 형태로 변모하고 있다.

우리나라에서 나타나고 있는 다양한 가족 유형으로는 맞벌이 가족, 재혼 가족, 한부모 가족, 조손 가족, 다문화 가족, 북한이탈주민 가족, 입양 가족 등이 있다.

(1) 맞벌이 가족

맞벌이 가족은 부부가 모두 취업을 한 가족 유형이다. 맞벌이 가족은 그 목적과 상황에 따라 다른 특성을 갖는데, 생계유지형 맞벌이 가족, 내·외조형 맞벌이 가족, 자아실현형 맞벌이 가족으로 나뉜다(한국여성복지연구회, 2005). '생계유지형 맞벌이 가족'은 가족의 재정적 필요성에 의해 부부가 자발적 또는 비자발적으로 취업하는 유형이며, '내 · 외조형 맞벌이 가족'은 생계에 위협을 받지는 않지만 보다 나은 경제적 여유를 위해 취업하는 유형이다. '자아실현형 맞벌이 가족'은 중산층 고학력 여성이 자신의 전문적 지식과 기술을 활용하여 자신의 성장과 함께 사회적으로 기여하기 위해 취업을 하는 형태이다. 이러한 맞벌이 가족이 겪고 있는 가장 큰 어려움은 출산 및 자녀양육과 관련된 문제이며, 자녀가 어릴수록 이로 인한 스트레스도 심하다. 어린이집이나 유치원에서 24시간 보육을 확대하거나 방과후 과정 운영 시간을 연장하고 있지만, 자녀의 보육과 교육을 사적 영역에 의존하는 정도가 높은 우리나라 상황에서는 맞벌이 가족의 영유아 보육과 교육의 질 문제를 재검토할 필요성이 높다.

(2) 재혼 가족

재혼은 이혼이나 사별로 전혼관계가 해체된 후 또 다른 혼인관계를 맺는 것을 의미하여, 재혼에 의하여 새롭게 형성되는 가족이 재혼 가족(remarried family)이다(정현숙, 유계숙, 2001). 우리나라에서는 IMF 경제위기 이후 이혼율이 증가하고 있으며, 가치관도 이혼에 대하여 관대하게 보는 방향으로 변하고 있다. 이에 따라 부모의 이혼을 경험하는 자녀들의 수도 증가하여, 1975년 이후 부모의 이혼을 경험한 누적 유아 수가 수백만 명에 이른다. 또 이혼의 증가와 더불어 이혼자의 80%가 재혼을 하는 등 재혼율도 증가하여 재혼 가족도 다양화된 가족 유형의 하나로 자리 잡아가고 있다. 그러나 재혼에 대한 의식이 과거에 비해 점차 긍정적으로 변화되고 있음에도 불구하고 여전히 재혼 가족이 뿌리를 내리는 데 어려움을 주는 요인이 적지 않다(정현숙, 유계숙, 2001). 아직도 재혼 가족을 불완전한 가족 또는 결손 가족으로 보는 사회적 인식과 제도, 재혼으로 새로이 형성된 가족을 위한 모델의 부재, 부계중심의 국내가족법과 사회적 편견 등이 그 대표적 요인이라 할 수 있다.

(3) 한부모 가족

한부모 가족이란 사망, 이혼, 실종, 사생아 출산(미혼부, 모) 등의 이유로 부모 중 한쪽이 부재하는 가족형태를 말한다. 모자복지법상에 규정된 한부모 가족은 '모(母) 또는 부(父)가 18세 미만(다만, 취학 시에는 20세 미만)의 자녀로 이루어진 가정을 말한다. 한부모 가족은 결합형태에 따라 부자가족(male-head family)과 모자가족 (female-head family)으로 나눈다. 우리나라의 전체 가구에서 한부모 가족이 차지 하는 비율은 2005년 8.6%에서 2016년 10.08%로 증가하는 추세이다(통계청, 2017). 따라서 한부모 가족에 대한 정책의 다각적 모색이 필요하며, 교육현장에서 한부모 가족 결합 형태에 따른 교육적 · 정서적 지원을 세부적으로 접근하는 것이 바람직 하다.

(4) 조손 가족

조손 가족은 책임 있는 부모로서 자녀를 돌볼 능력을 상실한 2세대 성인자녀가 부재하여 1세대 조부모가 3세대인 손자녀를 전담하여 돌보며 성인자녀 대신 부모 역할을 수행하는 형태의 가족을 말한다(Fuller-Thompsom, Minkler, & Driver, 1997). 조부모가 손자녀를 양육하는 형태는 '보호 차원의 돌봄(custodial care)'과 '거주하는 것(coresidence)'의 두 가지 형태로 구분한다. 먼저, 보호차원의 돌봄은 약물남용, 10대 임신, 에이즈, 이혼 등으로 부모가 자녀를 더 이상 보호할 수 없을 때 조부모 가 유일한 보호자로 손자녀를 보호하는 형태이고, 함께 거주하는 것은 부모 및 유 아가 조부모 세대와 함께 사는 형태를 말한다. 우리나라의 조손 가족은 1995년 이 후 10년 사이에 65.1% 증가하여 약 23,000여 가구가 늘어났다. 이는 전체 가구증 가율 22.6%와 비교해 볼 때 3배에 가까운 수치이다. 이러한 증가 추세는 앞으로도 이어져 2030년에는 전체 가구의 0.7%에 이를 것으로 전망된다. 조손 가족이 증가 하는 원인은 일차적으로 가족기능 약화라고 할 수 있는데, 가족안정성의 약화는 우 리 사회의 경제적 불안정성과 깊은 관련이 있다. 1997년 말 IMF 경제위기 이후 비 정규직 확대 등으로 대표되는 노동시장구조의 변화와 근로빈곤층의 증가 등은 저학력 저임금의 임시직 남성 노동자들의 빈곤가능성을 심화시켰고 실업 확산에 따라 중산층의 빈곤화가 진행되었다. 이는 가족 해체로 이어졌고 그 연장선상에 조손 가족 증가 현상도 자리 잡았다고 할 수 있다.

(5) 다문화 가족

다문화 가족은 광의의 개념으로는 자국 내에 거주하는 모든 외국인 가족을 포함하며, 협의의 개념으로는 가족 중 한 명이 우리나라 국적을 취득하여 구성된 가족을 말한다. 2008년 「다문화가족지원법」이 제정되기 전에는 북한 이탈주민을 포괄한 용어로 사용되기도 하였으나, 2008년 「다문화가족지원법」이 제정된 이후 국제결혼 가족만을 의미하게 되었다. 그러나 2011년 동법이 개정되면서 2012년부터는 혼인귀화자 외에 기타 사유(인지·귀화) 국적취득자도 다문화가족으로 그 범위를 확대하였다. 다문화 가족 중 결혼이민자는 85.7%, 기타 귀화자는 14.3%를 차지하고 있다(여성가족부, 2019). 다문화 가족 중 모의 출신 국적은 베트남, 중국, 필리핀, 기타 순이며, 부의 출신 국적은 중국, 미국, 베트남, 기타 순이다(통계청, 2019).

[그림 4-1] 다문화 가족 어머니가 자녀의 유치원에서 출신국 문화에 대해 소개하는 모습

(6) 북한이탈주민 가족

북한이탈주민 가족은 탈북자 출신의 남성과 여성의 결합으로 이루어진 가족이 한국에 입국한 경우, 탈북자 출신의 남성 또는 여성이 한국에 입국한 후 한국의 여성 또는 남성과 결혼하여 이룬 가족, 탈북자 출신으로서 결혼하지 않고 단독으로 또는 동료와 함께 생활하는 가족을 말한다. 북한이탈주민들의 탈북 동기는 1990년 대 중반에는 주로 정치적 상황 및 경제적 필요와 관련되어 있었으나, 2000년대 이후에는 개인적인 삶의 질 향상을 포함하여 다양한 탈북 동기가 나타나고 있다(허지연, 2003). 또한 남성 중심의 개인적인 탈북양상이 여성과 자녀들을 포함한 가족 단위의 탈북 및 동반입국의 형태로 다양해지면서 국내 북한이탈주민의 연령대가 다양해지고 있으며, 이에 따라 학령기 북한이탈주민 학생들이 증가하고 있는 추세이다(통일부, 2016). 북한이탈주민들의 탈북과정과 한국에서의 정착은 일반 이주민들과는 다른 특성을 지닌다. 이들은 한국과 적대적 관계에 있는 북한 정권이 정치적 지배권을 행사하고 있는 지역에서 목숨을 걸고 탈북을 경험한 이들이며, 한민족으로서 같은 언어를 사용하지만 남북한의 문화적 차이로 인한 특정한 상황에서는 의사소통의 어려움을 가진 이들이라는 점에서 다른 이주민들과 차이점을 가지고 있다. 따라서 북한이탈주민들에 대한 다양한 특성이 고려된 상황에서 남한사회의 구성원으로 살아갈 수 있도록 북한이탈주민 가족과 자녀들을 도울 수 있는 적절한 프로그램을 개발하여 자녀의 성장발달을 돕는 것이 필요하다.

(7) 입양 가족

입양은 친생부모가 유아의 현재와 미래에 대하여 갖는 모든 권리와 의무가 소멸되고 행징적·법적 권한에 의해 혈연관계가 없는 타인에게 양육의 권리와 의무가 이양되는 것으로, 이러한 입양에 의해 형성된 가족이 입양 가족이다. 우리나라에서의 입양은 크게 비밀 입양, 공개 입양, 개방 입양 세 가지 유형으로 구분한다. 비밀 입양이란 입양 유아와 주위의 모든 사람들에게 입양에 대해 숨기고 양육하는 것을 의미한다. 공개 입양이란 입양 유아와 주변 사람들에게 입양 사실을 공개하고 양육

하는 것을 말한다. 공개 범위는 가정마다 다양하게 나타나는데, 가까운 친인척에게
만 알리는 반공개 수준의 공개 입양(반공개 입양)과 이웃과 교육기관까지 모두 알리
는 완전공개 수준의 공개 입양(완전공개 입양)으로 나뉜다. 한편 개방 입양은 유아
와 주변 사람들이 입양 사실을 알고, 친생부모와 입양부모가 편지나 사진 교환 혹
은 지속적인 만남까지 하는 경우를 의미한다(백경숙, 변미희, 2001). 우리나라에서는
1999년 이후 '아동의 이익'이 최우선되어야 한다는 것을 전제로 공개 입양이 시작
되어 비밀 입양이 공개 입양으로 전환되는 새로운 국면을 맞이하였다. 우리나라에
서 입양은 주로 유아기 이전의 어린 영아를 대상으로 진행되며, 3개월 미만의 영아
입양이 90% 이상을 차지하고 있다.

 탐구활동

> 본문에 제시된 가족 유형 외에 우리나라에서 나타나고 있는 가족 유형을 폭넓게 조사해 보고, 각
> 각의 특성에 대해 조사해 봅시다.

2) 미디어 시대로의 변화

인류가 역사적으로 문자를 발명한 이래 15세기 구텐베르크의 인쇄기 발명을 거쳐
20세기 컴퓨터의 등장과 발달을 계기로 21세기 현재는 미디어의 시대에 들어섰다.
현재 우리 사회에 나타나고 있는 미디어 시대의 특징은 다음과 같이 정리해 볼
수 있다(김경철, 2008).

첫째, 어느 누구도 데이터를 소유하지 않고, 모든 인터넷 환경에서 모든 사람들
이 데이터를 사용할 수 있는 플랫폼을 제공하는 개방성이다.

둘째, 사람과 정보가 타 요소들과 연결되지 못하면 생존이 불가능할 정도로 전방
위적인 연결성이 높다.

셋째, 정보가 개인의 참여와 이용자 간 상호작용에 의해 생성되며, 이용자들이 직접 제작하는 콘텐츠와 이용자 집단의 능동적인 참여와 공유를 통해 가치를 창출하는 집단지향성을 가진다.

미디어는 정보를 시공간적으로 이동시켜 주는 문자나 영상을 의미하는 것으로, 사람들 간의 커뮤니케이션을 목적으로 한다. 현대사회에는 다양한 전자 미디어 매체가 공존하고 있으며, 그 정보를 바탕으로 우리의 일상생활이 유지된다. 컴퓨터와 인터넷의 발달로 급변기를 맞은 미디어 산업은 케이블과 위성방송으로 새로운 전기를 맞고 있다. IT강국이라 불리는 우리나라는 전체 인터넷 이용률이 76.3%이고, 만 3~5세 유아의 이용률도 51.0%에 이르는 등 컴퓨터 및 인터넷의 발전은 디지털 환경 속에서 자라는 새로운 세대를 탄생시켰다(이경옥, 2007).

디지털 시대를 살아가는 유아들은 인터넷을 비롯한 디지털 미디어 환경을 일방향적 매체인 TV나 비디오보다 재미있는 환경으로 즐기고 있다. 특히 상호작용을 위한 대화형 멀티미디어, 실제 경험을 확장한 가상 공간, 상호작용과 재미의 요인이 가미된 교육용 게임 등이 중심이 된 인터넷 공간은 유아들에게 필수적 미디어로서 기능하고 있다. 미디어를 올바르게 사용할 경우 유아들은 사회, 정서, 언어, 수학적 능력과 문제해결력의 발달에 도움을 받을 수 있다(이경우, 1998). 그러나 디지털 미디어는 유아의 신체적 안전성, 교육 미디어로서의 적합성, 환경으로서의 적합성, 미디어 활용 습관 등과 관련된 문제를 제기한다. 구체적으로는 유아의 자율성과 통제 문제, 개인 정보의 오남용이나 미디어 활용과 관련된 윤리교육의 부재에 따른 윤리적인 문제, 적절한 놀이문화의 부재에 따른 문화 환경적인 문제 등이 그것이다. 따라서 유해한 미디어로부터 유아들을 보호하는 차원을 넘어서서 유아들이 문자와 시각적 영상, 동영상, 소리 등을 함께 사용해서 의사소통할 수 있게 하고 미디어를 통해서 전달되는 내용을 비판적 의식을 가지고 선별할 수 있게 하는 미디어 교육이 필요하다.

3) 놀이문화의 변화

유아는 놀이를 하면서 가장 잘 배운다. 유아들은 놀이를 통하여 사물 및 주변 사람들과 상호작용하는 가운데 다양한 경험을 얻으며, 그 경험을 반복하는 동안 신체, 언어, 인지, 정서, 사회성 및 창의성 발달 등 전인적 발달을 이루게 된다. 그리고 놀이는 역사적으로 볼 때 따뜻한 인간과 인간의 만남 그리고 인간과 자연과의 만남을 특징으로 하는 활동이다.

정보사회로 규정되는 21세기 한국 사회에서 유아들은 TV와 컴퓨터를 통해 전송되는 영상으로 듣고, 영상으로 생각하고, 영상으로 말한다. 이들은 영상을 통해 서로 의사소통하고, 자신들의 의식과 문화를 창출하며, 항상 전자매체에 접속된 상태에서 일상적인 행동을 하고 삶을 영위한다. 최근 유아들의 TV, 컴퓨터, 스마트기기 등과 같은 미디어 사용이 급증하면서, 미디어는 유아들의 삶에서 상당히 중요한 부분을 차지하게 되었다. 우리나라 유아의 총 미디어 사용시간이 하루 평균 3시간 정

[그림 4-2] 모래놀이를 하고 있는 유아

[그림 4-3] 자연에서 놀이하는 유아들

도이며, 미디어 사용률에서 만 3~5세 유아의 TV 사용률이 94.7%, 컴퓨터 사용률이 48.5%, 스마트폰 사용률이 68.4%로 나타났다(이정림 외, 2013). 또한 유아의 일상생활 조사에서 미디어의 사용시간이 실외활동 시간과 다른 사람들과 상호작용하는 시간보다 긴 것으로 나타났다(도남희 외 2013; 천희영, 2015). 가정 내 미디어 보유율이 증가하면서 유아기 자녀의 미디어 노출도 증가함과 동시에 저연령화되고 있는 추세이다. 따라서 이제는 미디어가 학습 환경이자 놀이 환경으로서 유아의 사회화 과정에 영향을 끼치는 주요 요인으로 작용하고 있다.

 탐구활동

과거와 현대의 유아놀이문화를 비교해 봅시다.

4) 복지사회의 지향

대부분의 국가들은 유아교육을 통해 복지사회의 실현을 추구하고 있다. 복지란 일반적으로 인간의 주된 생활 영역에서 그들의 욕구를 충족시키거나 사회문제를 해결하기 위한 서비스를 의미한다. 그리고 그러한 서비스가 잘 이루어지는 사회를 복지사회라 일컫는다. 유아교육에 적용할 경우 복지사회란 사회가 유아의 보육과 교육에 대해 가족과 함께 책임을 지고 유아의 일상생활과 삶의 질을 제도적으로 보장해 주는 상태를 의미한다(양옥승, 2006).

유아교육 측면에서 복지사회의 지향 과정을 살펴보면 다음과 같다.

고대 그리스의 플라톤은 이상적인 그리스 사회의 국민을 위한 교육계획 수립에 6세 이하의 유아를 위한 프로그램을 포함시켰다. 이는 유아기가 복지사회를 실현하는 데 있어 중요한 시기이며, 이를 위해 국가의 개입이 필요하다고 여겼기 때문이다.

14~15세기 유럽 전역에서 일어난 르네상스를 거치면서 중세적 세계관이 붕괴되

었다. 영국의 산업혁명과 프랑스의 시민혁명을 계기로 봉건 사회가 해체되어 서민 계급을 위한 교육기관이 보급되면서 인권의 평등이라는 측면에서 결손자와 소외자를 포함하여 누구나 평등하게 교육받을 수 있는 복지사회의 기초가 구축되었다.

18세기 중엽부터 19세기 초에 걸쳐 산업혁명의 시대를 맞으면서 정치적 측면에서 인간은 재산·계급·국적에 관계없이 그 자체로서 가치를 가진다는 민주적 의식이 싹트기 시작하였다. 이 시기에는 유럽 여러 나라에서 유아교육을 사회문제와 연관지어 주목하고 전개하기 시작하였다(최기영, 1993). 당시 산업혁명으로 인한 사회문제를 유아교육을 통해 해결하고자 하였는데, 도시 빈민 유아들의 건전한 성장과 발달을 돕기 위하여 집단적 형태로 교육환경을 갖추게 되었다. 산업혁명의 진전과 함께 주로 양육을 담당하던 여성들이 사회에 진출하여 고용됨에 따라 영유아들이 방임 상태에 놓이는 경우가 많아져, 영유아의 보육과 교육에 많은 문제점이 노출되었다. 따라서 이러한 상황을 보완하기 위하여 민간이 주도적인 역할을 하는 탁아시설이 설치되기 시작하였다. 18세기 프랑스의 오베를린(Oberlin) 목사는 노동에 종사하는 부부의 자녀를 교육하기 위하여 탁아와 교육의 기능을 수행하는 편물학교(Knitting school)를, 영국에서는 오웬(Owen)이 유아학교(Infant school)를, 그리고 맥밀란(McMillan) 자매가 유아학교(Nursery school)를 각각 설립하여 운영하였다.

제2차 세계대전 중인 1942년에는 라남(Lanham)법이 제정되어 전시 방위산업에 고용된 취업 여성들의 자녀 보육을 위한 전시 탁아소가 연방정부의 지원으로 설립되었다. 국가비상시에 설립된 기관들은 그 후 지속적인 지원을 받지는 못하였으나 유아교육 확장의 발판이 되었다. 이는 유아를 위한 보육이나 교육이 가정과 여성의 차원으로부터 점차 국가적 차원으로 넘어오는 전환점이 되기도 하였다. 영국은 제2차 세계대전을 전후로 유아교육을 본격적으로 실시하기 위한 교육정책을 수립하였다. 1967년 발표된 플라우든(Plowden) 보고서는 유아교육의 대폭적인 확대와 빈곤가정 유아에 대한 우선적 교육기회 제공 및 정부의 재정지원을 제안하였다. 이는 복지사회 구현과 사회평등 정책의 일환으로서 보상교육의 필요성을 강조한 것이었다. 미국에서는 정책적으로 빈곤퇴치운동을 실행하여 정부가 빈곤계층 유아들을 대상으로 한 헤드스타트(Head Start) 운동에 막대한 재원을 투입하였다. 이러한 맥락에서 유사성을 갖는 프로그램으로 영국의 슈어스타트(Sure Start) 프로그램, 호주의 베스트스타트(Best Start) 프로그램, 캐나다의 페어스타트(Fair Start) 프로그램 등이 있다.

우리나라에서는 유아교육을 민간 차원에서 주도해 오다가 1980년대에 와서 복지사회 건설과 교육혁신을 지향하는 정책이 나타나기 시작했다. 그 일환으로 저소득층 밀집지역에 새마을 협동유아원을 설치하여 국가가 재정지원을 하였다. 1982년에는 모든 유아에게 교육의 기능 측면을 강조하려는 의도에서 국가의 개입을 선언한 「유아교육진흥법」이 제정 · 공포되었다. 또 기혼여성의 노동력 확보를 위하여 1987년 「남녀고용평등법」이 제정되어 여성고용인 300인 이상 사업장에서의 직장탁아시설 설치 조항이 마련되었고, 노동부도 사업장 내 육아시설 및 공단지역의 시범탁아소를 운영하게 되었다. 1991년 「영유아보육법」이 제정될 때까지는 보육의 1차적 책임자가 부모로 명시되었으나, 2005년 동법이 개정되면서 그 내용이 삭제되었다. 2004년에 제정된 「유아교육법」 제1장 제3조에도 '국가 및 지방자치 단체는 보호자와 더불어 유아를 건전하게 교육할 책임'이 있다고 명시하여 있다. 이는 사회적 변화에 따라 보육이나 교육의 중요성을 인지하고 국가가 나서고 있음을 보여 주는 부분이다. 이처럼 과거 유아의 양육이 부모의 고유한 책임과 의무로 받아들이던 시대에서 이제는 부모의 일차적 역할을 인정함과 동시에 사회적, 국가적 지원이 요구되는 복지사회 시대로 나아가고 있다.

5) 양성평등사회로의 변화

오늘날 우리가 살고 있는 시대는 제2의 산업혁명을 통해서 경제적 생산력이 급격하게 향상되었고 생산방법뿐만 아니라 인간의 생활방식이 거의 기계화되고 자동화되고 있다. 따라서 인간의 생활방식, 사고방식, 의식구조 등이 급속하게 달라지고 우리가 살고 있는 사회구조 또한 급속하게 변화하고 있다. 이에 우리 사회는 노동시장이 더욱 활성화됨에 따라 여성 경제활동 인구가 증가하는 등 사회 경제적 구조에도 변화를 맞고 있다. 여성 노동력에 대한 관심은 근래에 상당히 고조되고 있다. 생산현장의 노동력 부족 현상으로 인하여 국가에서는 여성 노동력에 관심을 돌리기 시작하였다(양승주, 1995). 우리나라에서 여성의 경제활동 참가율은 점차 증가하고 있으며, 통계청에서 실시한 경제활동 인구조사에서 우리나라 여성의 54%가 노동시장에 참여하고 있는 것으로 나타났다(통계청, 2019). 이러한 변화의 일반적인 원인으로 다음과 같은 다섯 가지 측면에 주목해 볼 수 있다.

첫째, 산업화에 따른 일의 분화와 직업의 전문화가 노동력의 수요를 증대시키면서 여성 인력을 필요로 하는 직업을 다양하게 창출시켰다.

둘째, 가족 구조의 변화로 자녀수가 줄어들고 기계화·자동화된 가사용품의 사용으로 여가 시간이 늘어났다.

셋째, 여성들의 교육수준 향상에 따라 의식이 변화하여 자아실현과 경제적 자립의 욕구가 강해졌다.

넷째, 현대사회가 여성의 유휴 능력 및 인력을 사회에 환원한다는 차원에서 여성의 사회진출을 권장하고 있다.

다섯째, 여성들의 급속한 고령화·저출산의 진행으로 인해 여성인력 활용이 높아지면서 여성경제활동 참가가 지속적으로 증가하고 있다.

우리나라에서 취업여성 중 기혼여성이 차지하는 비중은 서구와 같이 높아 전체 취업여성의 60.2%에 이른다(통계청, 2016). 이러한 여성의 경제활동 증가, 특히 기혼여성의 취업은 여성 자신의 삶에 대한 문제와 함께 가족구성원과 전체 사회에 심대한 영향을 미치고 있다. 즉, 여성의 역할이 가사노동과 피부양 가족구성원인 노인 및 유아에 대한 돌봄의 주체에서 노동시장에서의 생산 주체로 변화하고 있는 것이다.

따라서 선진 자본주의 국가에서는 여성의 경제활동 참여의 중요성을 인식하고 이를 지원하기 위해 1970년대부터 여성들의 양육부담을 덜어주기 위한 정책들이 실행되었다. 우리나라에서도 양육지원 정책의 무게중심이 남성 생계부양자 중심의 가족수당으로부터 여성의 보살핌 노동을 완화하기 위한 보육정책과 육아휴직 등으로 옮겨지고 있다. 기혼여성의 경제활동 증가는 돌봄에 대한 절대적인 수요도 증가시켰다. 따라서 보육의 유형도 보육 장소, 시기 및 시간에 따라 다양화되었다. 따라서 유치원도 장시간 교육과 재정지원에 대한 법적인 근거 기준의 마련으로 인하여 방과후 과정을 운영하고 있다. 이는 경제활동을 하는 여성들에게 유아기 자녀들의 발달과 성장을 위하여 이들의 교육 및 보호를 국가와 사회가 공동으로 책임지고 지원하기 위한 것이다.

2. 사회 변화에 따른 유아교육 패러다임의 변화

사회 변화의 영향을 받아 유아교육의 체제와 내용에 있어서도 지속적인 변화가 이루어져 왔다. 유아교육에서의 변화는 1980년대 이후 두드러지게 나타나고 있는데 여기에서는 이를 교육과 보육 개념의 확대, 교육과 보육에 대한 국가와 사회의 책임, 보편주의적 유아교육, 생태주의 패러다임의 측면에서 살펴보기로 한다.

1) 교육과 보육의 개념 확대

과거에는 유치원은 교육을 중심으로, 어린이집은 보육을 중심으로 각기 분리된 목적을 갖고 운영되었다. 그러나 시대의 변화 과정에서 유아교육과 보육은 점차 그 대상과 기능이 유사해지는 경향이 나타나고 있다.

여성의 사회참여 확대에 따른 영유아보육 수요의 증가와 질 높은 보육서비스에 대한 다양화된 요구에 따라 현대사회에서 영유아보육은 전문적인 사회복지서비스로서 학령 전 아동을 대상으로 보호와 교육 서비스를 통합하여 제공하는 형태로 바뀌고 있다. 보육의 개념은 사회발전과 생활 수준의 향상과 더불어 변화되어 왔는데, 빈민 구제나 여성의 노동력 확보를 위한 보호적 차원으로부터 점차 모든 계층의 영유아를 대상으로 하여 가족의 교육기능을 지원하고 유아 생활의 질을 높이려는 방향으로 변화하고 있다.

현재 어린이집과 유치원에서 실행되고 있는 실제를 지칭하는 용어로서 보육과 교육의 개념은 서로 다른 것으로 간주되거나 또는 매우 유사한 것으로 수용되어 혼용되기도 한다. 어린이집에서는 교육에 대한 요구가 증대되고, 유치원에서는 연령 하향화와 방과후 과정 운영에 따라 보호에 대한 요구가 높아지고 있다. 그 결과 보호와 교육이 통합적인 개념으로 인식되는 경향이 있다. 즉, 현장의 어린이집에서는 사회복지적 성격이 강한 '복지적 보육'이 교육과정과 함께 이루어지고 있으며, 유치원에서는 유아교육에 보호적 내용을 추가하여 보육을 광의의 유아교육과 동의어로 해석하는 '교육적 보육'이 이루어지고 있다(장영인, 최영신, 2004).

2) 교육과 보육에 대한 국가와 사회의 책임

종래에는 영유아보육이나 교육의 책임이 일차적으로 부모와 그 가족들에게 있는 것으로 인식되었으나 최근에는 사회와 국가가 공동으로 책임져야 한다는 인식이 확산되고 있다. 1991년 「영유아보육법」이 제정될 당시에는 영유아보육의 일차적 책임은 부모에게 있고 국가는 부모를 지원하는 보조역할만 하였다. 그러나 최근의 사회적 상황에서는 국가가 영유아의 보육이나 교육에 적극적으로 개입하지 않을 수 없게 되었다. 이는 우리나라의 출산율이 계속 낮아져 2050년에는 우리나라 인구가 3천만 명으로 감소할 것으로 예상되기 때문이다. 저출산 추세는 청장년층의 만혼 경향 및 비혼자의 증가와 높은 관련이 있다. 또 경제활동을 하는 기혼 여성들이 자신들의 영유아를 마음 놓고 원하는 시간 동안 맡길 곳을 찾기 어렵고, 자녀 양육 및 교육을 위해 막대한 비용을 부담해야 하는 현실을 감안하여 출산을 기피하는 현상과도 관련이 있다. 미래의 국민을 확보하고 어릴 때부터 건강하게 육성하는 일은 국가의 존립에 직결되는 문제이므로 영유아 보육이나 교육은 더 이상 부모의 책임만이 아니고 국가와 사회가 함께 책임져야 한다는 인식이 확산되고 있다.

또한 현재 우리 사회는 사회구조가 변화되면서 여성의 경제적 역할이 지속적으로 증대되고 있고, 가족 구조 또한 변화되어 가족의 기능이 약화되거나 해체되는 등의 문제에 직면해 있다. 핵가족화로 인하여 혈연중심의 가족관계가 약화되고 가족의 형태가 다양화되고 있는 가운데서도 한부모 자녀, 소년·소녀 가장 등 가족 단위의 공동체가 영유아 양육의 책임을 이행하고 있으므로 사회와 국가도 영유아의 보호 및 교육에 대한 책임을 공동으로 나누어야 할 것이다.

3) 보편주의적 유아교육

1900년대로 넘어오면서 산업화와 도시화에 따른 사회문제의 하나였던 도시 빈민층의 문제를 해결하기 위한 방안으로 유아들의 건전한 성장 발달을 돕기 위하여 집단적 형태로 양육환경을 갖추기 시작하였다. 그 대표적인 예가 오베를린의 '편물학교(Knitting school)', 오웬의 '유아학교(Infant school)', 맥밀란 자매의 '유아학교(Nursery school)'였다. 이는 자선사업과 사회복지 차원의 유아교육이 가정에까지 파급되어 전체적인 사회개혁을 이루고자 하는 목적을 갖고 있었다. 제2차 세계대전 이후 유아교육의 확대도 이와 맥을 같이 한다고 볼 수 있다.

그러나 최근에는 국민들의 생활수준이 향상되고 절대빈곤에 속하는 인구는 감소하는 반면 여성의 사회참여는 계속 증가하고 가족 구조도 핵가족화되고 있다. 이에 따라 보육수요는 급격히 증가하는 데 비하여 기존 보육시설이나 교육기관의 수와 기능이 사회적 수요를 충족시키지 못하여 취업여성의 자녀양육 문제가 새로운 사회문제로 등장하고 있다. 여성의 사회진출로 인하여 맞벌이 가족이 점차 증가하면서 중류층 가정의 유아들도 대부분 유아교육기관에 맡겨지는 상황이다. 따라서 유아교육이 선별주의에서 보편주의를 지향하지 않을 수 없게 되었다. 이전의 선별

주의가 제한된 빈곤층 취업모의 유아를 대상으로 하였다면 보편주의는 일반 영유아로 그 대상을 확대하는 것이다. 이는 영유아들이 그들의 사회적 계층, 인종, 종교, 국적, 가족 구조, 형제순위 등에 따라 교육기회를 제한받지 않으며, 신체발달지체나 정신지체 등 특수한 발달 상태에 있는 영유아들도 모두 교육 대상에 포함된다는 의미이다.

4) 생태주의 패러다임

근대사회를 지나면서 산업화의 진행과 동시에 인간을 둘러싼 환경과 자연은 크게 파괴되거나 오염되어 왔다. 생태주의 패러다임은 이러한 인간중심주의적 세계관에 따라 진행된 산업화에 의해 환경오염과 생태계 파괴의 위기가 초래되었다는 반성에서부터 출발하였다. 오늘날 우리의 교육은 약탈적 자연관, 인간중심주의, 물질중심의 기계적 세계관에 기초하여 이루어지고 있다. 이에 이러한 교육의 기본가정에 대한 비판적 성찰을 토대로 하여 자연의 질서를 존중하고 이에 합당한 생존양식을 자발적으로 선택하는 인간형을 지향해야 한다는 주장들이 제기되어 왔다. 그 결과 새로운 삶의 양식으로서 인간과 자연의 생태적 공동체를 추구하는 교육과정의 개발 노력이 이루어져 왔다.

또한 도시화와 산업화로 인하여 자연은 점점 훼손되고 식품의 자연성은 약화되고 있다. 과학 기술의 발달과 세계화는 인간에게 식품에 대한 안전과 편리를 제공해 주었지만 동시에 인간의 건강을 위협하고 자연의 황폐화를 조장하는 부작용을 낳고 있다. 이는 유아들의 식생활에도 영향을 미쳐 동물성 식품, 가공식품, 인스턴트 식품에 대한 선호도가 높아지게 되었다. 따라서 과거에는 잘 발생하지 않았던 아토피 피부염, 소아 성인병, 비만 등의 문제가 발생하고 있다. 이는 신체적 질환, 과잉행동 및 학습장애와 같은 정서적 문제, 생명의 소중함을 느끼지 못하고 자연과 전혀 교감하지 못하는 감수성의 문제 등도 야기하고 있다. 이에 따라 최근에는 유아들에게 친환경식품과 김치와 된장찌개 등의 전통음식을 중심으로 한 식단을 제

[그림 4-4] 텃밭에서 직접 기른 토마토를
먹는 유아

[그림 4-5] 배추벌레를 잡아주고 있는 유아들

공하는 유치원이나 어린이집이 증가하고 있다. 이는 자연의 순리를 따르는 식품의
순환과정에 기초한 좋은 음식의 의미와 우리나라 전통사회의 음식문화를 교육함
으로써 잘못된 식생활로 손상된 유아들의 심신을 건강하게 육성하려는 노력의 일
환이라고 볼 수 있다.

 탐구활동

사회변화에 따른 유아교육 패러다임의 변화에 대한 내용을 기초로 앞으로의 사회 변화와 유아교
육 패러다임의 변화를 예측하여 봅시다.

유아교육개론
Chapter
05

유아교육과 놀이

웃고 떠들며 뛰어노는 유아를 보면 유아에게 있어서 놀이가 얼마나 즐겁고 재미있는 활동인지 쉽게 알 수 있다. 유아에게 있어서 놀이는 생활 그 자체이다. 이 장에서는 놀이란 무엇이고 왜 영유아들에게 놀이가 중요한지에 대한 이론적 기초와 토대를 수립하기 위해 놀이의 정의와 기본 개념들을 정리하고 이와 함께 놀이에 대한 최근의 관심과 쟁점에 대하여 살펴보고자 한다.

이 장을 학습한 후
달성할 수 있는
목표

- 놀이에 대한 다양한 관점과 개념 및 특성을 이해한다.
- 놀이에 관한 대표적 이론들에 대하여 알아본다.
- 놀이와 발달과의 관계를 이해한다.
- 놀이에 영향을 미치는 요인들을 이해한다.
- 놀이에서 교사의 역할을 알아본다.

주 요 용 어

놀이의 개념, 놀이의 특성, 고전 놀이이론, 현대 놀이이론, 놀이와 발달,
놀이에 영향을 미치는 요인, 놀이와 교사

1. 놀이의 개념 및 특성

1) 놀이에 대한 다양한 관점

(1) 유아

유아에게 있어 놀이는 비실제성, 내적 동기화, 과정 지향성, 자유 선택성, 긍정적 감정, 정서 등의 특성과 가장 밀접하게 연결된다. 유아의 관점에서의 놀이는 놀이 활동을 하는 바로 그 시점에서 유아가 그 활동을 어떻게 인식하느냐에 따라 놀이일 수도 있고 그렇지 않을 수도 있다. 예를 들어, 강아지를 뒤뜰로 데려가 뛰어노는 것을 선택한 유아에게는 그 상황이 놀이가 되지만 부모로부터 개를 산책시키라고 지시받은 유아에게 있어서 그것은 놀이가 되기 어렵다. 유아는 어떤 날에는 친구와 레고 놀이를 하면서 즐거워하기도 하지만 그다음 날에는 같은 활동을 하면서도 긍정적 정서를 경험하지 못한다면 지루해할 수도 있다. 즉, 놀이는 특별한 맥락 내에서 개별 유아가 느끼고 생각하는 것에 의해 정의된다.

(2) 부모

부모의 놀이에 대한 신념은 유아의 활동에 많은 영향을 미친다(Chudacoff, 2007). 국가 수준의 기초 학습능력 평가 정책을 포함한 현대의 교육적 관심과 사회적 환경은 부모들에게 특정한 학업기술을 강조하게 하며, 놀이보다는 선행학습, 조기 외국어 교육 등을 더 중요한 것으로 인식하도록 만든다. 이러한 사회적 환경과 특정 학업 기술에 대한 지나친 관심은 부모들에게 유아기 놀이의 가치를 의심하게 한다. 결국 많은 부모들이 유아교육 프로그램의 내용이 놀이 활동으로만 구성되는 것에 불안을 느껴 학업 기술 관련 내용을 포함시키도록 요구하게 된다.

(3) 교사

놀이 가치에 대한 유아교사의 견해는 예비교사 시절 받았던 교육과 교사 자신의 놀이에 대한 개인적 철학에 크게 의존한다. 교사들은 단기간에 사회적, 학업적, 행동적 측면에서 유아교육의 결과를 보여 줘야 한다는 압박감으로 인하여 유아기 놀이의 중요성을 망각할 수 있다. 많은 교사들이 유아의 발달과 교육에 있어서 놀이의 결정적 중요성을 알고 있다 하더라도 국가 수준의 기준, 조기 문해교육의 강조, 학업결과나 규준지향 검사의 도입 등으로 인해 자신의 태도를 바꾸거나 그에 적응하게 된다. 학업적 기술과 개념을 가르치는 방법에는 놀이중심의 교육방법과 같은 창의적이고 교육적인 다양한 방법들이 많음에도 불구하고, 많은 교육기관들에서는 매우 지시적인 방법으로 가르치는 데 익숙해져 가고 있다(Dunn & Kontos, 1997).

2) 놀이의 개념

놀이는 추상적이고 유동적이며 다양한 의미를 가지고 있으므로 놀이가 무엇인가에 대하여 정의 내리기는 쉽지 않다. 놀이의 개념화를 위해서는 필수불가결하지는 않더라도 놀이와 관련성을 갖는 특성과 요소를 수렴하고 서로 엮는 방법이 최선이라고 할 수 있다. 여기서는 놀이의 행동적 특성을 명확히 이해할 수 있도록 놀이의 속성을 구분하여 놀이라는 용어에 대하여 좀 더 명확히 살펴보고자 한다.

(1) 놀이와 탐색

놀이와 탐색은 외적으로 부여된 목표에 의해 유도되기보다는 내적으로 동기화된 행동이라는 점에서는 비슷하나 몇 가지 측면에서는 중요한 차이가 있다.

탐색은 대상에 대한 정보 획득에 관심을 두는 '자극 주도적인 행동'으로 대상의 자극적 특징에 의하여 통제된다. 반대로 놀이는 유아의 요구와 흥미에 지배되는 '유기체 주도적인 행동'으로 대상에 대한 정보 획득보다는 자극의 생성과 더 관련이 있다. 놀이에서는 "이 물건은 무엇을 하는 것인가?"라는 질문이 "이 물건을 가지고 무엇을 할 수 있는가?"라는 질문으로 전환된다는 측면이 중요하다.

놀이와 탐색은 개념적으로는 구별이 되지만 유아가 놀이를 하는지 혹은 탐색을 하는지를 구별하는 것은 쉽지 않다. 유아는 새로운 사물을 접하면 먼저 호기심을 가지고 그 사물을 탐색하다가 차츰 사물을 이용한 놀이를 하게 된다. 영아기에는 놀이에 비해 탐색 행동이 많이 나타나고, 연령이 높아질수록 탐색보다 놀이 행동이 많이 나타난다(Pellegrini & Boyd, 1993).

(2) 놀이와 일(작업)

유아에게 있어서 놀이와 일을 구분하는 기준은 행동의 동기를 누가 결정하는가와 의사결정의 소재가 어디에 있는가에서 찾을 수 있다. 즉, 활동을 스스로 선택한 것인지 아닌지에 따라 스스로 선택한 활동은 놀이로, 교사가 지시한 활동은 일로 구분하는 경향이 있다. 또한 누군가가 그 활동을 평가하고 있는지, 활동을 완수해야 하는지 혹은 언제라도 중단할 수 있는지 등을 기준으로 일과 놀이를 구분하기도 한다(Wing, 1995).

실제 유아교육이 이루어지는 현장에서 보면 놀이와 일(작업)은 완전히 분리되기 어려운 행동이다. 놀이와 일은 대립되는 개념이 아니라 연속성을 갖는 개념으로서, 적응과정의 보완적 측면들로 볼 수 있다(Elkind, 2001). 유아의 놀이에서는 놀이와 일의 특성이 혼합되어 나타나기는 하지만, 놀이는 자기 주도적 행동을 형성하고 정신적인 자유로움을 경험하게 하는 특성이 있다. 또 놀이는 유아가 자신의 관점에서 현실을 자유롭게 다룰 수 있는 상태가 되어 현실의 요구와 과제로부터 받는 일상의 스트레스와 불안에서 벗어날 수 있게 한다. 놀이는 유아가 과거와 미래에 대한 걱정을 잠시 잊게 하고 지금 현재를 즐겁게 살도록 해 준다.

3) 놀이의 특성

탐색, 일, 학습과 같은 활동을 놀이와 뚜렷이 구분해 주는 경계선은 분명하지 않다. 놀이의 특성을 규정할 때는 놀이 행위자의 관점, 즉 유아의 관점에서 파악하는 것이 중요하다. 놀이는 즐거움이 있는 것, 외부적 목표가 없는 것, 자발적인 것, 능동적 참여, 몰입, 개인적 현실을 반영하는 것, 비사실적인 것, 가작화(as-if) 요소를 포함하는 것 등을 특징으로 한다(Hirsh-Pasek & Golinkoff, 2008).

일반적으로 놀이의 특성은 비실제성, 내적 동기화, 과정지향성, 자유선택성, 긍정적 감정과 같은 행동적 · 동기적 요인으로 제시할 수 있는데 각각에 대하여 간략히 살펴보면 다음과 같다.

(1) 비실제성

놀이에는 일상 경험으로부터 놀이를 분리시키는 놀이 틀(상황)이 있으며, 가작화 요소가 있어서 '실제 자기 혹은 실제 사물이 아닌 것처럼' 하게 된다. 놀이 틀 안에서는 대상의 일반적 의미는 무시되고 새로운 의미로 대체된다(예: 빗자루를 다리 사이에 끼우고 말 타는 시늉을 하는 것). 이러한 놀이 틀 안에서의 실제에 대한 가상성은 유아로 하여금 지금-여기(here and now)의 현실적 구속에서 벗어나 새로운 가능성을 경험하게 한다.

(2) 내적 동기화

내적 동기화는 경쟁, 보상과 같은 외적 요인과는 관계없이 흥미, 욕구, 호기심 등의 내적 요인에 의해 놀이 활동이 이루어지는 측면을 가리킨다. 내적 동기화된 놀이에서 유아는 자발적으로 놀이 활동에 몰입하고 그로부터 성취감을 얻고 즐긴다.

(3) 과정지향성

유아들은 놀이에 참여할 때 활동의 목표나 결과보다는 놀이 활동 그 자체에 초점을 두는 경향이 높다. 놀이에서는 과정을 목표보다 중요시하기 때문에 유아는 다양한 활동을 자유롭게 시도할 수 있다. 과정지향성은 목표지향성보다 융통적이고 가변적인 특성을 허용하므로 유아의 자유로운 목표나 행동 변화의 경험을 보다 풍부하게 할 수 있다.

(4) 자유선택성

자유선택이라는 놀이의 특성은 유아가 자신이 하는 활동을 놀이라고 판단하는 중요한 기준이다. 즉, 만약 유아가 블록 쌓기와 같은 활동을 자유롭게 선택하였다면 그것을 놀이라고 간주하는 반면, 같은 활동일지라도 교사에 의해 지시받았다면 일이라고 간주한다는 것이다.

(5) 긍정적 감정

놀이는 긍정적 감정에서 나오는 웃음이 동반되는 즐겁고 유쾌한 활동이다. 일반적으로 놀이에는 즐거움과 기쁨의 표시가 나타나지만, 반드시 웃음이 동반된 즐거운 행동만은 아니다. 예를 들어, 유아가 가파른 미끄럼틀을 타고 내려가려고 준비할 때는 약간의 두려움과 걱정이 동반된다. 그러나 중요한 것은 놀이 속에서는 이러한 두려움과 걱정이 상황도 즐긴다는 것이다. 즉, 유아는 두려움을 느낄지라도 스스로 하고 있는 활동을 즐긴다는 것이다.

 탐구활동

> 영아 혹은 유아 자녀를 눈 부모를 내상으로 놀이가 무엇이라고 생각히는지, 놀이가 자녀의 학습에서 어떤 위치를 차지하고 있디고 생각하는지 등을 조사해 봅시다.

2. 놀이의 이론

놀이이론은 놀이가 유아의 발달에 어떤 가치와 기능을 갖는지를 설명해 주며, 유아의 발달과 행동을 이해하게 하는 종합적인 근거를 제공한다. 여기서는 놀이이론

을 크게 고전적 관점과 현대적 관점으로 나누어 살펴보기로 한다.

1) 고전적 관점

19세기 후반에서 20세기 초기에 나타난 고전 놀이이론들은 실험연구가 아니라 철학적 사고와 추론에 의존한 이론으로 특징지어진다. 고전 놀이이론의 주된 관심은 놀이가 왜 존재하고, 놀이의 목적이 무엇인지를 설명하고자 한 것이다. 고전 놀이이론은 잉여에너지이론과 휴식이론으로서 놀이를 에너지 조절의 수단으로 보는 입장과 반복이론과 연습이론으로서 놀이를 본능의 측면에서 설명하는 입장이 있다.

(1) 잉여에너지이론

모든 유기체는 자신이 가진 에너지를 생존 욕구를 충족시키기 위해 활용하게 되는데 그 과정에서 남는 에너지가 생기면 그 잉여에너지를 놀이를 통해 소모시킨다. 잉여에너지이론은 유아가 왜 성인보다 놀이를 더 많이 하는지, 왜 진화적 관점에서 고등동물보다 하등동물이 더 많이 놀이를 하는지를 잘 설명해 준다. 그러나 잉여에너지이론은 인간에게 에너지가 축적되고 사라지는 유동적 속성을 갖는다는 가정을 과학적으로 증명하기 어렵다는 점과 유아가 지쳤을 때도 왜 계속 놀이를 하는지를 설명하지 못한다는 한계점을 갖는다.

(2) 휴식이론

휴식이론은 라자루스(Lazarus)가 체계화한 것으로, 일에서 소비된 에너지를 충전하는 것이 놀이의 목적이라고 가정한다. 휴식이론은 성인이 왜 여가 활동을 하는지를 잘 설명해 준다. 그러나 성인이 유아보다 더 많은 일을 하고 에너지 손실이 더 많은 점을 감안한다면 성인이 더 많은 놀이를 해야 할 것이라는 잘못된 예측을 하게 한다는 한계점을 가지고 있다.

(3) 반복이론

19세기 말 과학자들은 인간 태아의 발달이 인간 종의 진화과정에서 발생하는 과정과 같은 단계를 거친다는 것을 발견하였고, 홀(Hall)은 이 이론을 놀이에 확장시켜 적용하였다. 그는 유아가 놀이를 통하여 인간의 발달적 단계, 즉 동물, 야만인, 부족인 등의 단계를 재연한다고 간주하면서 놀이를 '문화의 반복'으로 설명하였다. 즉, 유아는 놀이를 통해 현대 삶에서 더 이상 필요 없는 원시적 본능을 제거한다는 것이다. 그러나 현대사회에서는 유아들에게 자전거 타기나 컴퓨터놀이 등 문화의 반복으로 설명할 수 없는 놀이가 많이 나타나고, 놀이가 지니는 다양하고 복잡한 특성 등을 진화과정의 직선적 발달로 설명하기 어렵다는 측면 등이 반복이론의 한계점으로 지적된다.

(4) 연습이론

철학자인 그로스(Groos)는 놀이가 과거로부터의 본능을 제거하기보다는 미래에 필요한 본능을 강화시켜 주는 역할을 한다고 믿었다. 신생아나 다른 동물들이 태어날 때부터 갖고 있는 생존에 필요한 본능 중 상당 부분은 불완전하고 부분적으로 형성되어 있다. 놀이는 이런 어린 생명체가 생명 유지에 필요한 기술을 연습하고 완벽하게 익히는 안전한 방법을 제공한다. 강아지는 어미 개보다 더 놀이를 잘하며 유아는 성인들보다 더 많이 논다. 유아는 사회극놀이에서 부모역할을 하면서 성인이 되었을 때 필요한 부모역할 기술을 연습한다. 그러나 연습이론은 나무 오르기 등의 유아 활동이 현대의 기술 사회에서 성인이 되었을 때 필요한 것을 어떻게 준비시키는지 명확히 제시해 주지 못한다. 또 성인기에 필요한 기술을 연습하여 획득한 이후에도 왜 놀이가 계속되는지에 대해서도 설득력 있는 설명을 제시하지 못한다.

2) 현대적 관점

현대 놀이이론은 20세기의 과학적 방법과 실증주의의 영향을 받으면서 형성된

이론으로, 유아 발달에 있어서 놀이의 역할과 놀이가 일어나기 위해 존재해야 하는 상황들을 규명한다.

(1) 심리역동이론

20세기 초기 놀이에 대한 교육적 사고를 지배한 심리역동이론은 유아의 정서발달에 미치는 놀이의 역할을 설명한다. 정신분석 치료와 인성발달의 심리역동적 이론의 창시자인 프로이트에 의하면, 놀이는 유아가 불유쾌한 사태를 건강하게 다루도록 도와주며, 정서발달을 방해하는 것을 막아 주어 외상적 경험과 연결된 부정적 정서를 스스로 제거하도록 하는 정화 효과를 가지고 있다.

에릭슨은 놀이의 주요한 기능이 불안을 없애는 것이라는 프로이트의 관점 놀이를 매우 좁게 본 것이라고 비판하면서 유아들이 놀이를 통해 신체적·사회적 기술을 더 잘 발달시킬 수 있다고 주장한다. 즉, 사회화의 중요한 단서로서 놀이를 조명한 것이다. 그는 또 『아동기와 사회(Childhood and Society)』라는 저서에서 놀이를 주변 환경에 숙달되기 위한 발달적 현상으로 보고 놀이의 발달을 다음과 같은 세 단계로 설명하였다. 첫째는 생애 첫 일 년 동안 나타나는 놀이 형태로서 자기 신체에 집중된 탐색적·반사적 놀이(감각 운동적 기능연습)를 하는 자기 세계의 놀이 단계이다. 둘째는 2~3세경으로 유아의 놀이가 놀잇감이나 사물을 조작하는 형태로 확장되는 미시 영역의 놀이 단계이다. 셋째는 3~4세경으로 유아들이 놀이 친구를 갖게 되고 그들과 놀이를 시작하면서 사회적 기술이 발달하는 거시 영역 놀이 단계이다.

(2) 사회학습이론

사회학습이론은 행동이 긍정적 결과를 가져온다면 그 행동은 반복될 경향이 높아지지만 정적 강화가 뒤따르지 않는 행동은 다시 일어날 가능성이 적어진다는 행동주의의 기본 원칙을 사용하면서도, 그에 더하여 인간의 학습을 더 잘 설명할 수 있는 관찰학습을 강조하였다. 사회학습이론에서는 관찰된 행동은 모델이 힘과 지위가 있다고 인지할 때, 자신과 모델 간의 유사성을 인식했을 때, 그 행동을 상징적으로 저장·시연하고 이후 행동할 기회가 있을 때, 모델의 행동이 정적강화를 받았을 때 더 잘 학습되는 경향이 있다고 주장한다. 사회학습이론은 부모, 형제, 자매, 또래 등이 유아의 놀이에 영향을 미칠 수 있음을 말해 준다.

(3) 인지이론

1960년대 후반에는 피아제, 비고츠키 등 저명한 학자들의 인지이론의 영향을 받아 놀이이론과 연구에서 큰 변화가 일어났다. 즉, 놀이에 대한 관심이 사회·정서적 적응에 대한 놀이의 영향에서 유아의 사고 발달에 대한 놀이의 역할로 옮겨 간 것이다.

① 피아제

스위스의 심리학자인 피아제는, 유아는 이미 알고 있는 것을 실제 생활에 활용하는데, 이러한 유아의 능력이 잘 반영되는 장면이 놀이라고 하였다. 그는 유아의 놀이를 관찰하면 발달수준을 파악하고 통찰할 수 있는데, 유아는 현재 자신의 인지발달 수준에 맞는 형태의 놀이에 몰두하게 된다고 보았다.

피아제는 놀이의 소산을 두 가지로 주장하였는데, 하나는 즐거움이고 다른 하나는 적응 또는 학습이라고 보았다. 학습이 이루어지기 위해서는 적응이 이루어져야 한다. 적응은 동화와 조절 간에 평형이 이루어진 상태이다. '동화'란 주변 대상에 대한 유아의 행위, 즉 자신의 인지구조에 맞추어 대상을 받아들이는 인지기능을 말하고, '조절'이란 유아에 대한 대상의 행위, 즉 대상에 맞추어 자신의 인지구조를 변화시키는 인지기능을 말한다.

놀이는 동화가 조절보다 우세한 불균형적인 상태로서, 유아가 실제 사물의 속성을 무시하고 놀이의 목적에 맞게 다른 사물을 표상하기 위해 사용하는 상징놀이 또는 가장놀이는 지적 불균형 상태로 간주된다. 유아는 새로 획득한 개념이나 기술을 놀이경험 속에서 연습하고 공고화한다. 왜냐하면, 조절을 통하여 새롭게 획득한 많은 기술은 연습과 공고화가 없으면 쉽게 잃어버리기 때문이다. 피아제의 관점에서 볼 때, 학습은 새로운 정보를 받아들이는 적응적 행동이고, 놀이는 이 정보를 구성하고 활용하도록 하는 수단이 된다고 할 수 있다.

② 비고츠키

러시아의 심리학자인 비고츠키는 인지발달의 주요 변인으로 사회문화적 상호작용을 강조하였다. 그는 놀이가 사회적 상호작용을 원활하고 풍부하게 해 주는 것으로서 유아의 인지발달에 직접적인 역할을 담당한다고 보았다. 또 놀이가 유아의 사회, 정서발달뿐만 아니라 인지발달에도 중요한 역할을 한다고 믿었다.

연령이 낮은 유아에게는 의미와 사물이 하나로 혼합되어 있기 때문에 추상적 사고가 불가능하다. 따라서 실제 말을 보지 않고는 말에 대해 생각할 수 없다. 그러나 유아가 가장놀이를 하기 시작하면서 특정 사물(예: 말)을 대신하여 대체 사물(예: 막대기)을 사용할 수 있게 되면 사물로부터 의미를 분리하기 시작한다. 대체 사물인 막대기는 말 자체로부터 '말'의 의미를 분리하는 축으로 사용된다. 그 결과 유아는 자신이 나타내는 사물과는 독립적으로 의미를 생각할 수 있게 된다. 따라서 상징놀이는 추상적 사고 발달에 결정적 역할을 한다.

비고츠키는 근접발달지대(ZPD)를 독립적인 수행을 하는 '실제적 발달수준'과 도움을 받아서 하는 수행인 '잠재적 발달수준' 간의 간격으로 정의하였다. 근접발달지대는 유아가 독립적으로 다룰 수 있는 과제들과 성인이나 좀 더 유능한 또래들의 도움을 받아 해결할 수 있는 가장 높은 수준의 과제들 사이의 범위를 말한다. 놀이는 자기 조력적인 도구이다. 유아는 놀이에 참여하면서 종종 발달적으로 자기 자신보다 앞서 가는 것처럼 보이며, 놀이는 더 높은 수준의 기능을 획득하도록 유아의 근접발달지대 내에서 비계를 제공하여 추후 발달을 증진시키기도 한다. 또 유아는 놀이를 통해서 다른 상황과 비교하여 자신의 비계를 스스로 설정하기도 하는데 이는 자기 조절, 언어사용, 기억력, 타인과의 협동 영역에서 자기 자신을 확장시키는 것이라고 할 수 있다.

탐구활동

다음의 질문들에 대한 생각을 정리하면서 놀이에 대한 자신의 관점을 수립하여 봅시다.

- 유아는 놀이를 왜 하는가?
- 놀이는 어떤 연령에서 중요하며, 어느 연령까지 놀이를 해야 하는가?
- 유아교육 프로그램에서 놀이는 왜 장려되어야 하는가?

3. 유아발달과 놀이

유아는 다양한 놀이상황을 통해 놀이가 갖는 고유한 특성을 경험할 뿐만 아니라 자연스럽게 사회정서발달, 언어적 의사소통, 신체활동, 창의적 문제해결력, 또래와의 협력 및 사회적 기술 등을 기를 수 있는 기회를 갖는다. 즉, 놀이는 유아의 발달에 많은 영향을 끼친다.

1) 놀이와 인지발달

유아는 인지능력이 발달하면서 놀이의 탐색적이고 조작적인 요소와 결합하여 주변에 있는 여러 가지 사물에 대한 개념을 넓혀 간다. 유아는 놀이 과정에서 직접 사물을 관찰하고 다루어 보는 과정을 통해 물리적 지식을 학습하게 되며, 물리적 지식의 증가에 따라 사건의 원인과 결과를 관련짓는 인과관계를 파악하게 되고, 이러한 과정을 통해 논리·수학적 지식을 습득하게 된다.

유아는 놀이를 수행하는 과정에서 놀이 도구를 탐색하고, 새로운 기술을 학습하며, 여러 가지 방법을 통해 문제를 해결한다(단현국, 2007). 즉, 유아에게 있어서 놀이는 단순한 즐거움을 넘어서 자신이 가지고 있는 지식과 개념을 하나의 정보로 활용하여 문제를 해결하기 위한 목적적이고 의도적인 행동으로 발전하게 된다 (Glover, 1999). 이와 같이 놀이과정에서의 반복되는 놀이 수행 경험을 통해 유아는 놀이 내용과 방법을 계속 변화시키면서 진지하게 놀이 활동을 즐길 수 있게 된다. 유아가 경험하는 다양한 놀이유형 중 상징놀이는 유아의 확산적 사고 배양에 긍정적 영향을 미친다. 유아는 상징놀이를 하면서 사물을 변형하고 다양한 역할을 수행하게 되는데, 이러한 과정을 통해 확산적 사고기술을 연습하고 놀이상황에서 다양한 행동과정을 생각하고 결정함으로써 다양한 놀이 아이디어를 산출한다. 두 명 이상의 놀이자가 하나의 주제를 정하고 진행하는 사회극놀이에서는 또래 간의 활발한 상호작용이 일어나게 된다. 이러한 과정에서 유아들은 놀이를 위해 필요한 언어나 행동이 무엇인지를 생각하고 놀이자 간의 공유한 이해를 구성하려고 노력하게 되면서 언어적 기술이 향상될 뿐만 아니라 사회적 능력도 향상될 수 있다.

2) 놀이와 사회성발달

놀이와 사회성발달은 양방향적인 관계이다. 놀이는 유아가 사회적 기술과 지식(차례지키기, 공유하기, 협동하기 등)을 습득하고, 타인의 감정을 이해하는 능력을 획득하는 데 영향을 주는 중요한 사회적 맥락으로 작용한다. 즉, 부모, 교사, 또래 등과 같은 사회적 환경은 유아의 놀이에 영향을 주고, 놀이는 유아의 사회적 능력 형성에 영향을 준다.

유아는 자신이 속한 사회에서 요구하는 기본적 지식을 배우고, 언어습득을 통해 의사소통을 하며, 타인과의 상호작용을 통해 자신의 역할에 대해 지각하게 되면서 사회성발달이 이루어진다. 사회성발달은 평생에 걸쳐 이루어지는 것으로 또래와의 놀이를 통해 이루어지며, 유아의 일생에 걸쳐 큰 영향을 미친다.

사회극놀이에는 협상이나 협동 등의 여러 가지 사회적 능력이 요구된다. 예를 들어, 유아가 '아프지 않는 병원'이라는 주제의 사회극놀이에 성공적으로 참여하기 위해서는 먼저 의사, 간호사, 환자 등의 역할 배분과 환자가 기다리는 대기실, 의사 진료실 등을 어떻게 구성할 것인지 등 다양한 유형의 가작화 과정에 동의해야 한다. 그리고 에피소드를 어떻게 구성해 갈 것인지에 대해서도 협동하여 결정해야 한

[그림 5-1] 다양한 주제의 사회극놀이 경험을 통한 사회적 능력 함양

다. 이처럼 사회극놀이는 높은 수준의 사회적 기술을 요구하는 것으로 사회극 놀이에 참여한 유아는 그렇지 않은 유아보다 긍정적인 사회적 행동을 더 많이 하는 것으로 알려져 있다.

3) 놀이와 정서발달

놀이는 유아의 자아개념, 정시조절, 스트레스 대처 등에 있어서 매우 중요하다. 유아는 놀이를 하는 동안 비위협석인 상황에서 감정을 투사시겨 공포와 스트레스를 다루게 되며, 성서를 동일시하는 것도 배우게 된다. 유아는 다른 사람과 함께 놀이하고 다양한 역할을 맡아 보는 경험을 통해 감정이입, 탈중심화, 타인의 관점 수용에 대해서도 배울 수 있다.

유아는 놀이를 하는 동안 정서적 분위기와 감정이 수반된 과거의 개인적 사건을 반복하여 경험하기 때문에 놀이의 반복은 자아개념 형성에 필수적인 과정이다. 유아는 놀이 속에서 안전한 위치를 확보하는데 그러한 확고한 위치는 타인에 대한 감정이입도 가능하게 만든다. 유아는 놀이 속에서 즐거움, 자유, 현실과 비현실의 경계에서 흥미를 느끼며 정서적 안정감을 유지한다. 따라서 유아의 삶에서 놀이는 반드시 존중되어야 한다.

4) 놀이와 언어발달

놀이와 언어는 서로 유기적인 관계 속에서 서로를 강화시키면서 발달한다. 걸음마 시기의 영아가 사물을 가지고 상징놀이를 할 때 처음에는 사물과 관련된 소리를 내면서 놀이하다가 단어가 나타나고 단어의 조합이 시작된 후에야 비로소 구체적인 언어를 사용하면서 놀이할 수 있다(Frost, Wortham, & Reifel, 2005). 유아들은 놀이에서 언어를 놀이 그 자체로 활용하면서 점차 언어의 요소를 탐구하고 규칙체계의 이해나 메타 언어적 인식을 발달시켜 간다. 유아는 놀이를 할 때 혼잣말로 중얼거리기도 하고 또래와 함께 자신의 생각이나 느낌을 나누기도 한다. 놀이를 하면서 친구의 말을 따라 해 보기도 하고, 놀이과정에서 일어나는 사건이나 놀이에 쓰이는 다양한 사물에 대해 이야기를 주고받으면서 자연스럽게 어휘를 습득하게 된다. 즉, 놀이는 유아로 하여금 언어능력을 최대한 활용하도록 자극한다.

놀이는 유아의 문해발달에도 긍정적 영향을 미친다. 문해가 풍부한 놀이환경에서의 놀이경험은 유아의 읽기와 쓰기활동을 증가시키게 되는데, 이러한 반복적인 경험은 문해능력을 향상시키는 데 긍정적 기회를 제공한다.

5) 놀이와 신체발달

놀이는 유아의 대근육과 소근육 발달을 포함하여 달리고, 점프하고, 던지는 등의 광범위한 운동기술의 발달과 퍼즐 맞추기, 그리기, 인형 옷 입히고 벗기기, 다양한 도구의 사용 등 세부적 운동기술의 발달에 큰 공헌을 한다.

유아의 대근육 발달을 돕는 대표적 놀이 활동으로는 놀이기구들을 이용한 놀이를 들 수 있다. 놀이기구의 사용에 있어서는 유아들 간에 발달차와 개인차가 존재하지만, 대부분의 유아들은 자신이 사용 가능한 놀이기구를 이용하기 시작하여 점차 어려운 놀이에 도전해 나간다. 유아는 이러한 자기 수정적 놀이 활동을 반복하면서 운동과 신체 조정능력을 발달시켜 간다. 유아는 달리기, 깡충 뛰기, 잡기놀이 등의 이동놀이를 즐긴다. 유아들은 종종 빨리 달릴 수 있는데도 의도적으로 천천히 달려 다른 사람에게 잡히는 놀이를 하는데, 이 과정에서 서로 잡기와 잡히기를 번갈아 하면서 역할 전환을 경험한다. 유아기 비만이 증가하고 있는 상황에서 이동놀이에 대한 연구들이 더 주목받고 있다.

유아의 신체가 발달함에 따라 거친 신체놀이가 나타나는데, 거친 신체놀이는 사회놀이와 가장놀이가 중첩된 형태의 이동놀이다. 거친 신체놀이에서 놀이의 주된 대상은 친구의 신체와 행위이다. 이 놀이에는 큰 소리로 떠드는 것부터 레슬링 흉내, 달리기, 쫓기, 도망가기, 차기, 달려들기, 쌓아올리기, 밀기, 때리기, 찌르기 등과 같은 신체적 운동이 포함된다.

4. 놀이에 영향을 미치는 요인

1) 개인적 요인

(1) 성

신체놀이에서 성차는 4세 또는 5세경에 나타나는데, 이 시기 놀이에서의 성차는 보편적으로 남아가 여아보다 더욱 활동적이고 거친 특성을 보인다. 유치원과 어린이집에 다니는 3.5~5세 사이의 유아들의 놀이를 관찰한 결과, 남아들은 여아 보다 신체적 접촉을 더 많이 하며 거친 놀이를 선호하는 경향을 보인다(Smith & Inder, 1993). 실내 및 실외놀이의 환경 선택에 있어서도 성차가 나타나는데, 여아들은 실내놀이 환경을 선호하는 반면 남아들은 실외놀이 환경을 더 선호하는 경향이 있다.

사회놀이나 사회성 수준에서는 성차가 나타나지 않지만 사회놀이의 성 선호성에 있어서는 성차가 나타난다. 사회놀이에서 남아와 여아는 모두 동성의 놀이친구를 더 선호하며, 그 시기에 있어서도 여아가 남아보다 훨씬 어린 시기부터 동성의 놀이친구를 더 선호한다. 그리고 유아기 이후 연령에서는 여아의 선호 정도는 감소하고 남아의 선호 정도가 증가하는 경향을 보인다(Diamond, LeFurgy, & Blass, 1993).

사물놀이에서의 성차는 유아들이 놀이에 사용하는 놀잇감의 종류, 놀잇감 사용방법 등에서 나타난다. 어린 남아는 바닥에서 밀거나 당기는 놀잇감, 블록 또는 바퀴달린 놀잇감을 활용한 놀이를 선호하는 반면, 여아들은 색칠하기, 퍼즐맞추기, 인형놀이하기 등을 선호하는 경향이 있다.

상징놀이의 사물변형에서는 남아와 여아 모두 동일한 상징적 표상능력을 가지고 있으나 역할 수행과 놀이 주제 선택에 있어서는 성차를 보이는 것으로 나타났다. 여아는 인형, 의상, 가사용품을 포함하는 가정 중심적인 주제를 더 선호하는 반면, 남아들은 모험적인 주제를 선호하고 영웅의 역할 수행을 더 선호한다(Levin & Carlsson-Paige, 1994).

(2) 성격

① 사물 대 사람 지향성

어떤 유아는 사람과의 상호작용을 더 선호하는 반면 다른 유아는 사물에만 관심의 초점을 두는 혼자놀이를 더 선호한다. 이처럼 사물 대 사람 지향성은 놀이에 영향을 미칠 수 있는 개인적 변인 중의 하나이다. 사물놀이를 선호하는 유아가 물리적 재료의 조직화와 분류를 요구하는 검사에서 유능성을 보이는 것과 같이 유아의 성격, 즉 사물 대 사람 지향성은 조작을 포함한 인지과제 수행능력에 영향을 미칠 수 있는 변인 중의 하나이다.

② 인지양식

인지양식은 인지과제에 반응하는 선호방식에 있어서 나타나는 개인차로 지능과 성격의 혼합으로 정의되며 인지양식 척도는 장 독립(field-independence)과 장 의존(field-dependence)이다. 장 독립적인 유아는 상황적인 요소에 덜 영향을 받으며 복잡한 구도에서 단순한 형상을 찾는 데 적은 시간을 필요로 하는 반면, 장 의존적인 유아는 전체 구도에서 숨겨진 형상을 찾는 데 더 많은 시간을 필요로 한다. 그리고 장 독립적인 유아는 사물놀이를, 장 의존적인 유아는 사람 지향적인 놀이를 선호한다(Johnson, Christie, & Wardle, 2005). 그러나 유아의 인지양식과 놀이와의 관련성에 대해서는 단정적 결론을 내리기보다는 종합적인 분석이 요구된다. 왜냐하면 인지양식의 발달 특성상 유아들이 발달할수록 장 독립적이 되어 가며, 유아들이 사용하는 학습 양식은 인지양식, 성격, 사회적 지향과 복잡하게 연결되어 있기 때문이다(Gardner, 1999).

③ 놀이성

놀이성(playfulness)이란 놀이 성향에서의 개인차와 관련된 심리적 개념으로 유아의 놀이 행동과 확산적 사고의 다양성에 영향을 미치는 변인 중 하나다.

놀이성은 다양한 놀이 행동을 하게 하는 유아 개인적 성향 혹은 놀이에 있어서의 태도를 말하는 것으로 신체적 자발성, 사회적 자발성, 인지적 자발성, 즐거움의 표현, 유머감각의 다섯 가지 요소로 구성되며(Liberman, 1977), 유아의 놀이성은 창의성과 밀접한 관련이 있다(긴초, 유영이, 2011).

④ 환상성

환상성(fantasy-making predisposition)은 놀이와 관련되는 또 하나의 개인차 변인으로서 환상성이 높은 유아는 환상성이 낮은 유아보다 놀이하는 동안 높은 수준의 상상력, 긍정적 정서, 집중력, 사회적 상호작용, 협동성을 보인다. 또한 높은 수준의 환상성은 유아의 충동통제나 만족지연 능력과도 관련이 있다. 환상성이 높은 유아들은 기다림이 요구되는 상황에서 충동통제를 더 잘하는데, 이러한 특성이 나타나는 이유는 환상성이 낮은 유아보다 외현적 실행 없이도 스스로를 즐겁게 할 수 있기 때문이다(Johnson, Christie, & Wardle, 2005).

2) 환경적 요인

(1) 부모

유아들의 성 유형화 행동은 가족 내에서 부모들이 유아의 놀이에 어떻게 반응하는가에 따라 형성된다. 유아의 성 유형화 놀이에 대한 부모의 영향은 아기의 성이 결정될 때부터 시작된다. 한 예로, 아버지들은 갓 태어난 딸을 온순하고 작고 섬세하다고 묘사한 반면 아들은 크고 활동적이라고 묘사하기도 한다.

부모들이 자녀와 놀이하는 방법의 다양성을 조사한 연구에서도 부모가 유아의 성 유형 놀이에 영향을 주는 것으로 나타났다(Lindsey & Mize, 2001). 일반적으로 부모는 유아에게 성 정형화된 놀이 활동을 더 격려하였는데, 어머니는 가장놀이에, 아버지는 신체놀이에 더 많이 참여하였다. 가장놀이 상황에서는 어머니와 딸이 가장 많이 참여하고, 신체놀이 상황에서는 아버지와 아들이 더 많이 참여하는 것으로 나타났다.

부모는 유아의 놀이에 중요한 영향을 끼친다. 놀이를 격려하는 가정 환경과 부모와의 긍정적 관계는 유아의 상상놀이 기술을 풍부하게 하는 매우 중요한 조건이다. 놀이의 질은 자녀 양육 방식, 놀이 공간, 놀잇감, 개인적 공간 이용 등에 의해 영향을 받는데, 특히 부모의 구체적 시범과 격려는 유아의 가장놀이 참여를 격려할 수 있다(Johnson, Christie, & Wardle, 2005).

(2) 또래

놀이에서의 성차는 교사와 또래의 영향 속에서 더욱 뚜렷해진다. 3세와 4세 남아와 여아들의 성 유형화된 놀잇감 선택에 미치는 또래의 영향을 조사한 결과, 교차-성의 놀잇감을 사용한 놀이는 남아와 여아 모두 혼자 있는 상황에서 가장 높았고, 이성의 또래와 함께 있는 상황에서는 가장 낮은 것으로 나타났다. 최종적으로 여아가 남아보다 교차-성의 놀잇감에 의한 놀이를 더 많이 하는 것으로 나타났다. 동성 또래의 강화는 유아의 놀이를 성-유형화된 놀이 행동으로 변화시키는 데 효과가 있었다(Lamb, Eastbrooks, & Holden, 1980).

(3) 교사

교사들은 미술, 공예, 인형놀이, 소꿉놀이 등과 같이 여성-유형화된 놀이 활동에 참여하는 유아들과 보다 많은 시간을 보내는 경향이 있다(Johnson, Christie, & Wardle, 2005). 이러한 경향은 여성 교사들이 블록이나 자동차를 가지고 바닥에서 놀이하는 것을 좋아하는 남아의 놀이를 그다지 선호하지 않기 때문이다. 교사들은 블록 영역과 과학 영역을 회피할 뿐만 아니라 소꿉 영역에서도 전통적인 여성의 활동 모습만 보여 주었으며 바닥에서는 거의 놀아 주지 않는다(Wardle, 1991).

유아교사는 유아의 놀이발달에 중요한 역할을 한다. 즉, 교사가 유아의 놀이에 적절히 개입할 때 사회극놀이는 양적·질적으로 향상되고 창의성과 문제해결력 또한 증진된다(박경애, 1991). 교사는 유아가 지닌 다양한 경험, 행동, 상호작용에 긍정적 영향을 주기 위해 방관자, 환경구성자, 공동놀이자, 놀이안내자 등의 역할로 다양한 개입을 시도해 볼 수 있다(신은수 외, 2011). 그러나 무엇보다도 교사는 교실에서 유아들의 놀이 행동, 함께하는 놀이 친구, 모델이 되는 놀이 행동의 종류에 대해 폭넓게 인식할 필요가 있다.

(4) 환경

교실의 놀이실 면적과 공간 배치는 유아의 놀이에 영향을 미친다. 놀이실의 면적이 유아 수에 비해 좁을 때는 비참여 행동이나 방관적 행동이나 목적 없이 빈둥거리는 행동이 많이 나타났고, 놀이실의 각 영역을 분리대로 경계 지어 배치했을 때는 다른 친구를 방해하는 행동이나 뛰어다니는 행동이 감소하고 놀이 지속 시간이 더 길어진다(이정미, 1986).

교실의 공간 구성의 변화는 유아의 성 유형화된 놀이 행동에도 영향을 미칠 수 있다. 유아의 놀이 경험은 유아가 사용할 수 있는 놀잇감의 범위가 넓고 놀잇감의 종류가 다양할 때 더욱 풍부해진다. 이와 함께 교사는 교실이나 영역에서 나타나는 사회 집단 유형에 대해서도 민감할 필요가 있다. 교사는 교실에서 나타나는 사회 집단 유형을 잘 인식하여 평등한 프로그램을 만들기 위해 노력할 필요가 있다.

놀이 행동은 유아가 가지고 놀이하는 놀잇감의 종류, 특징, 수량에 따라서도 영향을 받는다. 유아들은 권총과 같은 놀잇감을 가지고 놀면서 싸우거나 협박하는 등의 반사회적인 놀이 행동을 많이 한다. 퍼즐처럼 용도가 정해진 놀잇감을 가지고는 고정된 사용법대로 놀이하지만, 블록과 같이 용도가 정해져 있지 않은 놀잇감으로는 다양한 방법으로 놀이할 수 있다. 또 놀잇감의 수량이 많으면 유아와 놀잇감과의 접촉이 많아지는 경향이 있고, 수량이 적으면 또래와의 상호작용이 빈번해지는 경향과 함께 갈등이나 놀잇감을 차지하기 위한 공격적인 성향이 나타나기도 한다(이숙재, 2004).

5. 놀이와 교사

유아의 놀이에 있어 교사의 역할은 매우 중요하다. 교사의 적절한 준비와 개입 전략은 놀이에 유아들의 참여를 격려하고 확장시킬 뿐 아니라 궁극적으로 학습을 증진시킨다. 교사는 유아들의 놀이를 관찰하고, 놀이세계에서 나타나는 유아들의 생각을 통찰할 수 있어야 한다. 또한 교사는 유아의 학습을 촉진시킬 수 있는 전략을 개발해야 하며, 다양한 방법으로 유아의 놀이를 확장시킬 수 있어야 한다. 즉, 교사는 유아의 놀이주도권을 존중해야 한다는 기본적 원칙하에 개입의 적정선을 유지하면서 놀이에 참여해야 한다.

놀이에 있어서 교사가 갖는 역할을 관찰자의 역할, 계획 · 조직하는 역할, 상호작용하는 역할, 평가자의 역할로 나누어 살펴보면 다음과 같다.

1) 관찰자의 역할

관찰은 유아들이 놀이할 때 교사가 무엇을 도와주어야 하는지 그리고 놀이를 확장 또는 발전시키기 위해 무엇이 필요한지를 판단하는 데 있어 매우 중요한 과정이다. 교사는 유아의 놀이를 관찰하면서 '유아의 놀이에서 무엇이 일어나고 있는가?' '유아의 놀이 계획은 무엇인가?' '유아는 놀이 수행에 필요한 기술과 놀잇감을 가지고 있는가?' 등의 적절한 질문을 통하여 놀이 특성을 파악할 수 있어야 한다. 또한 놀이가 지속 또는 확장될 수 있도록 지원하여야 한다.

2) 계획 · 조직하는 역할

교사는 유아가 스스로 놀이를 계획하여 자신의 놀이를 진행할 수 있도록 유아의 놀이 계획을 도와주어야 한다. 또 교사는 유아의 요구와 발달수준에 맞는 실내외 환경을 계획하고 변화 있게 조성해 주어야 한다. 유아의 욕구와 흥미를 자극하는 바람직한 놀이 환경은 유아의 놀이에 큰 영향을 준다. 따라서 교사는 교실을 다양한 영역으로 배치하고, 영유아가 자신의 하루 일과를 계획하고 자율적으로 놀잇감을 선택하여 다양한 활동을 경험할 수 있는 환경을 조성해야 한다.

3) 상호작용하는 역할

교사는 유아와 긴밀하게 상호작용해야 한다. 교사는 유아를 격려하고 인정해 주는 후원자의 역할뿐만 아니라 놀이 집단의 일원으로 참여하거나 개별적인 상호작용을 통하여 풍부하고 깊이 있는 놀이가 이루어질 수 있도록 지원하는 역할을 해야 한다.

교사는 영유아와의 효율적인 상호작용을 위해 영유아가 관심을 갖고 탐색하는 것에 민감해야 하며, 영유아의 욕구, 행동, 반응에 관심을 갖고 영유아의 발달 및 성향을 인정하고 긍정적으로 반응해 주어야 한다. 또 교사는 다양한 언어적, 비언어적인 방법을 통하여 유아가 따뜻한 정서를 느낄 수 있도록 배려하는 태도를 갖추어야 한다(이영자, 이기숙, 이정욱, 2000). 이를 위해 교사는 인정하기, 모델 보이기, 조성하기, 지지하기, 비계설정하기, 함께 구성하기, 시범 보이기, 지시하기 등과 같은 상호작용 전략을 활용할 수 있다(Bredekamp & Rosegrant, 1995).

4) 평가자의 역할

교사는 놀이에 관한 체계적 관찰을 통하여 유아의 놀이 행동에 관한 정보를 얻게 되고, 놀이에 관한 유아의 흥미와 기술적 발달 수준 등을 파악할 수 있게 된다. 이를 토대로 교사는 유아의 놀이를 감독하고 관찰한 결과를 체계적으로 평가해야 한다. 유아의 놀이에 대한 평가를 통하여 유아 놀이의 방향을 제시하여 지도할 수 있으며, 그 과정과 결과를 학부모나 동료 교원에게 전달하여 유아의 발달을 도울 수 있다. 유아의 놀이에 대한 관찰은 적절한 방식으로 기록되어야 하고, 그 기록은 놀이에 대한 체계적 평가를 위해 활용되어야 한다. 교사는 유아 놀이의 변화 과정을 기록하여 평가하면서 놀이 지도에 대한 확신을 갖게 된다.

유아교육개론
Chapter
06

유아교육과 부모·가족

유아, 교사, 부모 및 지역사회 간의 협력은 성공적인 유아교육을 이끌어 가는 중요한 요인이다.
그중에서도 현대사회의 특성에 따라 변화되는 유아의 가족과 부모를 어떻게 유아교육의 협력적
동반자로 이끌어 낼 것인가가 중요한 과제가 되고 있다. 따라서 이 장에서는 유아교육에서 부모
와 가족의 중요성과 변화 양상을 분석하여 부모참여 프로그램이 나아가야 할 방향을 제시하고자
한다.

- 유아교육에서 부모와 가족의 중요성을 이해한다.
- 현대사회에서 변화되어 가는 가족의 구조적, 기능적 특징을 이해한다.
- 성인학습자로서 부모의 특징을 이해한다.
- 부모참여 프로그램의 유형을 이해한다.
- 부모참여 프로그램의 현대적 경향과 시사점에 대하여 알아본다.

주요용어

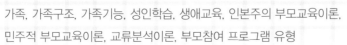

가족, 가족구조, 가족기능, 성인학습, 생애교육, 인본주의 부모교육이론,
민주적 부모교육이론, 교류분석이론, 부모참여 프로그램 유형

1. 부모 · 가족 연계

1) 부모 · 가족 연계의 중요성

유아교육의 중요한 목적은 유아들의 요구를 발달적이고 문화적인 면에서 적절한 방법으로 충족시키는 것이다. 이를 위해 선행되어야 할 사항이 바로 부모의 역할 정립이다. 유아들의 요구가 가장 만족스럽게 충족되어야 하는 장이 바로 가족이기 때문이다(Barbour, Barbour, & Scully, 2005). 유아교육에서 부모 및 가족이 차지하는 중요성을 정리하면 다음과 같다(Morrison, 2007).

첫째, 부모나 조부모 등의 일차 양육자가 제 기능을 훌륭히 다한다면 유아는 그들에게서 좋은 영향을 받아 바람직하게 자랄 것이다.

둘째, 유아와 가족이 함께하는 경험은 유아뿐만 아니라 그 가족에게도 좋은 영향을 미친다. 예를 들어, 유아의 문해발달을 돕기 위한 활동에 가족이 참여한다면 유아들은 문해능력을 발달시키게 되고, 가족들은 유아 발달에 미치는 가족의 중요성을 알게 될 것이다.

셋째, 유아의 요구와 가족의 요구가 서로 다르지 않다는 것이다. 이러한 관점이 바로 유아교육에 있어 유아와 가족의 요구를 충족시키는 방법으로서의 가족중심 접근이다.

2) 부모 · 가족 연계의 역할

가정에서 부모가 자녀의 교육을 전적으로 담당했던 과거와는 달리 현대사회에서 유아교육은 가정과 유아교육기관의 공동 책임이 되고 있다. 부모는 유아가 세상에 태어나 최초로 갖게 되는 인간관계의 대상이고, 부모가 제공하는 환경은 유아의 전반적인 발달에 중추적인 역할을 하므로 부모의 역할 수행 여부는 유아의 성장과 발달에 매우 중요하다.

그러나 대다수의 부모들은 부모 역할에 대한 구체적인 지식과 기술 및 경험의 부족으로 자녀들을 효과적이고 적절하게 양육하는 데 어려움을 느끼고 있다. 이와 더불어 취업모의 비율이 계속 높아지고 유아교육기관이나 타인에 의해 교육되는 유아의 수도 늘어나고 있으며, 또한 교육기관에 맡겨지는 유아들의 연령이 점점 하향화되고 있다. 따라서 유아교육기관은 부모와 가정에 유아발달이나 양육 관련 정보와 교육적 조력을 더 많이 제공해야 하는 상황에 있다.

다양한 가족의 변화에서 나타나는 영유아들의 행동 특성에 대해 토론해 봅시다.

2. 성인학습자로서의 부모

1) 성인학습자로서의 부모참여 내용과 방법

최근에는 성인학습적 관점에서의 부모학에 대한 논의가 이루어지고 있다. 성인학습이란 성인으로서 자신들의 요구와 필요에 부응하여 배우기를 원하는 것 뿐만 아니라 실제로 배울 수 있는 학습이어야 한다(Canadian Encyclopedia, 2015). 성인학습자로서 부모에게 주어신 발날과업은 자녀를 양육하는 데 필요한 지식, 기술, 태도 및 가치관을 배우고 이를 자신의 삶에 적용하고 활용하여 새로운 이론으로 구축하는 것이다(최성우, 2016). 최근에는 부모들로 하여금 자녀양육에 대한 책임을 갖되 전환학습이라는 성인학습이론을 적용하여 자기주도적 입장에서 자녀들과 행복한 동행의 과정을 만들어가는 것을 강조하는 것이다.

2) 성인학습자로서의 부모 발달단계를 고려한 부모의 역할

에릭슨(Erickson, 1978)의 8단계 인간발달단계를 중심으로 부모의 역할을 고려하여 설정한 부모의 과업은 다음의 〈표 6-1〉과 같다.

표 6-1 성인학습자 부모와 자녀의 발달단계별 과업(최성우, 2016, p. 153)

영역	자녀의 발달단계	과업 내용
예비 부모	결혼 준비/계획 시기	• 배우자 선택 및 결혼 준비 • 가정경영 철학 및 전략 논의 • 자녀 출산 계획 시기, 양육 철학 형성
	결혼 및 자녀의 임신 시기	• 부부간 적응 및 관계 정립 • 모체 건강유지 및 주의 사항 • 아버지의 건강 유지 및 산모 지원 • 태교
영유아기 자녀의 부모	영아기(0~18개월)	• 보살핌을 제공하는 부모
	유아기(18개월~3세)	• 보호자로서의 부모
	유아기(4~6세)	• 양육자로서의 부모
학령기 자녀의 부모	초등학생(7~12세)	• 격려자로서의 부모
	중 · 고등학생(13~19세)	• 코치로서의 부모
성인기 자녀의 부모	조기 성인기(대학생 포함)	• 자녀 독립시키기 • 새로운 선택 등 제2의 생활구조 구축 • 자녀를 지원하며 여가생활 등 적극 참여
	예비 부모기 자녀	
부모기 자녀의 부모	영유아기 자녀를 둔 부모기	• 자녀 및 조손들에 대한 역할 수행 • 체력과 건강의 쇠퇴 및 퇴직과 수입의 감소에 적응 • 생애를 돌아보고 죽음에 대한 학습 • 자녀들의 경제적 · 신체적 독립
	학령기 자녀를 둔 부모기	
	성인기 자녀를 둔 부모기	
	독립기 부모	

3. 부모교육

1) 부모교육의 개념

성인 남녀가 결혼하여 자녀를 갖게 되면 자연스럽게 부모 역할을 경험하게 된다. 그러나 자연스럽게 부모가 되는 것과는 달리 부모의 역할은 점점 더 복잡하고 다양해져 부모로 하여금 효율적으로 역할을 수행하도록 돕는 부모교육이 중요시되고 있다.

부모교육이란 자녀의 양육이나 교육, 가정생활의 개선 등에 관한 지식을 얻거나 일반 교양 지식을 높이기 위하여 이미 성인이 된 사람들이나 예비 부모들을 대상으로 이루어지는 교육이다(한국유아교육학회 편, 1996). 또한 부모의 의무, 책임, 기술을 포함하여 자녀를 양육할 때 필요한 적절하고도 새로운 방법을 개발하여 전반적인 수행력을 길러주는 것이라고도 할 수 있다(김영옥, 2007). 즉, 부모교육은 부모로서의 역할수행과 관련하여 효과적인 태도, 기술 및 행동을 개발하는 기회를 제공하여 올바른 부모역할을 수행할 수 있도록 하는 것을 목적으로 실시하는 프로그램이다.

이러한 부모교육을 가리키는 말들로 부모훈련, 부모역할하기, 부모지지 및 부모참여 등 다소 뜻이 다른 용어들이 혼용되고 있는데 이를 정리하면 다음과 같다.

- 부모훈련: 비교적 단기적이며 기술의 전수에 치중하는 부모교육으로서, 구체적인 절차와 개입으로 진행된다.
- 부모역할하기: 자녀를 양육하고 보호하며 지도하는 데 쓰이는 모든 반응, 활동, 기술을 통틀어 말하는 것으로, 어머니 역할하기와 아버지 역할하기 등이 이에 포함된다.
- 부모지지: 유아를 양육함에 있어 부모가 친지를 포함하여 교회, 부모회, 지역

사회 내의 각종 단체, 학부모회, 지방단체, 아동복지시설, 병원, 교육기관, 기업체, 기타 사회사업기관으로부터 받게 되는 모든 지원과 지지를 의미한다.
- 부모참여: 포괄적이고 적극적인 개념의 부모교육으로, 부모와 교사가 동등한 동반자로서 상호유대관계를 가지고 프로그램의 구성 및 운영에 직접 참여하는 형태를 말한다.

2) 부모교육이론

부모의 역할을 돕기 위해 활용될 수 있는 방법에 대하여 인본주의 부모교육이론, 민주적 부모교육이론, 교류분석이론을 중심으로 살펴보기로 한다.

(1) 인본주의 부모교육이론

인본주의 부모교육이론(humanistic parent education)은 기노트(Ginott) 이론에 기초한다. 기노트는 부모와 자녀 사이에 생기는 문제의 원인을 부모의 양육태도에 두고, 이를 해결하기 위하여 효율적인 부모-자녀 간의 의사소통을 중요시한다. 이런 의미에서 인본주의 부모교육의 목적은 부모를 자녀와 효율적으로 의사소통할 수 있도록 교육시키는 것이다.

기노트가 제안하는 부모-자녀 간의 의사소통의 기본 원리는 다음과 같다.

첫째, 자녀가 부모를 신뢰하고 진정으로 의사소통하게 하려면 부모가 자녀에게 민주적 태도와 관심을 표현하고 존중해야 한다.

둘째, 부모가 문제행동에 대해 자녀와 의사소통을 할 때 그 소통의 초점을 자녀의 감정에 맞추도록 주의한다.

셋째, 부모는 자녀의 행동이나 감정에 대해 기본적으로 이해하려는 태도로 접근해야 한다. 즉, 자녀의 행동 그 자체보다 그 행동 속에 포함된 내면적인 의도를 이해하도록 노력해야 한다.

넷째, 부모는 부정적인 면을 강조하기보다는 자녀의 긍정적인 면을 격려하고 장려해 줌으로써 자녀가 자신에 대해 긍정적인 자아상을 형성하도록 도와야 한다.

기노트는 부모가 자녀에게 갖추도록 강조해야 하는 태도로서 정직, 책임감, 순종을 들었는데, 이를 구체적으로 살펴보면 다음과 같다.

첫째, '정직'한 자녀로 기르기 위해서 부모는 유아로 하여금 거짓말할 기회를 제공하지 말아야 한다는 입장을 취한다. 예를 들면, 학원에 가지 않은 자녀에게 "너 오늘 학원 갔니?"라고 질문하기보다는 "학원 선생님이 네가 오늘 학원에 오지 않았다고 전화를 하셨어."라고 사실 그대로 말해야 한다. 즉, 유아에게 솔직하게 표현할 수 있는 기회를 제공해야 한다는 것이다.

둘째, 자녀를 '책임감' 있는 유아로 기르기 위해서는 자녀 스스로 책임감의 가치를 경험할 수 있는 환경을 조성해야 한다.

셋째, 자녀를 자발적으로 '순종'하는 유아로 기르고자 한다면 부모 스스로 자녀를 존중해야 한다. 왜냐하면 부모 스스로 순종과 존중을 실천할 때 자녀도 부모를 존중하게 되기 때문이다.

기노트는 자녀를 훈육함에 있어 부모가 갖추어야 하는 태도로 다음과 같은 측면을 중시한다.

• 유아의 인격을 존중하는 태도: 부모는 자녀들의 문제행동에 대해 자녀들의 인격을 모독하는 부정적이고 과격한 어휘를 사용하기보다는 부모 자신의 감정을 있는 그대로 말함으로써 자녀들로 하여금 그러한 행동을 한 원인에 대해 스스로 표현하게 해야 한다.

• 적절한 칭찬과 보상: 부모가 자녀의 긍정적 행동을 끌어내기 위해서는 자녀의

행동 자체를 격려해야 한다.

- 자녀에게 다가가는 태도: 부모와 자녀 간의 신체적 차이는 자녀들로 하여금 거리감을 느끼게 할 수 있으므로 자녀들에게 시선을 맞추는 것이 중요하다.
- 솔직하면서도 객관적인 감정 표현: 부모로 하여금 부모의 감정을 무조건적으로 숨기기보다는 이에 적절한 표현어휘를 사용할 것을 강조한다.
- 자녀들과의 토의: 자녀의 문제행동에 대한 부모의 신체적, 언어적 체벌은 악순환을 초래할 수 있으므로 부모는 자녀들과 토의하여 문제를 해결해야 한다.

기노트가 제안하는 자녀 양육의 원리를 적용하여 자녀들을 훈육하는 방법은 다음 〈표 6-2〉의 네 단계를 통해 살펴볼 수 있다(이재연, 김정희, 2003).

표 6-2 기노트의 인본주의이론에 따른 자녀 훈육 단계

구분	부모의 훈육 행동
1단계	부모는 자기가 원하는 바를 인정하고 자녀에게 간단한 말로 반복해서 말해 준다.
2단계	자녀의 잘못된 행동에 대해 분명하게 통제하는 말을 해준다.
3단계	자녀가 원하는 바를 최소한 수용할 수 있는 다른 방법을 제시한다.
4단계	자녀의 행동을 부모가 통제할 때 자녀가 느끼는 분노의 감정을 표현하는 것을 허용한다.

(2) 민주적 부모교육이론

민주적 부모교육이론(democratic parent education)의 기저는 아들러(Adler, A.)의 개인심리학 이론이며, 드라이커스는 이를 부모교육에 적용시켜 민주적 부모교육 방법을 제안하였다. 드라이커스는 부모와 자녀 간의 평등한 관계를 강조하면서 부모가 자녀들을 민주적인 방식으로 교육할 것을 강조한다.

아들러는 부모교육을 실시함에 있어 부모들이 다음과 같은 기본 가정을 전제해야 한다고 밝힌다.

첫째, 인간은 사회적 존재로 소속감에 대한 욕구를 지니고 있다.

둘째, 인간의 모든 행동에는 목적과 원인이 있다.

셋째, 평등한 인간관계에는 부모와 자녀의 관계도 포함된다.

넷째, 자녀에게는 책임이 부과되는 자유가 주어져야 한다.

다섯째, 유아는 시행착오의 과정을 통하여 상황에 적합한 행동을 하는 존재이다.

특히 유아는 자신이 정한 심리적 목표에 의해 행동하는 존재이므로, 부모는 유아의 심리적 목표 또는 행동전략을 이해하여 유아들이 잘못된 목표를 형성하지 않도록 해야 한다는 점을 강조한다. 유아들이 자신이 속한 집단이나 가정에서 소속감과 안정감 및 수용감을 추구하기 위해 설정할 수 있는 잘못된 목표 네 가지는 '관심끌기, 힘 행사하기, 보복하기, 무력함 나타내기'이다. 유아들은 앞 단계의 행동을 통해 자신의 욕구를 충족시키지 못하면 다음 단계의 잘못된 목표를 설정하게 된다. 유아들이 설정하는 '잘못된 행동목표' 유형을 단계별로 살펴보면 〈표 6-3〉과 같다.

표 6-3 유아들이 설정하는 잘못된 행동목표 유형

유 형	유아 행동의 특성 및 부모의 대처 전략
관심끌기	• 자신이 속한 집단에 심리적으로 소속되어 있지 못하다고 느끼는 상황에서 지나친 관심과 돌봄을 요구하는 것 • 징징거리며 울거나 과잉행동을 통해 자신을 드러내려 애쓰는 유형 • 부모는 자녀의 잘못된 행동을 무시함으로써 자녀로 하여금 건설적인 행동을 하도록 행동해야 함
힘 행사하기	• 관심끌기로 자기의 욕구를 충족하지 못했을 때 나타나는 행동목표 유형 • 자기가 하고 싶은 대로 하기 위해 자신의 힘을 남용하거나 부모에게 반항하는 것 • 부모에게 순종하지 않고 잘못된 행동을 계속적으로 하는 유형 • 부모는 화를 내지 않고 유아에게 도움이나 협동과 같은 긍정적인 태도를 요구할 수 있으며, 주도권 싸움에서도 초연하게 행동해야 함

보복하기	• 관심끌기와 힘 행사하기 목표를 통해 본인의 욕구를 충족시키지 못했을 때 나타나는 행동목표 유형 • 유아 자신이 받은 심리적 상처를 다른 사람에게 주려는 행동 유형으로 가장 나쁜 유형 • 부모는 벌이나 보복 대신 감정적 신뢰와 사랑의 마음을 전달해야 함
무력함 나타내기	• 위 세 가지 목표 설정을 통해 본인의 욕구를 충족시키지 못했을 때 나타나는 행동목표 유형 • 어떤 것에도 반응하지 않고 수동적 행동을 보이는 유형 • 부모는 동정이 아닌 격려를 통해 유아 스스로 긍정적인 시도를 하도록 이끌어야 함

　이와 같은 유아들의 잘못된 행동목표에 대하여 부모는 이를 비난하거나 판단하지 말고 유아 스스로 자신의 잘못된 문제를 파악 가능하도록 저절한 상황에서 인식 반응을 보여 주어야 한다. 인식반응이란 유아가 선택한 잘못된 행동목표를 부모가 인식하였다는 것을 나타내는 반응으로, 미소나 눈 깜박거림 등의 행동이 포함된다. 또 유아로 하여금 자신의 행동 결과가 타인에 의해 강요된 것이 아니라 유아 자신이 부모와 합의하여 정한 규칙에 의한 자연적 결과임을 경험하게 하는 논리적 귀결 또한 자신의 행동에 대해 책임지도록 가르치는 방법으로 활용할 수 있다.

 탐구활동

　유아교육기관에서의 관찰 및 봉사 기회를 활용하여 실제 유아들이 설정하여 사용하는 잘못된 행동목표를 찾아 발표해 봅시다.

(3) 교류분석이론

　미국의 정신의학자 에릭 번은 교류분석 심리학을 적용하여 부모-자녀 관계를 개선시키고자 교류분석이론(transactional analysis: TA)을 개발하였다. 교류분석이론의 전제는 인간은 자극을 받고자 하는 욕구를 갖고 있고, 그러한 욕구의 중심에 '쓰

다듬기'가 있다는 것이다. 상대방의 존재를 인정하는 데 사용되는 모든 행동으로서
의 쓰다듬기는 신체적 접촉이나 언어적, 비언어적 표현 등을 모두 포함한다. 유아
들은 어린 시절 부모나 다른 타인으로부터 받은 쓰다듬기를 통해 자신과 타인에 대
한 기본적인 입장을 갖게 되는데 이를 정리하면 〈표 6-4〉와 같다.

표 6-4 유아의 삶에 대한 기본 자세 유형

삶에 대한 기본 자세 유형	설명
나도 옳다-너도 옳다 (I'm OK-You're OK)	• 정신 위생상 건강한 상태 • 자신을 포함한 다른 사람과의 관계에 대해 편안함과 만족감을 느낌 • 자신의 느낌을 인식하고 이에 대해 솔직하게 표현함 • 활동과 성장에 대한 강한 동기를 지니고 있음
나는 옳지 않다-너는 옳다 (I'm not OK-You're OK)	• 타인에 비교하여 자신에 대한 열등감을 갖고 있음 • 타인의 인정에 따라 자신을 인정함
나는 옳다-너는 옳지 않다 (I'm OK-You're not OK)	• 타인을 부적절하고 가치없는 사람으로 인식함 • 본인 자신에 대한 불신과 함께 타인을 불신하고 군림하려 함 • 타인에게 선심을 베푸는 행위에서 자신의 존재감을 찾음
나는 옳지 않다-너도 옳지 않다 (I'm not OK-You're not OK)	• 모든 인간관계에 대해 부정적이고 신뢰하지 않음 • 삶 자체에 대해 비관적 입장

에릭 번은 각 개인의 인성구조를 '어린이 자아 상태' '성인 자아 상태' '부모 자아
상태'로 설명한다. 출생 시부터 존재하는 어린이 자아 상태와 사회적 세계에 대한
적응의 산물로서 나타나는 성인 자아 상태 그리고 부모 자아 상태는 기본적으로는
분리되어 있는 인성구조다. 그러나 각 구조들은 각 자아 상태 안에 힘축되어 행동
이나 태도를 통해 나타나기도 한다. 결국 이 세 개의 자아 상태들이 서로 융통성과
유동성을 갖추고 사용됨으로써, 개인이 외부 세계에 긍정적으로 반응할 수 있게 된
다. 따라서 교류분석이론에서는 부모와 유아로 하여금 세 개의 자아 상태를 적절하
게 활용하여 서로 간에 효과적인 상호 교류가 일어나도록 하는 것을 강조한다.

위에서 설명한 각각의 이론들을 표로 정리하면 〈표 6–5〉와 같다(정옥분, 정순화 2007).

표 6–5 부모교육 이론별 대표학자, 목표 및 기본 원리 비교

구분	대표 학자	목표	기본 원리
인본주의 이론	로저스의 인본주의 심리학을 기초로 기노트가 인본주의 부모교육 이론으로 체계화함	• 자녀에 대한 수용은 소유론적인 관계가 아닌 하나의 독립된 인격체로서 자녀를 있는 그대로 받아들이는 것이다. • 자녀의 입장에서 생각해 보도록 노력함으로써 자녀의 문제를 더 잘 이해할 수 있으며, 부모-자녀 관계가 보다 원만하게 이루어지도록 하는 것이다. • 부모가 가장하지 않고 자신의 모습을 드러내 보이는 진실성을 통해 부모-자녀 관계를 보다 향상시켜 나가는 것이다.	• 반영적 경청 • 나 전달법 • 무승패법
민주적 이론	아들러의 개인 심리학의 관점을 드라이커스가 민주주의 부모 교육이론으로 체계화한	• 부모-자녀 관계에 대한 기본적인 견해는 평등성에 근거하므로 부모-자녀 간의 상호작용에서 발생하는 갈등상황은 일방적인 권위주의적 방식이 아닌 민주적인 방식으로 해결해야 한다. • 인간은 목적지향적인 존재이므로 자기 스스로 인식할 수 있고 달성할 수 있도록 도와주어야 한다. • 인간은 사회적인 존재이므로 부모로 하여금 아동에게 안정된 소속감을 세공해 주는 것과 동시에, 자녀가 사용하는 잘못된 행동목표를 인식하고 이에 대처해 나가는 능력을 갖도록 도와야 한다.	• 잘못된 행동목표 대처 • 자연적, 논리적 결과 • 격려의 방법

| 교류분석
이론 | 프로이트의
정신분석이론 등의
영향을 받아 번이
교류분석이론으로
체계화함 | • 각 개인 성격의 기본이 되는 자아 상태를 파악함으로써 한 개인을 변화시키는 것이 가능하다고 보았다.
• 자아 상태의 구조뿐만 아니라 자아 상태 간의 교류가 원만하게 이루어질 때 개인은 가장 적응적인 행동을 보이며 상호 간의 갈등이 감소한다고 보았다.
• 상호 간의 교류를 통해 형성된 기본적인 인생 태도와 이를 근거로 인생 각본에 대해 분석하는 것을 목표로 삼고 있다. | • 구조분석
• 교류분석
• 기본적 인생 태도 |

4. 부모참여

1) 부모참여의 교육적 효과 및 활성화 방안

현대사회에서 가족의 구조와 기능의 다양한 변화에 따라 유아교육기관에서는 가족 구성원들을 유아교육의 협력적인 동반자로 이끌어 낼 방법 모색에 힘을 기울이고 있다. 유아교육의 한 영역으로서 부모참여가 더 빠르고 심도 있게 이루어질수록 긍정적인 교육적 효과로 연결된다는 연구결과들이 다양한 부모참여 프로그램의 필요성을 뒷받침하고 있기 때문이다. 부모참여 프로그램을 적절히 제공하면 부모와 가족의 스트레스 감소, 가족과 유아의 건강 증진, 유아교육에 참여하는 가족의 비중 증대, 유아교육을 통한 유아들의 성취도와 성공률 향상, 유아학대와 방임의 감소 및 유아와 가족의 삶의 질 향상 등을 기대할 수 있다(Morrison, 2007).

부모참여의 교육적 효과에 대한 강조와 더불어 최근에는 유아교육기관 차원에서의 부모참여 활성화 방안에도 초점이 맞추어지면서 다음과 같은 제안이 이루어지고 있다(Diane, 2004; Morrison, 2007).

첫째, 유아교육기관에서는 부모들에게 다양한 영역의 지원 서비스를 제공해야 한다. 이를 위하여 유아교육기관에서는 당해 기관이 제공할 수 없는 영역의 프로그램늘(예: 사회복시서비스, 징보제공서비스, 재정지원서비스)에 대한 정보를 파악하도록 노력하여야 한다.

둘째, 유아교육기관에서는 돌봄서비스를 강화해야 한다. 즉, 시간과 장소 및 비용에 구애받지 않고 언제든지 유아를 돌보아 줄 수 있는 기관의 설립에 적극적으로 협력하여야 한다.

셋째, 유아교육기관에서는 부모들에 대하여 비판적 시각을 갖지 않아야 한다. 이를 위하여 유아교사들은 유아 부모의 직업이나 학력에 따라 부모들에 대하여 차별적 인식을 갖지 않도록 주의해야 한다.

넷째, 유아교육기관에서는 부모들을 판단하는 일에 대해 신중해야 한다. 이를 위하여 유아교사들은 개별 부모나 유아를 대하는 자신들의 태도에 대해 항상 반성적인 사고를 해야 한다.

나섯째, 유아교육기관에서 제공하는 프로그램들을 재정비해야 한다. 이를 위하여 유아교육기관에서는 유아들이 처해 있는 상황을 정확하게 파악한 후 그와 관계된 교육적 활동들을 전개하여 가족들의 대인관계 기술을 증진시키도록 노력해야 한다.

여섯째, 유아교육기관은 각 가족의 현 상황을 파악하여 민감하게 반응하여야 한다. 이를 위하여 유아들에게 습관적으로 사용하는 어휘들에 대해서도 주의해야 한다.

일곱째, 유아교사들은 부모참여를 지원하기 위해 더 많은 교육 프로그램에 지속적으로 참여해야 한다. 이를 위하여 유아교육자들은 새로이 소개되는 프로그램이나 관련 영역에 관심을 갖고 교육 프로그램에 참여해야 한다.

여덟째, 유아교육기관에서는 부모참여를 활성화하기 위한 다양한 접근을 시도해야 한다. 이를 위하여 유아교육기관에서는 가정방문을 시도할 수 있고 그 과정에서 가족에게 유아가 필요로 하는 사항을 전달하고 가족 구성원이 유아교육에 참여할 수 있는 새로운 정보나 기회를 제공해야 한다.

2) 부모참여의 내용과 방법

유아교육에서 부모참여란 부모들로 하여금 자신이 지니고 있는 여러 능력을 활용하여 부모 자신과 유아 그리고 유아가 이용하고 있는 유아교육 프로그램에 긍정적인 영향을 미치는 과정을 말한다. 즉, 유아교육이 최상의 교육적 효과를 얻기 위해서는 유아교육기관뿐만 아니라 유아와 그 유아를 포함한 가족들이 함께 교육의 과정에 적극적으로 참여해야 한다.

성공적인 부모참여를 이끌어 내기 위해 유아교육현장에서 활용하고 있는 부모참여 프로그램은 다양하다. 특히 현대 유아교육에서 좋은 부모가 되기 위한 지식과 기술을 전달하는 프로그램 유형, 가정과 유아교육기관과의 원만한 의사소통 과정 프로그램, 가정에서의 유아학습 지원 프로그램, 의사결정 과정에 부모참여 과정 운영, 지역사회 협력 프로그램, 유아교육기관과 지역사회 대상 자원봉사활동 프로그램 등이 활용되고 있다(Diane, 2004; Morrison, 2007). 이를 구체적으로 살펴보면 다음과 같다.

(1) 좋은 부모가 되기 위한 역량을 키워주는 프로그램

좋은 부모가 되기 위한 지식과 기술을 전달하는 프로그램은 가족에게 좋은 부모가 되기 위한 지식과 기술을 지원함으로써, 유아와 유아의 미성숙한 발달적 특성을 이해시키고, 가정환경을 유아의 연령과 발달적 특성에 적합하게 만들어 가도록 돕는 것이다.

미래 사회를 살아갈 자녀에게 좋은 부모가 되기 위해 갖추어야 하는 역량은 인식 도구(cognitive tools), 자기 체계(self system), 사회 · 정서적(social · emotional) 역량으로 설명할 수 있다(Rychen & Salganik, 2001, 2003). 부모로서 자녀 양육에 필요한 지식, 기술, 태도와 관련한 인식 도구 역량, 부모의 자아 수용, 정서 조절 및 자기성장 관리 등 자신의 정신적 건강의 관리 및 유지에 필요한 자기 체계 역량 그리고 부모 스스로가 사회의 한 구성원으로서 사회적으로 잘 기능하고 공동체 정신을 발휘하며 살아가는 데 필요한 사회·징시적 역량을 갖추어야 한다는 것이다.

이를 위하여 활용할 수 있는 활동들은 다음과 같다(Diane, 2004; Morrison, 2007).

- 워크숍: 유아를 유아교육기관에 보내는 부모를 포함한 대부분의 가족들은 유아교육기관에서 유아가 무엇을 하고 지내고, 자신이 어떻게 할 때 유아를 더 잘 양육하고 교육할 수 있는지에 대해 알고 싶어 한다. 이때 적용할 수 있는 활동이 워크숍인데, 이를 통해 유아교육기관은 가족들에게 유아교육기관의 정책, 교육과정 및 교육 프로그램에 대하여 소개함으로써 좋은 부모가 되도록 지원할 수 있다. 워크숍은 부모가 영유아의 놀이 활동 등에 직접 참여함으로써 익힌 학습경험을 가정에서 활용할 수 있도록 하는 부모교육 형태이기 때문이다. 워크숍에는 교재·교구 워크숍, 인형극 또는 역할극 워크숍, 친교를 위힌 위그숍 등이 해당된다(이원영, 이태영, 강정원, 2008).

[그림 6-1] 부모를 위한 도서 및 교재 안내

- 부모교육: 가족들에게 좋은 부모 되기와 유아 양육 기술을 직접적으로 학습할 기회를 제공하는 교육활동이다.
- 훈련 프로그램: 부모를 포함한 가족들에게 훈련을 통해 학급 보조원, 교육과정 계획자 및 의사결정자로서의 활동에 필요한 기술을 제공한다.
- 교실과 흥미 영역 활동 참여: 부모를 포함한 가족에게 안내와 지시사항 및 훈련을 사전에 제공한 후 유아들의 교실 활동과 흥미 영역 활동에 참여할 기회를 제공함으로써 구체적인 기술을 훈련할 수 있게 한다. 단 이 방법은 참여가 가능한 학부모를 중심으로 활용되어야 한다.
- 도서 및 교재 제공 프로그램: 부모를 포함한 가족들에게 좋은 부모 되기 및 유아 양육기술 관련 도서 및 교재를 제공함으로써 가족을 지원하는 활동이다.

(2) 가정과 유아교육기관 간의 원만한 의사소통 과정 프로그램

가정과 유아교육기관 간의 원만한 의사소통을 위해 가정과 기관 간에 다양한 의사소통 시스템을 구축함으로써 유아교육기관이 교육 프로그램이나 유아들의 발달에 대해 가족들과 효율적으로 의사소통하게 만드는 프로그램이다.

가족과 유아교육기관 간의 효율적인 의사소통을 추구하는 활동들에는 다음과 같은 형태가 있다(Diane, 2004; Morrison, 2007).

- 다양한 서비스 제공: 유아교육기관에서 실시되는 프로그램에 가족의 참여도를 높일 수 있는 지원 프로그램으로 카풀이나 베이비시터 서비스를 제공함으로써 부모참여도를 높이는 기회로 삼을 수 있다.
- 학습발표회 및 공개수업: 학습발표회나 공개수업 활동이 단순히 가정과의 의사소통의 방편으로서만 활용되는 것은 아니다. 즉, 이러한 활동을 진행하면서 부모를 포함한 가족들을 기관에 초대하고, 그 과정에서 의사소통이 이루어질 수 있다.
- 비상연락 전화: 가족들이 모두 직장 근무 중일 때 비상연락 전화는 요긴한 방

[그림 6-2] 부모참여 활동

법이다. 가족들은 유아교육기관과의 비상연락 전화를 통해 유아의 안전 저해 상황에 대한 두려움을 완화시킬 수 있고, 유아 학대와 관련된 정보 및 질병 그리고 유아의 위치 관련 정보를 제공받을 수 있다.

• 신문: 신문은 부모를 포함한 가족들과의 의사소통을 통해 부모참여를 이끌어 내는 방법들 중 하나이다. 이는 유아교육 프로그램 운영 관련 행사, 교육활동 및 교육과정 정보 등을 제공하는 훌륭한 방법으로 활용할 수 있다.

• 가정 학습 교재 및 활동: 정기적인 계획에 의해 가정으로 배부되는 가정 학습 교재 및 활동은 부모를 포함한 가족들이 유아의 학습에 참여하게 하는 하나의 훌륭한 방법이다.

[그림 6-3] 유치원 신문의 활용

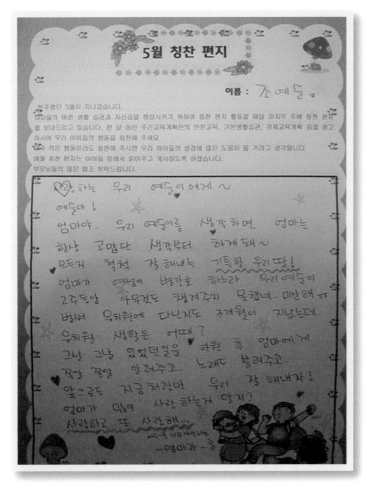

[그림 6-4] 가정과 함께하는 유아 칭찬 활동

(3) 가정에서의 유아학습 지원 프로그램

가정에서의 유아학습 지원 프로그램은 가정에서 이루어지는 유아들의 학습활동
에 부모가 참여하도록 여러 형태로 지원한다. 이를 통해 부모들은 유아교육기관에
서 유아에게 제시하는 과제, 교육과정 관련 활동 및 의사결정에 적극적으로 참여하
게 된다.

이를 위하여 다음의 활동들을 활용할 수 있다(Diane, 2004; Morrison, 2007).

- 가정에서 활용할 수 있는 도서 및 설명서 제공: 부모를 포함한 가족들에게 유아들의 학습을 도와줄 수 있는 도서 및 설명서를 제공함으로써 유아들의 학습활동에 적극적으로 참여할 수 있는 능력을 향상시킬 수 있다.
- 유아학습과 관련된 인터넷사이트 소개: 유아학습과 관련된 다양한 인터넷 사이트를 소개함으로써 부모를 포함한 가족들에게 유아의 학습에 참여할 수 있는 실제적인 예와 방법들을 직접적으로 활용해 보도록 지원할 수 있다. 소개할 수 있는 사이트로는 서울특별시 청소년상담지원센터(http: //www.teen1318.or.kr), 한국한부모가정연구소(http://www.hanbumo.org), 한국부모교육센터(http://www.koreabumo.com), 두란노아버지학교(http://www.father.or.kr) 및 우리아이닷컴(http://www.urii.com) 등이 있다(한성심 외, 2008).

(4) 부모참여 과정이 포함된 의사결정 과정 운영

부모참여 과정이 포함된 의사결정 과정 운영은 가족들로 하여금 PTA(Parent-Teacher Association)나 운영위원회 혹은 다른 학부모 조직 운영 등을 통해 유아교육기관의 의사결정 과정에 참여하게 한다.

이를 위하여 다음의 활동들을 활용할 수 있다(Diane, 2004; Morrison, 2007).

- 박람회 및 바자회: 박람회 및 바자회를 위한 모금 활동의 전 과정에 부모를 포함한 가족들이 참여할 기회를 제공함으로써 유아교육기관 운영의 주체로 활동할 수 있는 기회를 제공한다.
- 교육과정 개발 및 수정: 부모를 포함한 가족이 교육과정을 개발하는 과정에 참여함으로써 교육 프로그램에 내한 이해를 증진하고 발달적으로 적합한 교육과정에 대하여 알게 되는 기회를 가질 수 있다. 또 결과적으로 부모를 포함한 가족이 교육과정에 대한 바른 이해를 기초로 교육과정 운영에 더 적극적인 지지자로 거듭나게 하는 계기가 될 수 있다.

(5) 지역사회 협력 프로그램

지역사회 협력 프로그램은 가족과 유아 및 유아교육기관을 위하여 부모가 사업체나 기관 및 다른 단체와 연합하여 재원과 서비스를 조율할 뿐만 아니라 지역사회에 서비스 등을 제공한다.

이를 위하여 다음의 활동들을 활용할 수 있다(Diane, 2004; Morrison, 2007).

- 가족의 밤 행사: 가족들을 중심으로 이루어지는 친목행사는 부담감 없이 부모와 가족을 유아교육기관으로 초청할 수 있는 자연스러운 기회로 활용할 수 있다.
- 부모 지원 그룹 운영: 부모를 포함한 가족들이 역할을 수행하는 데 필요한 정보를 제공할 수 있는 멘토그룹 등의 지원 그룹을 운영하는 형태이다.

 탐구활동

유아교육기관의 여건에 따라 활용할 수 있는 부모참여 프로그램에 대해 토론해 봅시다.

5. 현대사회에서 부모참여의 방향

1) 가족의 구조적 변화를 반영한 부모참여 프로그램

현대 유아교육기관에서 효율적인 부모참여를 실행하기 위해서는 앞서 언급한 다양한 형태의 부모참여 프로그램을 개발, 실시하는 것도 중요하나 그와 더불어 다양한 형태의 가족 구조를 반영하는 것도 중요하다. 즉, 가족의 구조적 변화와 기능적 변화를 반영한 부모참여 프로그램의 운영 방안에 대한 고려와 실질적 방안 제시가 필요하다.

가족의 구조적 변화를 반영함에 있어 고려해야 하는 가족 구조와 그에 적합한 부모참여 프로그램의 방향을 살펴보면 다음과 같다(Morrison, 2007; Olsen & Fuller, 2003).

(1) 한부모 가족

현대 가족 구조에서 많은 부분을 차지하는 것은 한부모 가족이다. 이혼, 실수로 인한 임신, 입양, 인공수정 등 한부모가 되는 배경은 다양하다. 그러나 특히 주목해야 할 점은 준비되지 않은 상태에서 아이를 갖게 된 미혼여성들이 대부분 한부모가 되는 확률이 높다는 것이다. 따라서 한부모 가족을 대상으로 하는 부모참여 프로그램을 실시할 때는 이들의 참여를 확대시키는 방안 모색과 더불어 실질적으로 이들을 지원할 수 있는 방안을 모색, 제공해야 함을 간과해서는 안 된다.

한부모 가족을 부모참여 프로그램의 대상으로 설정할 때 고려해야 할 사항을 살펴보면 다음과 같다.

첫째, 부모참여 프로그램의 일정을 이른 아침이나 늦은 오후 또는 이른 저녁으로 조정해야 한다. 대부분의 한부모들은 유아들이 유아교육기관에서 활동하고 있는 시간 동안은 본인도 직장에서 일하기 때문에 유아들의 교육시간과 부모참여 프로그램의 운영시간이 겹치면 실질적 참여가 어려워진다.

둘째, 한부모들은 부모참여 프로그램에 직접 나가 관여하는 데 할애할 수 있는 시간이 제한되어 있으므로, 유아교육기관에서는 그들과 공유하는 시간을 효율적으로 사용할 수 있도록 다음의 사항들에 유념해야 한다.
- 한부모와의 면담 시간은 안내된 시간에 정확히 시작하고 끝낸다.
- 상담할 사항을 목록화하여 누락되지 않도록 한다.
- 상담 내용을 명확하게 설명할 수 있도록 보조 자료들을 준비한다.
- 한부모로 이루어진 가정환경과 관련하여 상담할 수 있어야 한다.

셋째, 한부모들이 자신들의 유아와 의미 있는 시간을 보낼 수 있는 방법(예: 공동 식사 준비나 과제 함께하기 등)을 제안할 수 있어야 한다.

넷째, 한부모 가족의 라이프스타일이나 생활 조건들을 파악하여 그들을 효율적
으로 지원할 수 있는 프로그램을 계획, 운영할 수 있어야 한다.

다섯째, 유아교육기관 자체에 한부모 가족들을 지원할 수 있는 지원 시스템을 구
축하고 있어야 한다.

(2) 십대 부모 가족

최근 성관계 및 피임법에 대한 지식의 증가로 십대 출산율이 예전에 비해 낮아지
고 있음에도 불구하고 십대 임신은 중요한 사회 문제이다. 십대 청소년들이 임신을
할 경우 이들은 바로 사회복지제도의 수혜자로 전락할 뿐만 아니라 학업의 유지가
어려워진다. 또한 자신들이 가진 성장 가능성을 박탈당하게 되고 이후 태어날 자녀
에게도 많은 어려움을 줄 수 있다.

유아교육의 관점에서 보면 십대 부모에게는 그들에게 부족한 부모 되기 기술을
제공하는 것과 더불어 그들의 정신적 미성숙으로 인해 발생되는 피해를 최소화하
기 위해 유아와 부모 모두를 보살피는 접근을 취할 필요가 있다.

십대 부모 가족을 부모참여 프로그램에 포함함에 있어 고려해야 할 사항은 다음
과 같다.

첫째, 십대 부모의 부모 역할하기를 지원해야 한다. 즉, 십대 부모들에게 유아 양
육이나 유아 발달에 대한 정보를 제공함으로써 그들이 자신들의 유아와 가
지는 상호작용의 질을 향상시킬 수 있다.

둘째, 십대 부모들의 발달을 위하여 계속 지원해야 한다. 즉, 십대 부모들 자체도
아직은 미성숙한 청소년이므로 그들의 자식들뿐만 아니라 그들 자체에 대
한 지원이 부모참여 프로그램의 주요 내용으로 포함되어야 한다.

셋째, 십대 부모의 교육에 대하여 지원해야 한다. 즉, 어머니의 학업수준이 유아
의 발달에 중요한 영향을 미치므로 십대 부모를 대상으로 하는 부모참여
프로그램은 그들이 학업을 마치도록 지원하는 내용을 포함해야 한다.

(3) 조손 가족

현대사회에서 부모의 이혼이나 별거 및 경제적 이유 등으로 부모 역할을 제대로 수행하기 어려운 부모들이 늘어남에 따라 그들의 역할을 조부모들이 대신하는 조손 가족이 두드러지게 증가하고 있다. 대리적 양육자였던 조부모들이 일차 양육자의 역할을 맡게 됨에 따라 조부모들은 단순 육아뿐만 아니라 교육적 측면에까지 책임을 갖게 되었다. 이러한 변화를 반영하여 유아교육기관에서 실시되는 부모참여 프로그램들에는 조부모들을 지원하는 내용이 포함되어 있다. 즉, 부모참여 프로그램을 통해 조부모들에게 현대의 유아와 그들에게 적합한 교육에 대하여 더 잘 이해하도록 함으로써 그들이 자신들의 자식을 기르던 것과는 다른 차원에서 손자와 손녀 교육을 접근하도록 하고 지원 그룹도 연결해 줄 수 있다.

[그림 6-5] 조부와 함께하는 실외 활동

2) 가족의 기능적 변화를 반영한 부모참여 프로그램

가족의 기능적 변화를 반영함에 있어 고려해야 하는 부모참여 프로그램의 방향을 살펴보면 다음과 같다(Morrison, 2007).

(1) 맞벌이 부부 가족

현대사회에서는 가족의 다양한 요구들을 충족시키기 위해서 부모 모두가 맞벌이를 하는 가정이 급속히 증가하고 있다. 이런 사회적 상황에 따라 유아교육기관 또한 맞벌이 가족의 요구를 충족시키기 위해 프로그램에 있어 여러 가지의 변화를 추구하고 있다. 특히 맞벌이 부부가 자신들의 유아와 효율적으로 의사소통하도록 지원하는 것과 유아의 학습에 깊이 관여하도록 하는 데 중점을 두고 있다. 맞벌이 가족의 특성을 토대로 그들의 요구를 반영할 수 있는 부모교육 내용은 다음과 같다 (이순형 외, 2010).

첫째, 맞벌이 부모가 유아의 격리불안을 이해하고 심리적인 안정을 줄 수 있는 내용을 포함해야 한다.

둘째, 맞벌이 부모가 유아에게 다양하고 풍부한 언어자극을 줄 수 있는 내용을 포함해야 한다.

셋째, 맞벌이 가족이 성장하는 유아의 놀이 친구인 형제와 다양한 놀이활동을 할 수 있도록 지원해 주어야 한다.

넷째, 맞벌이 부모가 유아에게 지적 자극을 제공할 수 있도록 지원해 주어야 한다.

다섯째, 맞벌이 부모가 배우자의 피곤을 이해하고 육아를 공동으로 수행할 수 있도록 지원해 주어야 한다.

(2) 아버지 역할

과거에는 가정에서 주로 생산적이고 도구적인 역할을 수행해 온 아버지들이 최근 부모 역할과 유아들과 공유하는 활동의 가치에 주목하면서 유아교육에서도 아버지의 역할을 새롭게 조명하고 있다. 부모참여 프로그램 운영 시 아버지의 동반참여만으로도 어머니의 교육 효과를 향상시킨다는 연구 결과(정계숙, 유미숙, 차지량, 박희경, 2013)와 유아교육의 전 과정에 걸쳐 적극적인 참여를 원하는 아버지들의 증가는 아버지를 중심으로 한 부모참여 프로그램의 계획 및 운영의 필요성을 더욱 강조해야 하는 이유가 되고 있다. 특히 대부분의 아버지들이 자신들 스스로 아버지로 서 준비가 부족하다고 느끼고 있으므로, 아버지의 역할을 지원하고 지지할 수 있는 프로그램 개발에 더 많은 관심이 모아지고 있다.

아버지 역할을 지원할 수 있는 방법을 구체적으로 살펴보면 다음과 같다(Morrison, 2007).

첫째, 아버지 중심으로 이루어질 수 있는 '아버지의 날'을 열어 아버지들이 유아 와 다양한 활동을 할 수 있는 기회를 제공한다.

둘째, 아버지와 유아가 같이 할 수 있는 소풍을 개최한다.

셋째, '올해의 아버지'상을 제정하여 개인적인 어려움에도 불구하고 유아교육에 많은 참여를 한 영광의 아버지를 후원한다.

넷째, 이혼이나 별거 등의 이유로 같이 살고 있지 않은 아버지와 유아들이 함께 할 수 있는 행사를 계획한다.

다섯째, 아버지 지원 그룹을 통해 부모 되기 기술이 부족한 아버지들을 지원한다.

[그림 6-6] '아버지의 날' 행사

여섯째, 상담이나 안내문 등을 통해 떨어져 살고 있는 아버지와 그들의 가족을 지원한다.

일곱째, 유아교육기관의 직원이나 자원봉사자로 아버지들을 채용함으로써 아버지의 역할을 가시적으로 드러내 준다.

여덟째, 의사결정 과정에 아버지들을 참여시킨다.

아홉째, 멘토 프로그램을 운영하여 아버지들 간의 의사소통 및 상호 지원의 기회를 마련해 준다.

유아교육개론
Chapter
07

유아교육과 교사

가르침(teaching)이란 자신의 영혼에 거울을 들이대는 행위이며 가르침을 바르게 하기 위해서는 무엇보다도 인간의 마음을 소중히 여겨야 한다. 사람을 상대로 가르치는 일이 길게는 다른 한 사람의 삶의 비전을 세우는 것을 지원하는 일이라는 점을 생각해 볼 때, 교사는 직업의 중요성과 그에 따른 바른 역할 수행이 얼마나 중요한지를 짐작해 볼 수 있다. 이 장에서는 지적이면서 윤리적인 직업이라고 할 수 있는 교사직의 중요성과 특징, 그리고 유아교사로서의 역할 등에 대하여 살펴보고자 한다.

이 장을 학습한 후
달성할 수 있는
목표

- 유아교사직의 특성과 유아교사의 전문성 및 교직윤리를 이해한다.
- 유아교사의 역할과 자질을 이해한다.
- 교사 발달의 개념과 발달의 측면 및 발달 단계를 이해한다.
- 유아교사 양성 교육과정을 이해한다.

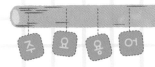

유아교사직의 특성, 전문성, 교직윤리, 유아교사의 역할, 유아교사의 자질, 교사 발달,

교사 발달 단계, 유아교사 교육

1. 유아교사직의 이해

교직(敎職)은 학생을 가르치는 직무로서, 인간의 전인적 측면을 대상으로 하며, 성장해 가는 과정에 있는 미성숙한 사람을 대상으로 한다는 특징이 있다. 이러한 특징에 비추어 볼 때, 유아교사직은 앞으로 무한한 가능성을 가진 한 어린이가 자신의 잠재력을 충분히 발휘하고 성숙한 인격을 가진 이상적인 인간으로 성장 · 발달할 수 있도록 도와주는 역할을 하는 직업이다. 유아교사직의 본질에 대해 바르게 이해하기 위해서는 유아교사가 하는 일의 실제와 함께 유아교사의 이미지가 어떻게 형성되어 있는지를 이해하는 일이 필요하다.

1) 유아교사직의 특성

유아교사직을 초 · 중등교사직과 비교해 보면 교직이라는 측면에서는 공통점을 가지고 있으나 여러 가지 측면에서 명확히 구분되는 점도 있다. 유아교사직이 가지고 있는 특성을 종합해 보면 다음과 같다(박은혜, 2009).

(1) 유아교사직은 어린 연령의 유아들을 대상으로 하는 직업이다

연령이 어린 학습자는 자신의 생각이나 감정을 음성 언어로 표현하는 일에 어려움을 많이 느끼며, 교사에 대한 의존도 또한 상대적으로 높다. 따라서, 교사는 자신이 학습자에게 미칠 수 있는 힘과 영향력에 대하여 충분히 생각하고 행동할 필요가 있으며, 민감성을 가지고 있어야 한다. 영유아기의 경험은 이후 일생의 기초가 된다. 유아교사는 인간의 성장과 발달에 있어서 가장 중요한 시기의 기초를 닦아준다는 측면에서 매우 중요한 역할을 하는 사람이다.

(2) 유아교사직은 유아들의 전인발달은 도와주는 직업이다

「유아교육법」과 국가수준 유치원 교육과정에는 유아교육의 목적이 유아들의 전인발달을 도와주는 것으로 명시되어 있다. 유아교육은 인지 혹은 신체와 같이 발달의 일부분에 중점을 두어 가르치는 것이 아니라 유아들의 신체적, 인지적, 사회적, 정서적 발달을 통합적으로 도모하려는 목적을 가져야 한다. 따라서 유아교사는 유아들의 전인적 발달을 도와줄 수 있는 교육과정을 계획하고 환경을 조성하고 통합적으로 운영하는 능력을 갖추어야 한다.

(3) 유아교사직은 가르치는 일과 돌보는 일을 조화롭게 유지해야 하는 직업이다

일반인들이 기대하는 유아교사로서의 역할과 교사들이 인지하고 있는 역할 사이에는 차이가 있다. 유아교사가 유아들과 함께 교육을 위한 목적으로 하는 활동들이 일반인들에게는 유아들을 단순히 보호하는 것으로 보일 수도 있다. 이러한 차이는 유아의 연령이 어릴수록 그리고 일상생활 지도의 영역에서 특히 많이 나타난다. 유아교사직은 경우에 따라서 가르치는 일과 돌보는 일이 반드시 구분되지 않을 수도 있는 일이라는 인식을 가지고 볼 필요가 있으며, 유아교사들에게는 항상 유아들이 가장 필요로 하는 것이 무엇인지를 살피는 태도가 중요하다.

(4) 유아교사직은 전문직이다

전문직은 해당 분야에 대한 전문적 지식과 이를 소화할 수 있는 지적 능력, 자격증, 사회적 지위와 경제적 보상, 윤리강령, 자신의 권익을 보호할 수 있는 단체 등의 특성을 요구한다. 유아교사직은 전문직으로 인정받을 수 있는 특성을 가지고 있기도 하지만 그렇지 않은 측면도 있다. 그러나 분명한 것은 유아교사직을 수행하는 데 있어서는 그 어떤 분야보다도 발달과 교육과정 등에 대한 전문적 지식과 지적 능력, 자격증이 강조된다는 것이다. 한편 경제적 보상과 같은 특성들은 앞으로 지속적인 개선이 필요한 과제 중의 하나이다.

2) 유아교사의 전문성

통계청의 제6차 한국 표준 직업분류 체계에 따르면 유치원 교사와 보육교사는 모두 대분류 항목에서 '전문가 및 관련 종사자'에 속한다. 유치원 교사는 중분류 항목 '교육 전문가 및 관련직'에서 소분류 이하 모두 '유치원 교사'로 나뉘고, 보육교사는 중분류 항목 '보건, 사회복지 및 관련직'에서 소분류 항목 '사회복지관련 종사자', 세분류 항목 이하 모두 '보육교사'로 나뉜다(통계청, 2007). 이렇듯 우리나라에 있는 모든 직업을 총정리하여 그 특성에 따라 분류한 직업분류표에 의거할 때 유치원 교사와 보육교사는 모두 전문가이다.

전문직이라는 용어는 한마디로 정의하기 어려우며 시대와 학자에 따라 다르게 정의되어 왔다. 직업 분류와 관계없이 사회마다 전문직을 규정짓는 조건은 다양할 수 있으나 일반적으로 제시되고 있는 전문직의 조건을 기초로 유아교사직이 전문직인가에 대해 살펴보면 다음과 같다.

(1) 전문직은 전문화된 지식과 이를 소화할 수 있는 지적인 능력을 요구한다

전문화된 지식은 그 직업에 종사하는 사람들만이 배타적으로 공유하는 것이어서 외부인들이 이해하기 어려운 특성을 가지고 있으며 아울러 상당한 희소가치를 가지고 있다. 교사는 유아의 발달과 학습에 대해 전문화된 지식으로 자신들의 전인적인 발달을 위해 노력한다.

(2) 전문직은 그 직업 종사자에게 자격증을 요구한다

전문직은 그 직종에 종사할 수 있다는 허가를 내주는 자격증을 필요로 한다. 유치원 교사와 보육교사 모두 유아교육기관에 근무하기 위해서는 국가가 인정하는 자격증이 있어야 한다. 그러나 현행 유아교사 양성과정에 있어서 기관별로 교육연한에 차이가 있고 특히 전문대학의 수학연한이 짧은 점과 자격증 제도에 있어서 양성과정 이수자에게 부여되는 자격증이 높은 변별력을 갖지 못하는 점 등의 측면은

개선이 필요한 실정이다.

(3) 전문직은 종사자들의 자율성을 최대로 요구한다

전문직 종사자는 자신이 하는 일에 대하여 외부의 간섭 없이 상당한 자율권을 가지고 의사결정을 할 수 있다. 그러나 유아교사의 경우 학부모 집단의 요구와 기관과의 갈등으로 교사의 교권이 침해당하는 경우도 종종 발생한다.

(4) 전문직은 그에 상응하는 사회적인 지위와 경제적인 보상을 요구한다

전문직에 종사하는 사람들에게는 이에 상응하는 사회적인 지위와 경제적인 보상이 주어지며 사회의 구성원들은 이를 인정하고 받아들인다. 그러나 우리나라에서 교사들이 갖는 사회적 지위는 그리 높지 않으며 그에 따른 경제적인 보상 역시 높지 않다. 특히 사립 유치원이나 민간 어린이집의 경우는 공립기관에 비해 더 큰 개선이 필요하다고 볼 수 있다.

(5) 전문직은 고유의 윤리강령을 가지고 있다

전문직은 가치의 충돌상황에서 어떤 결정이 적절한 것인가에 대한 판단 근거가 되는 윤리강령을 가지고 있다. 우리나라에는 학교 급을 막론하고 모든 교원에게 적용되는 사도강령이 제정되어 있다.

(6) 전문직은 자신들의 권익을 보호할 수 있는 단체를 구성한다

전문직에 종사하는 사람들은 끊임없이 새로운 지식을 습득하고 자신들이 하는 일의 전문성을 유지하는 동시에 자신들의 권익을 보호해 줄 수 있는 단체를 결성하여 운영한다. 유아교사들도 유아교육 관련 학술단체와 교원협회 등의 전문단체들에 가입하여 활동하고 있다.

3) 유아교사 전문성 제고 방안

유아교사는 단순히 유아를 보호하는 수동적 역할만 하는 것이 아니라 유아의 발달을 촉진하고 미래를 준비시키는 중요한 일을 하므로, 유아교사가 전문성을 고루 갖추어 나가도록 지원하는 다양한 방안들을 모색할 필요가 있다. 교사들이 전문성을 고루 갖추어 나가도록 지원하는 방안으로 저널쓰기와 멘토링을 중심으로 살펴보면 다음과 같다.

(1) 저널쓰기

저널은 개인적 차원이 아닌 전문성을 지닌 교사로서의 의견을 기록하는 것을 의미한다(박은혜, 조운주, 2007). 교사교육에서 저널쓰기는 학습의 기록을 남기는 장소로, 교사 자신의 경험을 재구성해 볼 수 있는 기회로, 그리고 다른 활동의 기초 자료를 제공해 주는 기회로 활용될 수 있다. 그리고 이러한 저널쓰기는 교사의 반성적 사고를 촉진하고 비판적 사고능력을 향상시키는 데 유용할 뿐만 아니라, 나아가 대화의 수단으로 사용되어 공유된 의사소통을 가능하게 함으로써 사회적 지식을 구성하게 하는 효과가 있다.

(2) 멘토링

멘토링은 전문적 발달이나 개인적 발달을 목적으로 멘토(경험이나 기술이 좀 더 많은 사람)가 멘티(경험이나 기술이 부족한 사람)에게 일련의 지원을 하는 과정을 의미한다. 멘토링은 멘토와 멘티의 지속적인 상호작용을 통해 지식과 기술뿐만 아니라 교사의 신념과 태도까지 긍정적으로 변화시키고 계발하는 기회를 제공한다는 점에서 교사 연수나 장학과 함께 교사의 전문성을 신장시키는 방법으로 활발하게 적극 활용될 수 있다.

4) 유아교사의 교직윤리

윤리강령이란 우리가 옳다고 믿는 것을 행할 수 있도록 도와주는 장치로서, 목표를 위해 어떤 일을 시행하는 과정에서 교사들이 행동해야 할 옳고 좋은 방법에 관한 진술이다. 캐츠(1985)는 직업의 특성상 발생할 수 있는 여러 가지 유혹들을 잘 다룰 수 있는 기준을 세우도록 도와주는 것이 바로 윤리강령이며, 유아교육에서는 특히 유아교사의 힘과 지위, 유아의 다양성, 경험적 기초의 애매성, 역할의 애매성과 같은 이유로 윤리강령이 필요하다고 강조한다.

가르치는 일은 필연적으로 수없이 많은 딜레마에 직면하게 된다. 〈표 7-1〉의 내용은 유아교사가 현장에서 직면할 수 있는 윤리적 딜레마를 예시한 것으로 (NAEYC, 1995), K교사는 교사로서 자신이 어떻게 해야 할 것인가에 대하여 딜레마에 놓여 있다.

표 7-1 유아교사의 윤리적 딜레마 예시

> K선생님이 맡고 있는 학급에는 또래 유아들과 싸움 등의 문제를 많이 일으키는 유아가 있다. 그래서 이 유아는 혼자서 노는 경우가 많다. K선생님은 그 유아의 엄마에게 유아가 자신의 감정을 잘 다루고 긍정적인 사회적 기능을 발달시키도록 어떻게 자신과 엄마가 도울 수 있을지에 대해서 논의하고 싶다고 말했다. 그러나 유아의 엄마는 "우리 애는 문제가 없어요. 그저 나쁜 행동을 가끔 할 뿐이죠. 그래서 그럴 때는 야단치고, 아기처럼 행동하지 못하도록 해야 돼요."라고 말한다. 그런데 그다음 날 유아의 다리에는 전날에 없었던 멍이 들어 있었다. 유아는 매우 조용하였고 또래 유아들과 어떠한 문제도 일으키지 않았다. 몇 주가 지난 후에 유아의 공격적인 행동이 다시 나타나기 시작하였다. 그러나 K선생님은 만일 유아의 엄마에게 다시 이야기한다면 유아에게 또 신체적인 체벌을 가할 수도 있을 것 같아 걱정하고 있다.

유아교사는 때때로 자신이 직면한 상황에서 '옳은 답'이 그다지 명확하지 않거나 혹은 확실하다고 할 만큼 긍정적인 방법을 찾기 어려운 상황에 직면할 수도 있다.

서 유아교사의 역할은 유아교육기관에서 교사라는 지위를 가진 사람에게 요구되는 생각과 행동 및 태도를 의미하는 것이라고 정의할 수 있다.

유아교사의 역할에 대한 정의는 학자들마다 다양한 견해를 보이고 있으며, 시대에 따라서도 다소간의 차이를 반영해 왔다. 예를 들면, 캐츠(1970)는 유아교사의 역할을 모성적 유형, 치료적 유형, 교수적 유형으로, 스포덱(1978)은 양육자로서의 역할, 교수자로서의 역할, 관련적 역할로 분류하여 각각 정의하였다. 또 스포덱과 사라쵸(1988)는 교육과정 설계자, 일과계획 및 수행자, 상담자 및 조언자, 연구자, 행정 업무 및 관리자로서의 역할로 세분화하였다. 유아교사의 역할에 대한 여러 학자들의 견해를 종합해 보면 시대의 흐름에 따라 초기에는 보호적 역할 혹은 일방적으로 전달하는 역할이 강조되다가 점차 가르치는 역할, 유아와 함께 학습하는 공동학습자로서의 역할이 강조되는 추세에 있다.

여러 학자들이 공통적으로 제안하고 있는 견해를 종합하여 유아교사의 역할을 정리해 보면 다음과 같다.

첫째, '양육자'로서의 역할이다. 유아교사는 유아의 기본적인 욕구를 충족시켜 주어야 하며 건강을 돌보고 안정을 지켜주어야 한다. 또 유아교사는 일상생활 속에서 유아가 질서와 규칙을 잘 지켜나갈 수 있도록 지원하는 역할을 해야 한다. 특히 유아교육기관 취원 연령이 낮아지고 교육시간이 길어지는 추세를 감안할 때 양육자로서의 역할은 매우 중요하다고 할 수 있다.

둘째, '의사결정자'로서의 역할이다. 유아교육 현장에서 교사는 매일 끊임없이 의사결정을 해야 하는 상황에 직면한다. 교사는 유아들을 관찰하고 관찰한 내용을 프로그램 계획 및 수성에 반영하며, 인제 어디서 어떻게 상호작용할 것인지를 신중하게 판단하여 결정해야 한다.

셋째, '학습 촉진자'로서의 역할이다. 유아교사는 단순히 지식의 전달이나 기술의 훈련자로서가 아닌 학습의 촉진자로서의 역할을 해야 한다. 학습 촉진자로서의 역할에는 다음과 같은 것이 함께 요구된다. 즉, 유아의 능력을 정확

하게 파악하고 그에 맞는 적절한 지식을 제공하는 지식제공자로서의 역할,
유아와의 상호작용에서 적절한 발문을 할 수 있는 상호작용자로서의 역할,
효율적인 교육활동을 위해 안전하고 위생적이며 유아의 발달수준과 흥미
에 부합하는 교육환경을 갖추는 환경조성자로서의 역할, 유아의 전인적 발
달을 효율적으로 도모하기 위하여 다양한 방법을 적용할 수 있는 평가자로
서의 역할이 그것이다.

넷째, '상호 협력자'로서의 역할이다. 유아교사는 교육시설에 속해 있는 모든 사람
(원장, 원감, 동료교사 등)들과 조력하고 협력해야 하며, 나아가 유아와 가정
의 요구를 파악하기 위하여 부모와도 원활하게 의사소통할 수 있어야 한다.

2) 유아교사의 자질

교사의 자질은 직전교육을 통해서 일차적으로 형성되고 현직에서의 지속적으로
갖는 제 경험을 통해서 변화된다. 즉, 교사로서의 자질은 교직 생애 동안의 지속적
인 교육을 통해서 점진적으로 발달된다. 교사에게는 가르치는 교수능력이나 교과
와 관련된 전문적 지식과 함께 교사 개인이 가지고 있는 기질이나 성격 특성과 같
은 개인적 자질—특히 유아들의 연령 특성상 영아를 담당하는 경우—이 중요하
다. 유아교사의 역할을 성공적으로 수행하기 위해서는 적절한 자질을 갖추는 일이
필요하다. 좋은 유아교사가 갖추어야 하는 자질은 크게 전문적 자질과 개인적 자질
로 구분할 수 있다.

(1) 전문적 자질

전문적 자질이란 유아교사로서의 역할을 수행하는 데 필요한 전문적 지식과 기
능을 의미하는 것으로 전문적 지식, 교수기술, 교육관 등 교사의 전문성과 관련된
자질들이다. 유아교사의 자질은 여러 학자들에 의해 다양한 측면에서 폭넓게 논
의되어 왔다(이기숙, 이연섭, 이영자, 1986; 이은화, 배소연, 조부경, 1995; Bredekamp &

Willer, 1992). 따라서 여기서는 신규교사의 자질과 능력에 대한 기준, 그리고 경력
교사가 스스로 인식하는 전문적 자질에 대한 기준을 중심으로 교사로서 갖추어야
할 자질의 공통적 측면을 살펴보기로 한다.

교육인적자원부(2006)는 '신규교사의 자질과 능력에 관한 일반 기준'을 교사들이
갖추어야 하는 기본적인 능력으로 제시하였는데, 그 내용은 〈표 7-2〉와 같다.

표 7-2 신규교사의 자질과 능력에 관한 일반 기준

기준	내용
1. 교사는 학생과 학생의 학습과 발달을 이해한다.	• 교사는 학생의 선행학습, 학습방식, 학습욕구를 이해한다. • 교사는 학생의 인지, 사회성, 정서, 신체발달을 이해한다. • 교사는 학생의 개인적 특성과 가정, 사회, 경제, 문화적 환경을 이해한다.
2. 교사는 교과에 대한 전문 지식을 갖는다.	• 교사는 가르치는 교과의 내용을 깊이 이해한다. • 교사는 교과의 기반이 되는 학문의 핵심 개념, 개념들의 관계, 탐구 방식을 이해한다. • 교사는 교과와 기반 학문의 최신 지식을 지속적으로 탐구한다.
3. 교사는 교과, 학생, 교육 상황에 적절한 교육과정을 개발·운영한다.	• 교사는 국가수준의 교육과정을 이해한다. • 교사는 국가교육과정을 학생과 교육상황에 적합하게 재구성한다. • 교사는 교육과정자료 연구 및 개발에 노력을 기울인다.
4. 교사는 수업을 효과적으로 계획·운영한다.	• 교사는 교육목표, 교과, 학생에게 적합한 수업을 계획한다. • 교사는 다양한 수업방법, 활동, 자료, 매체를 활용하여 수업을 효과적으로 운영한다. • 교사는 교과에 대한 학생의 학습 요구를 진단하고 적절한 지원을 제공한다.
5. 교사는 학생의 학습을 모니터하고 평가한다.	• 교사는 평가 목적과 내용에 적절한 다양한 평가 방법을 활용한다. • 교사는 평가 결과에 대한 타당한 분석을 하고 효과적으로 의사소통한다. • 교사는 평가 결과를 학생의 학습 지원과 수업 개선에 활용한다.

6. 교사는 학습을 지원하는 환경과 문화를 조성한다.	• 교사는 학생의 자율적 문제해결과 의사결정을 지원한다. • 교사는 민주적으로 학급을 관리·운영한다. • 교사는 서로 존중하고 신뢰하는 학교문화를 조성한다.
7. 교사는 교육 공동체 구성원들과 협력관계를 구축한다.	• 교사는 교육의 사회, 문화, 정치, 경제적 맥락을 이해한다. • 교사는 교육공동체 구성원들과 효과적으로 의사소통한다. • 교사는 교육공동체 구성원들의 참여와 협력을 유도·유지한다.
8. 교사는 전문성 개발을 위해 끊임없이 노력한다.	• 교사는 자신의 교육실천을 연구하고 향상시킨다. • 교사는 교내외 연수 프로그램과 활동에 적극 참여한다. • 교사는 현실에 안주하지 않고 평생 학습하고 노력한다.

한편, 유치원 1급 정교사 자격연수에 참여한 현직교사들이 제시한 유치원 교사가 갖추어야 할 전문적 자질의 범주와 내용은 〈표 7-3〉과 같다(이경민, 엄은나, 2005).

표 7-3 유치원 교사가 인식한 교사의 전문적 자질

구분	범주	내용
전문적 자질	지식	일반교양지식, 유치원 교육과정에 대한 지식, 교수 방법 및 평가에 대한 지식, 유아에 대한 전문적 지식
	교수기술	교육과정 구성 기술, 프로그램 실천 및 평가 기술, 의사소통 기술, 창의성, 융통성, 부모나 전문가로부터의 교육적 지원 및 참여를 유도하는 능력, 교구 제작 및 활용기술, 생활 지도 능력
	교육관	유아교사직에 대한 긍지와 신념, 올바른 교직윤리관, 전문성 함양을 위한 꾸준한 노력
	행정능력	행정 실무능력

(2) 개인적 자질

개인적 자질은 교사로서의 역할을 수행하는 데 필요한 인성적 특징으로서 선천적 기질 등으로부터 더 큰 영향을 받기는 하지만 교육이나 훈련을 통해 계발될 수 있는 영역이다. 교사로서의 역할을 수행하는 데 필요한 개인적 자질을 살펴보면 다음과 같다(박은혜, 2009).

① 열정

열정은 오랫동안 어떤 일에 대하여 열렬한 애정을 갖고 열중하는 마음을 의미한다. 실제로 유아를 가르치는 많은 교사들은 다른 직업에 비하여 대체로 경제적, 사회적 보상이 크지 않음에도 불구하고 교직이라는 일을 하도록 하는 원동력으로 가장 먼저 열정을 꼽는다.

② 지구력

어떤 일을 오래하거나 버티는 힘을 의미하는 지구력을 갖춘 교사는 자신이 가진 교육신념에 근거하여 유아의 권리를 보호하고 유아의 삶이 좀 더 나아지도록 하기 위하여 흔들리지 않고 교육하는 특성이 있다.

③ 위험을 감수하고자 하는 모험심

모험심은 교사가 수업의 질을 높이거나 상호작용의 질을 높이기 위해서 새롭게 알게 된 방법들을 결과에 관계없이 시도해 보려는 노력을 가능하도록 하는 특성이 있다.

④ 실용성

실용성은 교실에서 일어나는 역동적 변화 속에서 교육의 궁극적인 목표를 달성하기 위해 학습내용에 따라, 유아의 반응에 따라, 유아의 흥미나 호기심에 따라 수정하는 능력을 갖추도록 하는 특성이 있다.

⑤ 인내심

개인적 자질로서 인내심을 갖춘 교사는 유아의 성장과 발달을 위하여 지속적인 노력을 하면서 기다려 줄 줄 알고 분노, 좌절, 억울함 등의 부정적인 감정이 생기는 상황에서도 인내하고 조절하는 능력을 보인다.

⑥ 융통성

가르치는 일, 특히 유아를 가르치는 일은 항상 계획대로 이루어지지 않을 수도 있고 예측 가능한 사건들만 일어나지도 않는다. 이러한 경우에 융통성이 있는 교사는 유아들의 흥미와 학습을 위해 자신의 계획을 수정해야 할 상황에서 융통성을 발휘하여 유아의 흥미를 반영함으로써 유아가 학습에 몰입할 수 있도록 한다.

⑦ 유아와 그 가족에 대한 존중

최근에는 가족 구조의 변화에 따라 한부모 가정, 다문화 가정이 증가하고 있다. 또한 장애유아의 무상교육이 실시되면서 유아교육기관에 다니는 장애아들도 증가하고 있다. 교사는 유아의 개인적 능력과 특성, 가족이 지니고 있는 모든 배경을 존중하고 받아들일 수 있는 편견 없는 열린 마음을 가져야 한다.

⑧ 창의성

창의성은 많은 유아교육자들이 유능한 교사가 되기 위한 자질로서 공통적으로 강조하는 특성이다. 교사들은 제한된 자료를 가지고 수업을 할 때, 다양한 흥미와 요구를 가진 유아들을 대상으로 발달에 적합한 수업을 계획할 때, 다양한 배경을 가진 부모들과 의사소통할 때, 그리고 무엇보다도 흥미로운 수업을 실행할 때 창의성을 필요로 한다.

⑨ 배움에 대한 사랑과 진정성

진정성은 유아교사가 자신이 몸 담고 있는 교직의 특성을 바르게 이해하고 교사로서의 정체성과 교사의 역할을 진심으로 이해하고 실천하는 것을 의미한다. 교사 자신이 평생학습자로서의 태도를 가지고 배움에 대하여 열정을 갖고 진지하게 임하는 태도를 의미한다.

⑩ 에너지

기질적으로 에너지가 많은 교사들이 있는가 하면, 에너지가 적고 조용한 교사들도 있다. 그러나 보편적으로 에너지가 좀 더 많은 교사들의 교실이 활기 있게 보인다는 점을 고려해 볼 때 교사로서 에너지를 높일 수 있는 자기 노력이 필요하다.

⑪ 유머감각

유머를 이해하는 데는 상당한 인지적 능력이 요구되지만 유아들도 단순한 유머는 이해할 수 있다. 유머를 활용하면 학습하는 동안 좀 더 즐거워지고 의미 있는 상호작용이 일어날 수 있다.

 탐구활동

유아교사로서의 개인적 자질을 갖추기 위해 노력할 수 있는 방안들에 대하여 토의해 봅시다.

3. 유아교사의 발달

유아를 교육할 때 발달을 고려해야 한다는 데 이견을 제시할 사람은 없을 것이다. 유아교사 양성 교육과정에서도 예비교사들에게 발달이론을 가르치고 그에 기초하여 유아교육 프로그램을 구성하는 구체적 방법들도 많은 시간을 할애하여 가르친다. 발달은 유아교사가 알아야 할 지식의 기초로서, 발달이론을 중시하는 이유는 학습자의 발달 특성을 고려하여야 교육의 효과를 거둘 수 있다는 관점이 설득력을 갖기 때문이다. 유아교육에서 학습자의 발달에 대한 이해가 교육의 출발점이 되어야 하는 것처럼 유아교사 양성 과정에서도 교사 발달에 대한 이해가 우선되어야 한다.

1) 교사 발달의 개념

교사 발달 이론은 성인 발달에 대한 연구결과를 교직에 적용시켜 교사에게도 발달단계가 있음을 입증하려는 연구와 논의이다(Feinman & Floden, 1980). 교사 발달이라는 용어는 연구 분야 및 연구자의 관심에 따라 교사 교직 발달, 교사 사회화, 교사의 직업적 사회화, 교직 사회화 등의 용어와 혼용되고 있고, 그 의미는 입장에 따라 다소 차이가 있지만 교사가 교직생활을 통하여 어떻게 변화 또는 발달하는가를 밝히려는 시도와 관련되어 있다(조부경, 백은주, 서소영, 2001).

교사는 교직의 전 기간을 통하여 변화해 가는데, 다음과 같은 측면에서 일어나는 일련의 변화를 교사 발달이라 할 수 있다(이윤식, 1993).

- 교수 방법, 교수 전략, 교육 과정, 계획, 규칙 및 절차와 같은 영역에서의 기술, 지식 빛 행동의 변화
- 직업에 대한 확신 및 성숙, 새로운 교사 방법에 대한 시도, 만족 · 관심 · 가치 · 신념 등과 같은 영역에서의 태도 및 관점의 변화
- 학급, 학교, 교육청 수준에서의 변화
- 퇴직 연령 등과 같은 직업 사건에서의 변화

2) 교사 발달의 세 측면

교사들이 교직 경험을 쌓아가면서 겪게 되는 교직과 관련된 제반 영역에서의 양적, 질적인 변화는 각 교사의 개인적 특성이나 조직 환경적 요인들에 따라 각기 다르게 나타날 수 있다. 그것을 교사 교육의 세 가지 관점과 관련지어 살펴보면 지식과 기술의 발달, 자기 이해, 생태학적 변화로 제시할 수 있다(Hargreaves & Fullan, 1992).

(1) 지식과 기술 측면에서의 교사 발달

지식과 기술 측면에서의 교사 발달 접근은 교사에게 바람직한 교수 기술과 지식을 요구하고 이를 학습할 수 있는 기회를 주어야 한다는 관점이다. 즉, 깊이 있는 지식과 기술을 갖춘 교사는 학습자의 다양한 요구를 수렴하여 적절하게 가르칠 수 있다고 간주되므로 교사에게 그러한 능력을 갖추도록 요구한다. 그러나 지식과 기술 측면에서의 교사 발달 접근은 교사의 개인적 상황과 특성을 고려하지 않고 교사의 자발적인 참여를 유도하지 못하는 가운데 교사를 수동적 존재로 간주하여 훈련시키고 발달을 조장하려 한다는 비판을 받기도 한다. 그러므로 지식과 기술 측면의 교사 발달 접근은 교사의 개인적 맥락과 연결되어야 그 효과를 거둘 수 있다.

(2) 자기 이해 측면에서의 교사 발달

교사의 자기 이해와 자신에 대한 지식이 전문성 발달의 중요 요인이 된다(Cole & Knowles, 1994; Connelly & Clandinin, 1988; Noddings, 1984). 특히 교사 개인의 연령이나 성, 생활방식, 인생 주기 발달단계 등이 교사 자신과 그의 교수 방식에 영향을 미치며(Goodson, 1992), 교사의 생활과 생애사 또한 전문성 발달에 중요한 영향을 미친다(Raymond, Butt, & Townsend, 1992). 이와 같은 관점에서 본다면 교사 발달은 교사의 개인적 측면을 토대로 이루어지므로 교사 발달에 대한 연구도 교사 자신에 대한 이해를 바탕으로 이루어져야 한다.

(3) 생태적 측면에서의 교사 발달

생태적 측면에서의 교사 발달 접근은 단순한 생존의 의미를 넘어서서 교사에게 좀 더 잘 가르치기 위한 교수 기회를 제공하고 전문적인 학습을 지원하는 직무 환경을 조성해 주어야 한다는 점을 강조한다. 교사 발달의 과정과 그의 성공은 발달이 일어나는 상황에 달려 있다. 상황의 성격에 따라 교사 발달에 서로 다른 영향을 줄 수 있으므로 교사 발달에 있어 생태학적 상황에 대한 관심과 이해가 우선되어야 한다. 교사 발달에 생태학적 상황이 중요한 이유는 두 가지 측면에서 살펴볼 수 있다. 그 첫째는 교사의 근무 환경이 교사 발달의 성공과 실패의 시발점이 되기 때문이고, 둘째는 교수 상황 자체가 교사 발달의 초점이 될 수 있기 때문이다.

결론적으로 교사의 발달은 교사 자신의 힘만으로 이루어질 수는 없고 그를 지원해 주는 주변의 생태학적 상황 요인에 따라 좌우된다고 볼 수 있다.

3) 유아교사의 발달단계

교사 발달이 시작되는 시점은 개념적으로 보면 초임교사로서 교직생활을 시작하는 순간부터라고 할 수 있으나, 넓게 보면 교사 양성 교육을 받는 대학에서부터라고 할 수 있다. 예비교사들은 비록 완전하지 못하다 할지라도 나름대로의 교직과 관련된 가치를 가지고 양성 교육 과정에 들어온다. 이러한 가치나 교직에 대한 대도는 양성 교육을 받으면서 수정, 보완 및 발전됨에 따라 예비교사들은 점차 교직에 필요한 지식과 기술 및 행동을 배워간다. 이러한 과정은 교사 입문 시기에는 물론 교사가 교직을 떠날 때까지 지속된다(조부경, 백은주, 서소영, 2001).

교사의 직업 주기는 다음과 같이 구분할 수 있다(박은혜, 2009; Fessler, 1995).

(1) 교직 준비 단계

교사에게 요구되는 전문적 기술과 능력을 갖추기 위해 교육을 받는 단계를 의미한다. 일반적으로 초임교사를 위한 준비는 대학에서 일련의 과정을 통하여 이루어진다.

(2) 교직 입문 및 적응의 단계

교사가 자신이 속한 체제에 적응하도록 사회화되는 단계이다. 초임교사의 경우는 교직 자체에 적응하기 위하여 노력하고 보직교사, 원감, 혹은 원장과 같이 새로운 역할을 맡게 되는 경우는 그 역할에 요구되는 일들을 수행하기 위하여 다각적으로 노력하는 단계이다.

(3) 능력 구축의 단계

이 단계는 수동적인 적응의 단계를 벗어나 교사들이 전문적인 서적 읽기, 각종 연수에 참여하기, 상급학교 진학하기 등의 방법을 통해 자신에게 부여된 역할과 관련된 기술과 능력을 향상시키려고 노력하는 기간을 의미한다.

(4) 열중과 성장의 단계

이 단계의 교사들은 교직을 수행하는 데 필요한 전문적인 기술과 지식을 가지고 있고 가르치는 일을 진정으로 사랑한다. 또한 자신의 직업에 대한 만족도가 높고 자신이 가지고 있는 지식을 타인과 나누고자 하는 열망도 매우 높다.

(5) 좌절의 단계

이 단계의 교사들은 교수 · 학습 방법에 대한 자신감 결여, 학급 내 지도하기 어려운 유아의 존재, 이상적 직무 조건에 대한 기대와 현실적 조건의 불일치 등의 이유로 가르치는 일에 대하여 좌절감과 환멸감을 느낀다.

(6) 안정 혹은 침체의 단계

이 단계의 교사들은 교직 생활에 익숙해져 있기 때문에 자신의 발전을 위하여 적극적으로 노력하지 않고 현재의 상태를 유지하려는 특성이 나타난다.

(7) 교직 쇠퇴 혹은 퇴직 단계

이 단계는 가르치는 일을 완전히 그만두는 경우뿐만 아니라 일시 휴직, 교사가 아닌 행정가로서의 이직, 다른 직장으로의 이직 등 다양한 이유로 퇴직을 위한 준비를 하는 단계이다.

지금까지 살펴본 교사 교직 주기의 단계는 한 단계가 지나면 반드시 다음 단계로 넘어가는 일직선적인 변화가 아니라 역동적인 변화를 의미한다. 그리고 각 단계로의 변화과정은 개인적 환경(결혼·출산 등의 중대한 사건, 질병·경제적 손실 등의 삶의 위기, 개인의 성향·취미·관심사·생애단계)과 조직적 환경(정책, 기관장의 경영스타일 등) 등의 다양한 영향을 받기 때문에 교사마다 각기 다르게 나타날 수 있다.

교사의 교직 주기에 대한 이해를 바탕으로 교사들의 변화 과정을 이해하기 위한 개념적 틀로서 교사의 발달단계 개념을 도입하는 일이 필요하다. 유아교사 발달단계의 틀을 제시한 캐츠는 교사가 생존기, 숙련기, 신생기, 성숙기의 발달단계를 거치면서 개인적, 전문적 발달을 이루며, 각 발달단계는 독특한 발달과업과 훈련의 필요성을 지니고 있다(Katz, 1972). 캐츠가 제시한 교사의 발달단계에 대하여 구체적으로 살펴보면 다음과 같다.

- 생존기: 초임교사의 첫 1년에 해당하는 시기이다. 초임교사는 학급을 운영할 수 있을지, 하루 일과를 운영하는 데 필요한 활동을 충분히 준비하였는지, 유아들이 자신의 설명을 이해할 수 있을지 등 학교에서 교사로서의 생존이 주요 관심이다. 이 단계에 있는 교사들에게는 그들이 필요로 할 때마다 교육현장에서 후원, 격려, 지도를 제공해 주는 일이 가장 필요하다.
- 숙련기: 첫 1년 또는 2년으로부터 얻은 정보를 강화하면서 교사들은 자신의 본분인 가르치는 역할을 더 안정적으로 수행하기 위하여 개선의 노력을 기울인다. 따라서 이 시기의 교사들은 문제상황에 대한 대안 탐색을 가능케 하는 지속적인 현장 훈련을 필요로 한다.
- 신생기: 교직에 들어와 3~4년이 지나면 교사들은 자신들이 유지해 온 교직수행 방식에 대하여 싫증을 느끼면서 어떤 새로운 접근법과 아이디어를 찾아보려고 한다. 교사들은 동료, 전문 단체와 학회, 전문 서적과 학회지, 그리고 관련 기관 방문 등을 통하여 자신들을 새롭게 하는 방안들을 모색한다.
- 성숙기: 교사들은 이 단계에서 더 큰 사회의 맥락 속에서 더 심오하고 추상적인 질문을 하게 된다. 자신들의 일이 함축하는 바가 더욱더 광범위해질 수 있다는 것을 알게 되면서 이들의 경험은 이러한 질문들을 더욱 의미 있게 만든

다. 그러므로 이 시기의 교사들은 폭넓은 독서 기회, 타인과의 상호작용 기회, 그리고 세미나 또는 기타 포럼 참가 기회를 필요로 한다.

4. 유아교사 교육

좋은 교사의 양성을 위해서는 유아교사에게 필요한 지식의 내용을 선정하고 이를 일정한 틀 안에 포함시켜 교육목표를 설정하고 제시하게 된다. 유아교사 교육에 임하는 예비교사들은 각기 고유한 개인적 배경을 가지고 있는데, 그것에는 좀 더 광범위한 사회적, 정치적 맥락이 반영되어 있다.

유아교사 양성 교육과정과 관련하여 유치원 교사와 보육교사의 법적 자격기준과 교사 자격취득에 필요한 교과목에 대해 살펴보면 다음과 같다.

1) 유치원 교사 양성 교육과정

유치원 교사의 법적 자격기준의 구체적인 내용을 살펴보면 〈표 7-4〉와 같다.

표 7-4 유치원 교사의 법적 자격기준(「유아교육법」 제22조 제2항 관련 별표 2)

구분	자격기준
정교사 (1급)	1. 유치원 정교사(2급) 자격증을 가진 자로 3년 이상 교육 경력을 가지고 소정의 재교육을 받은 자 2. 유치원 정교사(2급) 자격증을 가지고 교육대학원 또는 교육과학기술부 장관이 지정하는 대학원의 교육과에서 유치원 교육과정을 전공하여 석사 학위를 받은 자로서 1년 이상의 교육 경력이 있는 자

정교사 (2급)	1. 대학에 설치된 유아교육과 졸업자 2. 대학(전문대학 및 이와 동등 이상의 각종 학교와 「평생교육법」 제31조 제4항에 따른 전문대학학력인정 평생교육시설을 포함한다.) 졸업자로서 재학 중 소정의 보육과 교직학점을 취득한 자 3. 교육대학원 또는 교육과학기술부 장관이 지정하는 대학원의 교육과에서 유치원 교육과정을 전공하고 석사 학위를 받은 자 4. 유치원 준교사 자격증을 가진 자로 2년 이상의 교육경력을 가지고 소정의 재교육을 받은 자
준교사	1. 유치원 준교사 자격 검정에 합격한 자

현행 「교원자격검정령 시행규칙」 제12조에 의하면 유치원 정교사 자격 취득을 위해서는 교과교육 영역 8학점 이상을 포함하여 전공 영역 50학점 이상, 교육실습 4학점 이상이 포함된 교직이론 및 교직소양 22학점 이상을 이수하여야 한다. 유치원 교사 무시험 자격 검정을 위한 이수 교과목 규정은 〈표 7-5〉와 같다.

표 7-5 유치원 교사 무시험 자격 검정을 위한 이수 교과목

구분		교과목(학점)	이수과목(학점)
전공 (50학점 이상)	전공	유아교육론, 유아교육과정, 영유아발달과교육, 유아언어교육, 유아사회교육, 유아과학교육, 유아수학교육, 유아미술교육, 유아음악교육, 유아교사론, 유아동작교육, 유아놀이지도, 유아교육기관운영관리, 아동복지, 유아건강교육, 유아관찰및실습, 부모교육, 유아안전교육	기본이수과목(또는 분야) 중 21학점 이상(7과목 이상) 이수
	교과교육	교과교육론, 교과 논리 및 논술, 교과 교재 연구 및 지도법, 교과별 교수법, 교과별 교육과정, 교과별 평가방법론	8학점(3과목)이상 포함

교직 (22학점 이상)	교직이론	• 교육학개론 • 교육철학 및 교육사 • 교육과정 • 교육평가 • 교육방법 및 교육공학 • 교육심리 • 교육사회 • 교육행정 및 교육경영 • 생활지도 및 상담 • 그 밖의 교직이론에 관한 과목	12학점 이상 (6과목 이상)
	교직소양	• 특수교육학 개론(2학점 이상, 영재교육 영역 포함) • 교직실무(2학점 이상) • 학교폭력예방 및 학생의 이해(2학점 이상)	6학점 이상
	교육실습	• 학교현장실습(2학점 이상) • 교육봉사활동(2학점 이내 포함 가능)	4학점 이상

2) 보육교사 양성 교육과정

보육교사의 법적 자격기준의 구체적인 내용을 살펴보면 〈표 7-6〉과 같다.

표 7-6 보육교사의 법적 자격기준(「영유아보육법」 시행령 제21조 관련 별표 1)

구분	자격기준

보육교사
1급
	1. 보육교사 2급 자격을 취득한 이후 3년 이상의 보육 업무 경력과 보건복지가족부
	   장관이 정하는 승급 교육을 받은 자
	2. 보육교사 2급 자격과 보육 관련 대학원에서 석사학위를 취득한 자로서 1년 이상
	   보육 업무 경력과 보건복지가족부 장관이 정하는 승급 교육을 받은 자

보육교사
2급
	1. 전문대학 또는 이와 동등 이상의 학교에서 보건복지가족부령이 정하는 보육관
	   련 교과목 및 학점을 이수하고 졸업한 자
	2. 보육교사 3급 자격을 취득한 이후 1년 이상의 보육 업무 경력과 보건복지가족부
	   장관이 정하는 승급 교육을 받은 자

보육교사 3급	고등학교 또는 이와 동등 이상의 학교를 졸업한 자로서 보건복지가족부령이 정하는 교육 훈련 시설에서 소정의 교육과정을 수료한 자

보육교사 자격은 소속 학과에 상관없이 자격 취득에 필요한 35학점을 이수한 후 무시험검정을 통해 교부 받게 된다. 보육교사 자격 취득을 위한 교과목은 〈표 7-7〉과 같다.

표 7-7 보육교사 자격 취득을 위한 교과목(「영유아보육법」 시행규칙 제12조 제1항 관련)

영역		교과목	이수과목(학점)
가. 교사 인성		보육교사(인성)론, 아동권리와 복지	2과목 (6학점)
나. 보육 지식과 기술	필수	보육학개론, 보육 과정, 영유아 발달, 영유아 교수방법론, 놀이지도, 언어지도, 아동음악(또는 아동동작, 아동미술), 아동수학지도(또는 아동과학지도), 아동안전관리(또는 아동생활지도)	9과목 (27학점)
	선택	아동건강교육, 영유아 사회정서지도, 아동문학교육, 아동상담론, 장애아 지도, 특수아동 이해, 어린이집 운영 관리, 영유아 보육프로그램 개발과 평가, 보육정책론, 정신건강론, 인간행동과 사회환경, 아동간호학, 아동영양학, 부모교육론, 가족복지론, 가족관계론, 지역사회복지론	4과목 (12학점) 이상
다. 보육 실무		아동관찰 및 행동연구, 보육실습	2과목 (6학점)

유아교육과 물리적 환경

유아는 주변 환경을 적극적으로 탐색하고, 주변 환경을 이용한 다양한 놀이 활동을 즐긴다. 재미있게 놀 수 있는 넓은 교실 안에 유아의 발달에 적합한 다양한 놀잇감이 존재하면, 유아들의 활동은 활발해질 뿐 아니라 놀이를 지속하는 시간도 길어지며 친구들과 협력하는 태도도 증진된다. 반면 유아의 수에 비에 놀잇감의 수가 부족하거나 놀이 환경이 부적절하면 유아들은 욕구불만과 좌절로 인하여 공격적 행동을 많이 하게 된다.

이처럼, 유아를 둘러싸고 있는 물리적 환경은 유아들의 성장 및 발달을 촉진시키는 데 영향을 미치며 유아교육 프로그램의 질을 결정하는 중요한 요인이다. 이 장에서는 유아교육기관 환경 구성의 원리에 대해서 살펴보고, 실내와 실외 흥미 영역의 종류 및 구성 방법을 알아보고, 벽면 구성 및 환경의 효율적 활용 방법에 대해 탐구해 보고자 한다.

이 장을 학습한 후
달성할 수 있는
목표

- 유아교육기관의 환경 구성의 원리를 살펴본다.
- 실내 흥미 영역의 종류 및 구성 방법을 이해한다.
- 실외 흥미 영역의 종류 및 구성 방법을 이해한다.
- 올바른 벽면 구성의 방법을 찾아본다.

주 요 용 어

흥미 영역, 쌓기놀이 영역, 역할놀이 영역, 조작놀이 영역, 미술 영역, 과학 영역,
음률 영역, 수학 영역, 언어 영역, 신체 놀이 영역, 물 · 모래 놀이 영역, 목공 놀이 영역,
동 · 식물 기르기 영역, 조용한 놀이 영역, 벽면 구성

유아교육기관의 교육 환경이란 유아의 발달을 도와주도록 유아의 생활 경험을 풍부하게 하는 인적·물적 교육 환경이 조직적이고 합리적으로 잘 계획되고 조성된 것을 의미한다. 유아 교육을 제대로 실천하기 위해서는 물적 환경뿐 아니라 인적 환경도 중요하지만, 이 장에서는 유아교육기관의 물리적 환경에 대해서만 알아보고자 한다.

1. 유아교육기관 환경구성의 원리

　일반적으로, 유아들의 성장과 발달을 지원해 줄 수 있는 좋은 환경을 계획하고 구성할 때 고려해야 할 원리는 다음과 같다(교육부, 1995; 노영희, 2007).

　첫째, 유아교육기관은 단층 또는 2층으로 독립된 건물에 두는 것이 이상적이다. 또한 실내·외 공간이 충분하여 유아들이 자유롭고 활동적으로 놀 수 있어

[그림 8-1] 단층으로 된 J 유치원

[그림 8-2] 출입문이 2개인 유치원

야 하고, 교실의 출입문을 2개 이상 두어 유아들이 쉽게 바깥으로 드나들수 있게 해야 한다.

둘째, 유아, 교사, 부모의 특별한 요구를 이해하고 반영할 수 있도록 구성한다. 교육 당사자들은 교육 환경에 대한 특별한 요구를 가지고 있으므로 이들의요구가 무엇인지, 이러한 공간을 사용할 당사자들은 누구인지 등을 고려하여야 한다. 특히 하루 종일 유아를 돌보는 유아교육기관에서는 유아의 정서적 안정에 관심을 두어야 하므로 휴식을 취할 수 있는 개별적인 공간을마련해야 한다.

셋째, 유아의 건강과 안전 사항을 최대한 고려하도록 구성한다. 유아가 적극적으로 활동을 하는 것도 중요하지만, 유아의 건강과 안전 면에 있어서 문제점이 발생된다면 교육적인 효과를 언급하기 어렵다. 따라서 유아를 위한 환경은 반드시 건강과 안전을 고려하여 구성해야 한다. 예를 들어, 교사는 유아의 건강을 위해 늘 교실의 청결을 유지하고, 유아들을 한 눈에 볼 수 있도록 가구와 설비의 배치가 효율적인가를 판단해야 하며, 모든 설비, 교구및 놀이 기구를 정기적으로 점검해야 한다.

1. 유아의 키 높이에 뾰족한 모서리 등이 있는가?
2. 카펫의 가장자리 박음질이 풀어져 있지 않은가?
3. 물이 엎질러졌을 때 사용할 수 있는 자루 걸레와 수건이 있는가?
4. 더운 물은 유아에게 알맞은 온도로 제공될 수 있도록 하는 조절 장치가 되어 있는가?
5. 유아가 가위, 망치, 칼 등 도구를 사용할 때 통제할 수 있는 안전 규칙이 있는가?
6. 전기 콘센트 사용하지 않을 때 덮개가 있는가?
7. 계단이나 복도로 통하는 개방된 공간에 유아의 출입을 통제할 수 있는 장치가 있는가?
8. 전기 코드 및 전기 제품의 사용을 성인이 관리하는가?
9. 깨신 교구는 즉각적으로 제거하는가?
10. 교구의 위치가 유아의 발이 걸려 넘어지지 않도록 배치되었는가?

출처: 교육부(1995). 유아 발달에 적합한 유치원 실외교육환경, p. 24.

넷째, 유아는 신체적 발달이 급속한 시기이므로 유아가 마음껏 활동할 수 있는 충분한 공간을 구성한다. 유아들이 다양한 신체적 기술을 획득하고, 연습하고, 이를 하나로 통합할 기회를 제공하기 위해서는 자유롭게 주위 환경을 탐색할 수 있는 충분하고 다양한 공간을 마련해야 한다. 또한 유아의 신체 조건에 알맞은 도구를 구성하여 어른의 도움 없이도 유아가 신체적인 운동을 쉽게 할 수 있도록 구성해야 한다.

다섯째, 유아가 개인적 능력에 따라 자발적으로 활동을 선택하고, 집중력을 기를 수 있는 환경을 구성한다. 유아교육기관의 흥미 영역은 이러한 목적을 달성하기 위해 구성된 것이다. 다양한 흥미 영역을 제공함으로써 유아들이 자신의 흥미와 요구에 맞는 놀이를 할 수 있도록 한다. 이러한 놀이 경험은 유아들의 문제 해결 능력을 증진하고, 환경 속에서 사건과 사물 간의 관계를 이해하도록 돕는다.

여섯째, 유아가 미래 사회에 잘 적응하기 위해서는 사회적 관계를 형성할 수 있는 기술을 배워가야 한다. 따라서 교사는 유아가 다른 사람들과 다양한 방식으로 사회적 협상을 할 수 있는 환경을 구성한다. 유아가 각자의 학습을 즐기기에 충분한 놀잇감이 마련되어 있으면서 동시에 상호작용도 활발하게 일어날 수 있는 환경을 마련해야 한다. 예를 들어 모래 놀이 영역 근처에 몇 개의 삽과 하나의 손수레를 놓아두는 것은 아이들이 한꺼번에 진흙을 파고 옮기려고 할 때, 언제, 어떻게 그리고 누가 그 손수레를 사용할지 협상할 수 있게 한다. 이러한 기회를 통하여 유아들은 서로 긍정적인 또래 관계를 형성하고 유지할 수 있게 된다.

일곱째, 유아가 주인인 환경을 구성한다. 이는 교사뿐 아니라 유아들이 함께 환경 구성의 결정권과 책임의식을 가지고 자신들의 공간을 만들어 갈 수 있는 기회를 제공해야 하는 것을 의미한다. 예를 들어, 학급의 벽면을 구성할 때, 유아들이 참여할 수 있도록 하는 것은 유아들로 하여금 자신이 삶의 주인이 될 수 있다는 의식을 발달시킬 수 있을 것이다.

여덟째, 유아들의 삶의 역사를 볼 수 있는 환경을 구성한다. 유아교육기관에서의 경험은 교과나 주제 학습으로 단절되는 것이 아니라 연속되는 삶의 과정이어야 하므로 유아교육기관의 환경은 그 흔적을 남길 필요가 있다. 예를 들어, '우리 몸'이라는 주제에 대한 탐구 과정을 엿볼 수 있도록 개별 유아의 작품, 공동 활동 모습이나 작품, 우리 몸에 대한 사진, 화보, 신문 등의 인쇄물이 교실 환경으로 구성될 수 있을 것이다.

[그림 8-3] 유아가 주인이고 삶의 역사를 볼 수 있는 환경

 탐구활동

안전한 환경을 위해, 교사가 항상 점검해야 할 사항으로는 무엇이 있을까요?

2. 실내 흥미 영역의 구성

유아교육기관 환경 중 실내 환경은 주로 현관, 원무실, 원장실, 화장실, 자료실, 조리실, 교실, 강당, 유희실 등으로 구분하는 것이 이상적이다. 실내 환경 중에서 유아가 주로 생활하고 활동하는 장소인 교실은 가장 핵심이 되는 장소이다. 일반적으로 교실의 환경은 흥미 영역으로 구성한다.

흥미 영역이란 교구장이나 분리대 등으로 활동 구성에 따라 놀이 영역을 구분하여 경계를 암시해 주도록 설계함으로써 구분된 활동실의 각 영역을 의미한다. 흥미 영역으로 교신 환경을 구성하면 다음과 같은 교육적 가치가 있다(이정환, 김희진, 2007).

첫째, 자발적인 놀이에 참여할 수 있는 경험을 하게 한다. 또한 흥미 영역에서는 유아들의 독자적인 활동이 자연스럽게 이루어지는 동시에 소집단 놀이도 연속적으로 이루어지는 것이 가능하므로 유아들의 소속감을 충족시킨다.

둘째, 자신이 선택한 놀잇감을 가지고 놀이함으로써, 성취감과 스스로 문제를 해결해 나가는 것에 자신감을 갖게 한다.

셋째, 유아의 성격(느리거나, 급하거나, 소극적이거나, 활동적이거나, 집중 시간이 짧거나 하는 등)에 관계없이 각 유아의 특성에 맞게 놀이 및 학습 활동이 이루어질 수 있다.

넷째, 다양하고 폭넓은 놀이 경험을 통하여 전인발달을 돕는 학습 활동이 이루어질 수 있다.

일반적으로 실내 공간에 포함될 수 있는 흥미 영역들은 쌓기놀이 영역, 역할놀이 영역, 조작놀이 영역, 미술 영역, 과학 영역, 음률 영역, 수학 영역, 언어 영역들이며 개별 공간 영역도 필요하다. 이 절에서는 각 흥미 영역의 가치와 영역에 배치되어야 할 교구 및 자료에 대해서 살펴보고자 한다(교육부, 1995, 2000).

1) 쌓기놀이 영역

쌓기놀이 영역은 유아에게 다양한 구성물을 만들어 볼 수 있는 기회를 제공한다. 다양한 블록을 쌓고 무너뜨리는 과정을 통해 공격성, 공포, 질투 등 부정적인 감정이 해소되며 긴장감이 완화되는 놀이 영역이다. 유아들은 자신이 만들고 싶은 구성물을 만들면서 자신감과 성취감을 얻으며 창의성을 발달시킬 수 있다.

📖 교구 및 자료

① 다양한 기본 블록들: 단위 블록, 종이 벽돌 블록, 속이 빈 나무토막, 유닛블록, 공간 블록, 널빤지, 스펀지 블록, 상자나 빈 통, 조립 깡통을 활용한 블록 등
② 운송 기관류: 크기가 다양한 자동차 류, 배, 비행기, 기차 등
③ 인형류: 인형(모형 동물, 사람, 폐품을 이용해 만든 인형), 동물 인형 등
④ 사회 극놀이에 필요한 소품들: 동물 가면, 신호등, 교통 표지판 등
⑤ 그 밖의 소품류: 운전대, 가면, 소방관 모자, 선반 상자 등

[그림 8-4] 쌓기 놀이 영역 놀잇감

[그림 8-5] 놀이 모습

2) 역할놀이 영역

역할놀이 영역은 유아에게 여러 유형의 극놀이에 참여할 수 있는 기회를 제공한다. 가정이나 병원, 음식점, 가게, 공공 기관 등에서 유아들이 흥미롭게 느꼈던 사건이나 경험을 재현해 보거나, 자신의 상상력을 이용하여 가상적인 행동이나 상황을 표현해 보는 놀이 영역이다. 유아는 극놀이를 통하여 다른 유아들과 상호작용을 하면서 협동하는 기술을 배우고, 자신이 맡은 역할을 동일시함으로써 사회적 역할 학습은 물론 자기중심성에서 벗어나게 된다.

교구 및 자료

① 소꿉놀이와 가족놀이: 주방용품/일상 용품/의류/그 밖의 소품(우산, 모자류, 가방류 등)
② 운송기관놀이: 조종사/선장이나 어부
③ 식료품상 놀이: 파는 사람/사는 사람/물건 나르는 사람/각종 물건
④ 병원 놀이: 의사/간호사/약사/기타−벽에 붙여 놓은 시력 검사표, 전화번호부, 진료증, 휴지 등

[그림 8-6] 역할놀이 놀잇감

[그림 8-7] 놀이 모습

⑤ 우체국 놀이: 집배원/우체국 직원/편지 보내는 사람과 받는 사람
⑥ 방송국 놀이: 아나운서/카메라 맨/조명 기사/출연자/기자
⑦ 기타: 주유소 놀이, 미장원 놀이, 은행 놀이 등

3) 언어 영역

언어 영역은 유아에게 듣기, 말하기, 읽기, 쓰기의 여러 가지 언어 활동 기회를 제공한다. 유아가 이야기나 동화를 듣는 활동, 이야기를 꾸며 말하는 활동, 듣고 지시에 따르는 활동, 동요나 동시를 지어 볼 수 있는 활동을 할 수 있는 놀이 영역이다. 유아들은 언어를 매개로 사고하고 다양한 언어 표현을 해봄으로써 의사소통 능력과 사고 능력이 발달한다.

📖✐ 교구 및 자료

① 듣기 기본자료: CD 플레이어와 CD, 헤드폰, 카세트 레코더와 테이프, 워키토키, 필름 스트립, 슬라이드 프로젝터와 슬라이드, 전화기, 소리 상자 등
② 말하기 기본자료: 이야기 꾸미기 자료와 융판, 이야기 꾸미기 그림조각, 여러 가지 손 인형, 막대 인형, 그림판과 자석 인형, 인형극 틀, 그림으로 읽는 동화, 녹음기, 공테이프, 마이크, 동화 등
③ 읽기 기본자료: 만져서 알 수 있는 커다란 글자, 동물그림, 채소그림, 과일 그림, 꽃 그림, 여러 가지 따른 물건과 장소의 그림, 친구 이름 카드 등
④ 도서 기본자료: 그림 백과 사전류, 자연과학 실험집류, 동화류, 잡지류 등
⑤ 쓰기 기본자료: 여러 종류의 가늘고 굵은 연필, 지우개, 다양한 굵기의 매직펜, 크레파스, 타자기, 컴퓨터와 프린터, 모양 종이, 작은 책 만들기 등

[그림 8-8] 언어 영역 놀잇감

[그림 8-9] 놀이 모습

4) 조작놀이 영역

조작놀이 영역은 유아에게 소근육을 사용하여 다양한 교재·교구를 끼우고 맞추고 쌓는 등의 기회를 제공한다. 그림 맞추기, 구슬 꿰기, 도미노 게임, 숫자대로 물체 놓기, 그룹 게임 등과 같이 유아가 주로 책상 위에서 손과 손가락을 사용하여 놀잇감을 맞추고 분리하고, 재배열할 수 있는 놀이 영역이다. 유아는 조작놀이를 하면서 손의 조작 능력을 향상시킬 뿐 아니라 형태나 크기에 대한 개념을 인식하고 물체 사이의 인과관계를 학습한다.

교구 및 자료

① 조작적 활동을 위한 자료: 그림 맞추기, 숫자 퍼즐, 색 퍼즐, 도형 퍼즐 등
② 구성하기를 위한 자료: 레고 블록, 코코 블록, 다목적 블록, 꽃 블록, 만능블록, 오색 만능 띠 등
③ 일상생활 활동을 위한 자료: 지퍼 올리기, 단추 끼우기, 끈 꿰기, 벨트매기, 머리 빗기, 양치질하기, 열쇠·자물쇠 맞추기, 볼트·너트 맞추기, 옮겨 담기 등
④ 게임을 위한 자료: 다이아몬드 게임, 바둑판과 바둑알, 무지개 막대 게임 등

[그림 8-10] 조작놀이 영역 놀잇감　　　　　　　　[그림 8-11] 놀이 모습

5) 과학 영역

과학 영역은 유아에게 자연환경을 탐색하고, 탐구하고, 이해할 수 있는 기회를 제공한다. 유아는 과학 영역에서 주변의 여러 가지 물체나 현상을 보고, 듣고, 만지고, 맛을 보는 등 다양한 감각 경험을 한다. 또한 다양한 놀잇감을 통해 물체의 속성을 탐색해 보고, 조사, 관찰, 기록, 비교, 분석해 보며, 동식물을 길러 볼 수 있다. 유아는 과학 활동을 통하여 과학과 관련된 용어를 접하게 되고 사물 간의 관계성을 이해하며, 실생활에 과학적 기술과 개념을 적용할 수 있는 능력이 발달한다.

교구 및 자료

① 측정을 위한 도구: 체중계, 저울, 신장기, 자, 계량 컵, 계량 스푼, 시세, 날력, 날씨판, 고체와 액체를 측정할 수 있는 용기 등
② 실험을 위한 도구: 거울, 확대경, 자석, 손전등, 현미경, 망원경, 쌍안경, 색안경, 깔때기, 크기가 다르고 투명한 플라스틱 병이나 컵, 풍선 등
③ 각종 표본류: 식물, 곤충, 돌, 조개, 흙, 알, 섬유, 곡류, 씨앗류, 낙엽, 꽃잎 등

[그림 8-12] 과학 영역 놀잇감

[그림 8-13] 놀이 모습

④ 사육·재배를 위한 기구: 화분, 투명 수조, 꽃삽, 물뿌리개, 산소 공급기, 망사, 분무기, 화분 등

⑤ 동식물류: 토끼, 강아지, 고양이, 나팔꽃, 고구마, 콩 등

⑥ 가정에서 얻을 수 있는 화합물: 식초, 소다, 소금, 설탕, 알코올, 요오드, 암모니아, 과산화수소 등

⑦ 섬유: 나일론, 실크, 인조 견사, 마 등

⑧ 기타: 과학그림책, 과학 사전, 프리즘, 소리굽쇠, 나무, 철사 등

6) 수학 영역

수학 영역은 유아에게 사물들을 조작하고 탐색하면서 수 이해의 기초능력을 향상시킬 수 있는 기회를 제공한다. 게임판이나 교구를 이용할 수 있는 구체적인 경험을 통하여 수의 개념이 획득되고 수를 활용해 보는 영역이다. 유아는 수학활동을 통하여 수학과 관련된 용어를 접하고 사물 간의 관계성을 이해하며, 다양한 발견학습 방법에 참여함으로써 수 활동을 즐길 수 있는 경험을 갖는다.

📖 교구 및 자료

① 기본 자료: 셈하기 틀, 주사위, 기하학적 도형들, 분수판, 도미노, 자석 문자와 수, 자석판, 놀이용 숫자 카드, 기록판, 퍼즐, 수 세기 못과 판, 다양한 크기의 형태의 블록, 수 블록, 더하기 막대, 놀이용 돈, 색깔 구슬, 수 게임 등

② 분류활동 자료: 분류할 물건(여러 가지 단추, 조개, 열쇠, 동전, 낙엽, 열매, 나사, 못, 병뚜껑 등의 구체물), 분류할 그림(잡지나 카탈로그 등의 그림 자료), 분류 활동에 필요한 물건(종이컵, 요구르트 병, 칸이 나누어진 용기, 끈, 비닐 봉투) 등

③ 공간과 기하활동 자료: 입체 자료(공, 캔, 블록, 화장지 상자, 화장품, 용기, 다양한 상자, 도형블록 등), 평면자료(속성 블록, 탱그램, 패턴 블록, 도형판 등), 창의적인 구성을 위한 모양 색종이, 수수깡 등

[그림 8-14] 수학 영역 놀잇감

[그림 8-15] 놀이 모습

7) 미술 영역

미술 영역은 유아에게 다양한 자료와 매체를 사용하는 기회를 제공한다. 그리기뿐 아니라 만들기와 꾸미기 등과 같이 평면 및 입체 조형을 통해 창의적으로 표현해 보는 놀이 영역이다. 유아들은 다양한 자료와 매체를 사용함으로써 사물의 크

기, 색, 선, 형태, 질감과 같은 미적인 요소들을 탐색하고, 시각적 표현을 통하여 생각과 느낌을 표현하며 정서적 긴장감을 해소할 수 있다.

교구 및 자료

① 기본 교구: 이젤, 앞치마(유아용 비닐 가운, 낡은 셔츠 등), 활동 안내문, 교사용 비품, 전시대 또는 전시 테이블, 작품 게시판 등
② 종이류(모양, 색, 질감, 크기, 두께 등): 도화지, 갱지, 모조지, 소포지 등
③ 그리고 쓰는 도구: 화판, 크레파스, 사인펜, 연필(4B), 색연필, 볼펜 등
④ 자르고 붙이는 도구: 가위, 풀, 접착제, 스테이플러, 펀치, 끈, 고무줄 등
⑤ 점토류: 찰흙, 밀가루 짐도, 유점토, 지점토 등

[그림 8-16] 미술 영역 놀잇감

[그림 8-17] 놀이 모습

8) 음률 영역

음률 영역은 유아에게 음악을 듣고 움직이며, 노래를 부르고, 여러 가지 악기를 자유롭게 탐색해 볼 수 있는 기회를 제공한다. 준비된 악기를 두들겨 보고, 치고, 흔들고, 소리를 만들어 보기도 하고 음악을 감상하면서 노래를 따라 부르거나 자신

의 몸을 음악에 맞추어 움직여 보는 활동을 할 수 있는 영역이다. 유아는 음악을 매개로 하여 자기표현을 하는 과정에서 자신감과 만족감을 갖게 되고, 정서적 안정감을 얻게 되며 창의성이 발달하게 된다.

📖¡ **교구 및 자료**

① 생활악기: 빈 병, 냄비 뚜껑, 유리 컵, 물의 높이가 다른 여러 개의 컵, 수도 파이프, 주걱(2개), 숟가락(2개), 젓가락, 깡통 등
② 리듬악기: 탬버린, 캐스터네츠, 트라이앵글, 심벌즈, 큰 북, 작은 북 등
③ 가락악기: 오르간, 피아노, 하프, 아코디언, 멜로디언, 하모니카 등
④ 음향기기: 카세트, 녹음된 테이프, 빈 테이프, 헤드폰, 마이크 등
⑤ 기타: 우리나라 고전 악기를 찍은 사진이나 그림, 연관된 책, 노랫말 모음, 색깔로 표시된 악보, 노랫말과 관계되는 막대 등

[그림 8-18] 음률 영역 놀잇감

[그림 8-19] 놀이 모습

9) 컴퓨터 영역

컴퓨터 영역은 유아에게 다양한 소프트웨어 및 인터넷을 이용하여 학습을 위한

정보를 찾아보는 기회를 제공한다. 언어와 미술 활동에 필요한 글자나 그림을 컴퓨터로 작업해 보거나, 소프트웨어나 인터넷 상의 좋은 프로그램을 경험해 보는 영역이다. 유아는 컴퓨터를 통하여 인지발달과 언어발달을 촉진시킬 수 있는 경험을 하고, 유아들 간의 협동 활동을 통하여 원만한 의사소통능력을 기르게 된다.

📖 교구 및 자료

키보드, 마우스, 조이스틱, 프린터, 디스켓, 모니터, 프린터 용지, 스캐너, CD-I, 소프트웨어, 모래 시계 등

[그림 8-20] 컴퓨터 영역 놀잇감

[그림 8-21] 놀이 모습

 조사활동

유아교육기관을 방문하여 실내 흥미 영역이 어떻게 배치되었는지 관찰해 봅시다. 또한 흥미 영역에서 유아들이 어떻게 놀고 있는지 살펴보고 발표해 봅시다.

3. 실외 흥미 영역의 구성

유아들은 바깥에서 활발하게 움직이면서 자연 환경의 모습을 탐색한다. 실외에서 경험할 수 있는 활동은 보다 넓은 공간과 자연환경에서 진행되므로, 유아가 무수히 많은 방법으로 자신의 놀이를 확장시켜 나갈 수 있게 한다.

실외 놀이 영역은 실내 놀이 영역 못지 않게 교육적으로 의미 있는 공간이자 환경이므로 다양한 공간이 마련되어야 하고 유아들이 안전하게 놀이할 수 있도록 안전 점검도 정기적으로 이루어져야 한다.

구체적으로 실외 놀이 공간에 배치할 수 있는 놀이 영역으로는 신체 놀이 영역, 물 · 모래 놀이 영역, 목공놀이 영역, 동 · 식물 기르기 영역, 조용한 놀이 영역 등을 들 수 있다. 이 절에서는 각 흥미 영역의 가치와 영역에 배치되어야 할 교구 및 자료에 대해서 살펴보고자 한다.

1) 신체 놀이 영역

신체 놀이 영역은 유아에게 기어오르기, 매달리기, 그네타기, 미끄럼타기, 자전거 타기 등과 같은 여러 유형의 대근육을 이용할 수 있는 기회를 제공한다. 유아는 그네, 미끄럼틀, 자전거 등의 놀이 시설을 이용하거나 공놀이, 후프놀이 등 간단한 도구를 이용한 놀이와 게임을 할 수 있다.

📖 교구 및 자료

종합놀이 기구, 미끄럼틀용 나무판, 그네 영역(타이어 그네, 회전 그네), 미끄럼틀, 낮은 철봉, 정글 짐, 망 오름대, 링 터널, 드럼통 터널, 놀이집, 시소, 구름다리, 흔들 사다리, 통나무 징검다리, 이동식 농구대, 개방된 공간, 잔디밭, 흔들 목마 등

[그림 8-22] 신체 놀이 영역

[그림 8-23] 놀이 모습

2) 물·모래 놀이 영역

물·모래 놀이 영역은 유아들에게 비교적 제약을 받지 않고 마음대로 물과 모래를 이용하여 구성해 볼 수 있는 기회를 제공한다. 이 영역은 수돗가에 가깝게 배치하고, 햇살도 비치고 그늘도 적절히 생겨서 계절에 관계없이 활동을 할 수 있는 공간에 마련한다.

교구 및 자료

플라스틱 자동차나 트럭, 사람과 동물 인형, 플라스틱관, 접시나 그릇 등의 소꿉놀이 기구류, 우유, 요구르트 통, 삽, 갈고리, 체, 깔때기, 계량컵, 계량 스푼, 플라스틱 컵, 마른 콩이나 씨앗류, 물놀이용 비닐 옷, 스프레이, 수도, 페인트 붓, 찍기를 위한 여러 가지 모양 틀, 펌프가 있는 플라스틱 병(빈 로션 병), 눌러 짜는 플라스틱 병(케첩 병), 모양이 다른 플라스틱 병 등

[그림 8-24] 물 · 모래 놀이 영역   [그림 8-25] 놀이 모습

3) 동 · 식물 기르기(자연 학습) 영역

동 · 식물 기르기 영역은 유아들에게 식물, 곤충, 새, 동물, 땅과 물이라는 다양한 환경에서 식물 재배와 동물 사육을 경험하는 기회를 제공한다. 식물을 재배하기 위해서는 햇빛이 잘 비치고 유아의 눈에 잘 띄는 장소에 화단을 만들어 주도록 하고 동물 사육을 위해서는 바람이 잘 통하고 배수가 잘되는 장소에 사육장을 설치해 주도록 한다.

📖 **교구 및 자료**

① 동물 기르기 영역: 동물사육장, 여러 종류의 동물
② 식물 기르기 영역: 꽃과 꽃씨, 꽃삽, 팻말, 모종삽, 갈퀴, 어린이용 삽, 호미, 화분, 물뿌리개, 분무기, 분수기, 정원용 호스, 각종 식물 등
③ 곤충이나 벌레: 개미, 나비, 달팽이, 거미, 풍뎅이, 귀뚜라미, 지렁이 등

[그림 8-26] 동·식물 기르기 영역   [그림 8-27] 놀이 모습

4) 목공 놀이 영역

목공 놀이 영역은 유아들이 다양한 물체에서 나는 여러 종류의 소리들과 물체의 물리적 특성의 차이점을 구별할 수 있는 기회를 제공한다. 이 영역은 유아들이 안전을 위하여 통행이 빈번하지 않은 장소가 적절하고, 날씨에 상관없이 실외에서 즐길 수 있도록 지붕을 만들어 주는 것이 좋다.

교구 및 자료

① 목공 작업대: 유아의 키에 알맞은 높이의 목공 작업대를 제공하며, 교실에 둘 경우에는 두꺼운 비닐 장판을 바닥과 테이블 위에 깔아서 소음을 줄이도록 한다.

② 연장: 망치, 드라이버, 대패, 펜치, 드릴, 철사 절단기, 송곳 등

③ 제도용품: 미터자, 접자, 보통 연필과 편평한 목공용 연필 등

④ 목공놀이 보조자료: 가위, 끈, 못(다양한 크기), 압정, 테이프, 가죽, 철사, 종이 집게, 아교(풀), 작은 바퀴, 스티로폼 판, 골판지, 단추 등

[그림 8-28] 목공놀이 영역

[그림 8-29] 놀이 모습

⑤ 나무: 다양한 크기와 모양의 나무(흰 빛이 도는 소나무)
⑥ 작은 나무 조각: 이쑤시개, 아이스크림 막대 등
⑦ 기타: 활동 카드(글자·그림), 크레파스 등

5) 조용한 놀이 영역

조용한 놀이 영역은 유아들이 실외 장소에서 조형놀이나 책 보기, 휴식 취하기 등 주로 정적인 활동 기회를 제공한다. 이 영역은 유아가 많이 왕래하지 않는 조용한 장소를 택하고 그늘진 곳으로 배치한다.

📖 교구 및 자료

텐트, 큰 상자, 나무 그루터기, 바위, 돗자리, 음악 감상용 테이프와 카세트, 자연의 소리, 여러 종류의 책, 종이, 연필 등

[그림 8-30] 조용한 놀이 영역

[그림 8-31] 놀이 모습

 탐구활동

유아교육기관의 실외 환경을 살펴보고, 좋은 실외 환경의 특징에 대해서 말해 봅시다.

4. 벽면 구성

벽면 구성이란 교실이나 복도의 벽면에 유아의 작품 또는 주제와 관련하여 도움이 될 만한 그림이나 사진 자료 등을 붙여 주는 것을 의미한다. 벽면 구성은 유아의 교육적 경험을 확장시켜 나가기 위해 하는 것이므로 예쁘게 치장하거나, 단지 전시하는 공간과 같이 환경 미화의 차원에서 생각해서는 안 된다(교육부, 2000).

벽면 구성은 유아의 학습 동기를 유발할 수 있고, 자신이 한 활동에 대하여 성취감과 자신감을 느끼게 하면서, 다른 유아들의 생각과 느낌을 경험할 수 있는 기회를 주고, 소속감을 느끼게 하는 교육적 효과가 있다. 이러한 벽면을 효과적으로 구성하기 위하여 유의할 점은 다음과 같다(교육부, 2000; 교육과학기술부, 2011).

• 유아의 작품이 더욱 돋보일 수 있도록 다양한 방법을 활용한다. 유아의 작품에 사진, 실물, 그림, 연관된 도서 등을 곁들이거나 작품을 입체적으로 전시하는 것 등의 방법이 있다.

[그림 8-32] 유아들의 작품으로 환경 구성

• 벽면에 구성된 자료들은 적절한 시기에 교체하여 변화를 준다. 유아들은 안정된 모습뿐 아니라 변화된 모습에 대해서도 민감하게 반응하므로 같은 작품을 너무 오래 동안 게시하지 않고, 공간과 자료를 고정적으로 사용하기 보다는 융통성 있고 다양하게 사용할 수 있는 기회를 제공한다.

• 학기 초에는 가정과 같은 편안함을 느낄 수 있게 하고, 환경에 쉽게 적응할 수 있도록 유아교육기관에서의 생활 안내 사진, 유아들이 즐겁게 활동하는 사진을 먼저 게시히는 것이 좋다.

• 학습과 관련된 실물, 사진, 그림, 관련도서 등을 함께 놓아주며, 학습이 진행됨에 따라 첨가한다.

• 게시판은 각 흥미 영역에서 나오는 결과물의 특성을 고려하여 다양한 형태(네모, 동그라미, 세모 등) 및 재질(자석 겸용 화이트보드, 자석칠판, 융, 코르크, 골든 게

[그림 8-33] 입체적으로 작품을 전시한 장면

시판 등)의 것을 제공한다.

• 자료를 게시하고 전시한다는 개념에서 탈피하여 다양한 질감의 재료(포장지, 간포 벽지, 한지, 천, 부자기, 꽃 포장 망 등)를 활용한다.

• 작품을 획일적으로 붙이기보다는 경우에 따라서는 천장 또는 바닥에 게시할 수도 있다.

• 유아와 함께 무엇을 어떻게 구성할 것인가를 결정한다.

• 유아 스스로 게시할 수 있도록 부착이 쉬운 게시판을 찾아 알맞은 높이로 제공한다.

이와 같은 벽면 구성을 포함하여 환경을 보다 효율적으로 활용하기 위하여 유의할 점은 다음과 같다(교육부, 2000; 김은희, 2007; MacNaugton & Williams, 1998).

• 학습을 위한 사물, 정보, 지식을 유아와 교사가 함께 모으는 과정을 정기적으로 수행하고 수집된 물건은 유아로 하여금 전시하고 탐색할 수 있는 특별한 공간을 마련해 준다.

- 벽면을 비롯한 교육환경의 심미감을 높여서 유아, 교사, 부모가 즐거움을 극대화할 수 있도록 돕는다.
- 자료를 게시하고 전시한다는 개념에서 탈피하여 교사와 유아가 무엇을 어떻게 구성할 것인가에 대해 협의하는 과정을 거친다.
- 학습과 관련된 실물, 사진, 그림, 관련 도서 등을 함께 제시하여 주며 주제와 학습이 발현됨에 따라 첨가한다. 또한 교재·교구 등을 첨가함으로써 놀이를 질적으로 확장한다.
- 유동성/융통성 있는 공간으로 활용한다. 공간은 고정적으로 준비되어 있기보다는 계속적인 변화가 반영되어야 한다. 예를 들어 정글짐을 극놀이로 활용하거나 바퀴달린 물·모래 상자를 판매대로 활용함으로써 다양하게 적용할 수 있다.
- 전통놀이 영역으로 활용한다. 실외 또는 전이영역에 고누놀이, 창던지기, 비석치기 등을 제공함으로써 민속놀이를 자주 해 보는 기회를 가지며, 다양한 문화권의 놀이도 경험한다.
- 교재·교구의 지속적인 유지, 관리 및 안전한 환경을 창출하도록 하는 일이 중요하다.

 탐구활동

유아들의 작품을 전시하는 것이 교육적으로 좋은 이유를 살펴보고, 벽면 구성을 잘 할 수 있는 방법도 알아봅시다.

유아교육개론
Chapter
09

유아교육기관 경영

유아교육기관 경영은 유치원이나 어린이집에서 조직의 목표를 설정하고 그 목표를 달성하기 위하여 업무를 기획, 실천, 평가하는 활동이다. 유아교육기관에 대한 사회적 요구와 기대가 높아짐에 따라 합리적 근거에 기초한 유아교육기관의 경영이 요구된다. 이 장에서는 유아교육기관 경영에 대하여 경영의 개념과 원리, 인사관리, 시설 및 설비관리, 재정 및 사무관리, 건강·영양 및 안전관리를 중심으로 살펴보고자 한다.

이 장을 학습한 후
달성할 수 있는
목표

- 유아교육기관 인사관리의 주요 내용과 절차를 이해한다.
- 유아교육기관에서 시설 및 설비를 효율적으로 활용하고 관리하는 방법에 대하여 안다.
- 유아교육기관의 재정 및 사무를 관리하는 주요 절차를 이해한다.
- 영유아의 건강·영양 및 안전을 관리하는 방법에 대하여 안다.

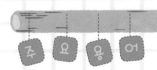

주요용어

인사관리, 유치원교직원, 보육교직원, 시설, 설비, 비품, 교재·교구, 재정관리, 사무관리,
업무분장, 건강관리, 질병관리, 영양관리, 안전관리

1. 유아교육기관 경영의 기초

1) 유아교육기관 경영의 개념

경영이란 조직의 목표를 설정하고 그 목표를 효과적으로 달성하기 위해 업무를 기획, 실천, 평가하는 순환적 활동이다. 이러한 활동을 초 · 중등교육에서는 주로 학교경영, 학교행정, 학교관리 등으로 논의해 온 반면, 유아교육에서는 기관 운영 관리로 더 널리 지칭해 왔다. 운영관리는 조직의 목적과 목표를 효과적으로 달성하기 위해 인적 · 물적 · 재정적 · 운영 방법적 조건을 정비하고 운용하는 일을 뜻하고, 경영은 기업이나 사업을 관리하고 운영하는 것을 의미한다. 따라서 교육기관에 대한 경영과 운영관리가 각각 의미하는 바에는 큰 차이가 없다고 볼 수 있다. 그러나 현대사회에서는 유아교육기관에 대하여 훨씬 더 복잡하고 전문적인 교육 및 보육서비스를 요구하므로 경영 개념이 더 강조되고 있다.

2) 유아교육기관 경영의 원리

효율적이고 합리적 근거에 기초한 유아교육기관의 경영을 위해서는 다음과 같은 원리를 염두에 둘 필요가 있다(임재택, 2005).

- 타당성의 원리: 유아교육기관의 모든 운영과 관리 활동은 그 설립 목적에 비추어 올바르고 적합해야 한다.
- 민주성의 원리: 유아교육기관의 장은 교직원들의 의견이나 요구를 적극 반영하고 경영의 실천에 있어 독단과 편견을 배제해야 한다.
- 효율성의 원리: 유아교육기관 경영의 효과는 단기간에 나타나기 어려우므로 경

제적 효율보다는 장기간에 걸친 사회적 효율을 고려해야 한다.

- 적응성의 원리: 유아교육기관의 장은 기관의 현실적 상황을 충분히 고려하고 시대적·사회적 환경 변화에 적절히 적응할 수 있는 능력을 갖추어야 한다.
- 안정성의 원리: 유아교육기관의 경영에는 현실 적응 및 변화의 수용과 함께 교육에 깃든 고유한 정통성과 가치관 등을 유지하여 안정적으로 운영하려는 노력도 필요하다.

3) 유아교육기관 경영의 영역

유아교육기관 경영의 영역은 매우 넓은 범위를 포괄하는데 이해의 편의를 위하여 몇 가지로 구분해 보면 다음과 같다(황윤세, 임미혜, 이혜원, 2009).

- 프로그램서비스 영역: 교육 및 보호, 식생활, 복지, 부모참여 등의 포괄적 서비스를 어떻게 제공하고 운영할지에 대한 것
- 행정 영역: 행정조직 및 각종 위원회의 구성, 즉 지휘체계의 조직, 조직 구성원과 기능의 정의, 경영에 필요한 각종 위원회의 조직에 대한 것
- 교직원 인사관리 영역: 교직원의 자격과 임용, 업무 분담, 관리와 감독, 급여, 복지, 휴직, 전문성 향상에 대한 것
- 영유아관리 영역: 원아모집, 입학, 학급당 영유아 수, 수업 및 보육 일수, 출결관리, 영유아에 대한 복지서비스와 평가에 대한 것
- 건강 및 안전 영역: 영유아 건강진단, 아픈 영유아에 대한 조치와 투약, 사고 및 응급상황 관리, 영양 및 급식관리, 건강 및 영양교육에 대한 것
- 재정관리 영역: 재성확보, 예산편성, 예산집행, 결산, 회계보고 및 감사에 대한 것
- 문서관리 영역: 기관에 비치하는 문서의 종류, 문서의 처리, 문서의 보관 및 보존, 문서관리 책임에 대한 것
- 부모관리 영역: 부모 및 가정의 요구 충족, 부모참여, 부모와 교사 및 기관의 의

사소통에 대한 것
　• **공공활동 영역**: 지역사회 및 영유아교육 관련 단체 등과의 관계 유지에 대한 것

　이러한 유아교육기관 경영 영역에 대한 일반적 구분과 유치원평가 지표 및 어린
이집 평가인증 지표의 내용을 기초로 하여, 이 장에서는 유아교육기관 경영 영역을
인사관리, 시설 및 설비관리, 재정 및 사무관리, 건강·영양 및 안전관리로 나누어
살펴보기로 한다.

2. 유아교육기관의 인사관리

1) 유치원교직원과 보육교직원의 배치

(1) 유치원교직원

　유치원교직원은 교원과 직원으로 구성된다. 교원은 원장, 원감, 수석교사 및 교
사를 가리킨다. 원장은 원무를 총괄하고 소속 교직원을 지도·감독하며 해당 유치
원의 유아를 교육한다. 원감은 원장을 보좌하여 원무를 관리하고 해당 유치원의 원
아를 교육하며 원장이 부득이한 사유로 직무를 수행할 수 없을 때 그 직무를 대행
한다. 수석교사는 교사의 교수·연구활동을 지원하며, 유아를 교육한다. 교사는
해당 유치원의 학급마다 1명 이상 배치되어 법령에서 정하는 바에 따라 유아를 교
육하는데, 2학급 이하인 유치원에서는 원장이나 원감도 학급을 담당할 수 있다. 방
과후 과정을 운영하는 유치원에는 각 학급 담당교사 외에 방과후 과정 운영을 담
당할 교사를 1명 이상 배치할 수 있으며, 방과후 과정 운영 담당교사의 배치기준은
교육지원청에서 정한다.

　유치원에서는 교사 중 특정 직무를 맡는 보직교사를 임명할 수 있는데, 보직교사
의 수는 유치원 학급 규모에 의해 결정되고 명칭은 교육지원청에서 정하며 보직의

종류와 업무분장은 원장이 정한다.

유치원의 직원은 법령이 정하는 바에 따라 행정사무와 그 밖의 사무를 담당하는 사람으로 촉탁의사, 영양사, 간호사(또는 간호조무사), 행정직원 등을 포함한다. 직원은 유치원의 필요에 따라 1명 이상 둘 수 있으며, 유치원별 배치기준은 교육지원청에서 정한다.

「유아교육법」 제21조의2에서는, 유치원 설립자·경영자 및 원장은 유아의 인권을 보장하여야 하고 교직원은 유아를 교육하거나 사무를 담당할 때 유아 신체에 고통을 가하지 않도록 규정하고 있다.

(2) 보육교직원

보육교직원은 어린이집에서 영유아의 보육, 건강관리, 보호자와의 상담, 어린이집 관리·운영 등의 업무를 담당하는 사람들을 통칭한다. 구체적으로는 어린이집의 원장, 보육교사, 간호사, 영양사, 조리원 및 그 밖의 직원을 포함한다.

어린이집의 원장은 어린이집을 총괄하고 보육교사 및 직원을 지도·감독하며 영유아를 보육하는 일을 맡는다. 보육교사는 영유아를 보육하고 원장이 불가피한 사유로 직무를 수행할 수 없을 때는 그 직무도 대행하는데, 보육교사의 배치기준은 영유아의 연령과 장애 여부에 따라 별도로 정해져 있다(「영유아보육법 시행규칙」 제10조). 보육교사의 업무 부담 경감과 휴가 또는 보수교육 등으로 인한 업무 공백 해소를 위하여 보조교사와 대체교사를 각각 배치하도록 규정되어 있다. 간호사와 영양사는 영유아 100명 이상, 조리원은 영유아 40명 이상 80명 이하를 보육하는 어린이집 기준으로 각각 1명을 두어야 한다. 단 어린이집의 원장이 간호사 또는 영양사 자격을 소지한 경우에는 간호사 또는 영양사를 겸직할 수 있다. 어린이집에 둘 수 있는 그 밖의 직원으로는 의사(또는 촉탁의사), 사회복지사, 사무원, 관리인, 위생원, 운전기사, 치료사 등이 있다.

「영유아보육법」에 규정된 보육교직원의 공통 책무는 영유아를 보육하는 과정에서 영유아에게 신체적 고통이나 고성·폭언 등의 정신적 고통을 가하지 않아야 한다는 점이다.

2) 유치원교직원과 보육교직원의 임용

임용은 특정인에게 지위를 부여하는 행위로 신규채용, 승진, 승급, 전직, 전보, 겸임, 파견, 강임, 휴직, 직위해제, 정직, 복직, 면직, 해임 및 파면을 포함하는 광의의 개념이다. 교직원의 임용은 기본적으로 자격, 재교육성적, 근무성적, 기타 능력의 실증 등에 근거하여 이루어진다. 여기서는 유치원교직원과 보육교직원의 채용을 중심으로 알아본다.

(1) 유치원교직원의 임용

유치원교직원의 채용 방식은 유치원의 설립 구분(국·공립, 사립)에 따라 다르게 적용된다.

국·공립유치원에 근무하는 교원은 국가공무원(교육공무원)에 속하고 직원은 국가 또는 지방공무원에 속하나, 유치원에 따라 공무원에 속하지 않은 신분으로 교육행정이나 교육활동 지원 업무 등의 실무를 담당하는 근로자(무기계약근로자, 기간제근로자, 단시간근로자)도 배치되어 있다. 국·공립유치원교사의 채용 기회는 원칙적으로는 유치원정교사 자격증을 취득하고 채용을 원하는 모든 사람에게 공개되어 있다. 국립유치원(강릉원주대부설, 공주대사범대학부설, 한국교원대부설)의 교사 채용은 유치원이 소재하는 시·도교육감의 교원 전보계획에 따라 공립유치원 경력교사 중 적격자를 선정하여 전보임용하는 방식으로 이루어진다. 공립유치원교사의 신규채용은 각 시·도교육청에서 공립유치원교사 임용후보자 선정경쟁시험(1·2차)을 실시하여 최종합격자를 대상으로 시행한다. 1차 시험은 교직논술(논술형), 교육과정(기입형·서술형), 한국사(한국사능력 검정시험으로 대체)를 과목으로 하고 2차 시험은 1차 합격자를 대상으로 교직적성 심층면접, 교수·학습과정안 작성, 수업실연 등을 진행한다. 1차 시험 출제와 채점 및 2차 시험 출제(일부 시·도교육청은 자체 출제)는 한국교육과정평가원에서 담당한다. 국립유치원의 직원으로는 직군과 직렬에 따른 국가공무원을, 공립유치원의 직원은 지방공무원을 신규채용하여 배치하거나 기존 경력자 중 전보임용하며, 정규 직원 외의 인력도 직원에 포함되어 있다.

사립유치원은 사립학교에 속하므로 교직원의 임용권은 법인 또는 경영자가 행사한다. 교원의 자격 규정은 국·공립유치원과 동일하게 적용된다. 원장은 법인유치원의 경우 법인에서 임용하고 사인유치원의 경우 경영자가 자격기준을 충족할 경우 해당 직위에 임용될 수 있다. 원장 외 교원의 신규채용은 임용권자가 공개전형에 의하여 실시하도록 되어 있다. 즉, 지원마감일 30일 전까지 일간신문이나 인터넷 등의 정보통신 매체를 통하여 채용분야·채용인원 및 지원자격 등에 관한 사항을 공고하고, 공개전형은 필기시험·실기시험 및 면접시험 등의 방법으로 한다. 사립유치원의 사무 처리를 위한 기구의 설치·운영과 직원의 정원·임용·보수·복무 및 신분보장에 관해서는 정관(법인유치원)이나 규칙(私人유치원)에 정하고, 직원은 유치원장의 제청으로 법인(법인유치원) 또는 경영자(私人유치원)가 임용한다.

(2) 보육교직원의 임면

보육교직원에 대한 임면권은 어린이집 원장과 보육교사를 포함한 직원으로 나누어 살펴볼 수 있다. 어린이집 원장에 대한 임면권은 국·공립 어린이집의 경우 시장·군수 또는 구청장(교직원 임면권을 위임받은 수탁자 포함)이, 사회복지법인·법인 및 단체 등·직장·가정·민간어린이집의 경우 어린이집 설치자가, 그리고 부모협동어린이집의 경우 조합을 결성하여 설치·운영하는 대표자가 가진다. 보육교사 등 직원에 대한 임면권은 어린이집 원장의 제청으로 법인·단체의 대표자 또는 어린이집 실치자(교직원 임면권을 위임받은 수탁자 포함)가 행사한다.

보육교직원으로 채용되려면 어린이집 원장과 보육교사 모두 「영유아보육법 시행령」 제21조에서 정한 자격기준을 충족해야 하고 국가자격증을 발급받았거나 발급 예정(자격번호 부여)이어야 한다. 어린이집 원장은 전임으로 상시 근무할 수 있어야 하고, 보육교사의 출산휴가·육아휴직·장기 병가 시 채용되는 대체교사(임시교사)도 보육교사 자격을 갖추어야 한다. 어린이집 원장과 보육교사 외에 장애영유아를 위한 보육교사, 특수교사, 치료사, 간호사, 영양사는 각각 해당 자격증 또는 면허증을 소지해야 하고, 조리원은 상시 1회 50명 이상에게 식사를 제공하는 어린이집의 경우 1명 이상이 조리사 자격을 가지고 있어야 한다.

보육교직원의 채용 방식에 있어서는 국가 또는 지방자치단체로부터 보육교직원의 인건비를 보조받는 어린이집의 경우 공개경쟁을 원칙으로 한다. 보육교직원 채용 시에는 임금·근로시간 및 그 밖의 근로조건을 명시한 근로계약을 체결하되 근로계약과 관련하여 부당한 내용(결혼, 출산, 육아휴직 등으로 인한 퇴직 요구)이 포함되지 않아야 하고, 보육교직원 결원 시에는 1개월 이내에 신규 교직원을 채용해야 한다.

3) 유치원교직원과 보육교직원의 보수체계

(1) 유치원교직원의 보수체계

국·공립유치원교원의 보수는 「공무원보수규정」과 「공무원수당 등에 관한 규정」에 의하거나 준하여 결정되고, 사립유치원교원의 보수는 교육공무원 수준으로 유지되도록 규정되어 있다. 유치원에 근무하는 직원의 보수는, 공립을 기준으로 보면, 지방공무원의 경우 「지방공무원 보수규정」과 「지방공무원 수당 등에 관한 규정」에 의하여 결정되고, 공무원에 속하지 않는 근로자의 경우 시·도교육청의 예산부서와 사업부서에서 정한 지침 또는 기준에 의하여 정해진다. 보수는 봉급과 수당을 합산한 금액이다. 봉급은 직무의 곤란성과 책임 정도 및 재직기간 등에 따라 직책별, 계급별, 호봉별로 지급되는 기본 급여이고, 수당은 직무 및 생활여건 등에 따라 부가적으로 지급되는 급여이다. 유치원교원의 봉급월액은 초·중등교원과 단일한 체계에 의해 산출된다.

(2) 보육교직원의 보수체계

보육교직원의 보수 관련 사항은 「근로기준법」과 「근로자 퇴직급여보장법」 등을 기본으로 한다. 보건복지부에서는 매년 국고보조어린이집(정부인건비지원 어린이집, 직장어린이집)에 적용하는 것을 원칙으로 '보육교직원 인건비 지급기준'을 정한다. 그러므로 보육교직원의 보수기준은 개별 교직원의 호봉, 근무성적, 시설의 운영 여건 및 '보육교직원 인건비 지급기준'을 참고하여 설정된다. 정부에서 인건비를 지원받지 않는 어린이집은 기관의 재정형편에 따라 원장과 보육교직원 간의 협의(근로계약 체결)에 의하여 보수기준을 달리 정할 수 있으나 고용노동부에서 고시하는 최저임금을 준용해야 한다.

보수는 원장, 보육교사, 조리원으로 구분하여 지급하되 보육교직원 자격기준 외의 직원(사무원, 사회복무요원, 도우미 등)은 별도 기준을 정하여 적용한다. 보육교직원의 보수는 인건비 지급기준에 책정된 월지급액과 기말수당, 가계지원비, 정근수당, 장기근속수당, 가계보조수당, 명절휴가비, 교통급식비 등을 합하여 산정한 연봉액을 월 단위로 나누어 지급한다.

그 외에도 국가나 지방자치단체에서 비용을 보조하는 보육교사 근무환경개선비, 보육교사겸직원장 지원비, 농촌보육교사 특별근무수당, 누리과정 담당교사 처우개선비 등도 지원된다. 또 어린이집에서는 보육교직원이 1년 이상 계속 근무하고 퇴직할 때 1년에 대하여 30일분 이상의 평균임금을 퇴직금으로 받을 수 있도록 퇴직금제도를 두고 적립하여 사유가 발생한 날부터 14일 이내에 지급해야 한다.

4) 유치원교직원과 보육교직원의 복지

(1) 국민연금

국민연금은 「국민연금법」에 의거하여 국민의 노령, 장애 또는 사망에 대한 생활안정과 복지 증진을 목적으로 보건복지부에서 주관하는 보험이다. 국내에 거주하는 18세 이상 60세 미만의 국민이 가입 대상이 되나 공무원연금, 군인연금, 사립학교교직원연금, 별정우체국연금 등의 공적 연금을 적용받는 사람은 제외된다. 보육교직원은 당연 가입대상이 되며, 공립유치원의 실무 담당 근로자와 사립학교교직원연금에 가입되지 않은 사립유치원교직원도 대상이 될 수 있다. 보험요율에 해당하는 기준소득월액의 9%를 직장인 본인과 사용자가 각각 절반(4.5%)씩 부담하여 매월 사용자가 일괄적으로 국민연금공단에 납부한다.

(2) 국민건강보험과 노인장기요양보험

국민건강보험은 「국민건강보험법」에 근거하여 국민의 질병·부상 예방·진단·치료·재활과 출산·사망 및 건강 증진을 도모하기 위하여 보건복지부에서 주관하는 보험이다. 의료급여수급권자와 의료보호대상자 등을 제외한 모든 국민이 건강보험의 가입자 또는 피부양자가 된다. 유치원교직원과 보육교직원은 모두 임용된 날부터 가입 자격을 얻게 되는데 유치원과 어린이집에서는 개별 교직원에 대하여 직장가입자 자격취득 신고서를 국민건강보험공단에 제출해야 한다. 건강보험료는 교직원 각자에 대하여 보수월액의 6.24%가 부과되는데, 교직원과 사업주(유치원 또는 어린이집)가 절반(3.12%)씩 부담한다. 또 국민건강보험료와 함께 「노인장기요양보험법」에 근거한 노인장기요양보험료도 부과되는데, 노인장기요양보험료는 국민건강보험료의 7.38%에 해당되며 역시 개별 교직원과 사업주가 50%씩 부담한다.

(3) 산재보험

산재보험은 「산업재해보상보험법」과 「고용보험 및 산업재해보상보험의 보험료 징수 등에 관한 법률」에 근거하여 근로자의 업무상 재해 보상, 재해근로자의 재활 및 사회 복귀 촉진, 재해 예방과 근로자의 복지 증진을 위하여 고용노동부에서 관장하는 보험이다. 산재보험은 근로자를 사용하는 모든 사업장에 적용되나 위험률, 규모 및 장소 등에 따라 적용의 예외를 인정한다. 「공무원연금법」과 「사립학교교직원 연금법」에 따라 재해보상이 되는 공·사립유치원은 적용의 제외 사업에 속하지만 실무 담당 근로자에게는 적용되며, 모든 어린이집(국·공립 어린이집 중 직원이 공무원인 경우와 가정어린이집 운영 시 보육교사가 없는 경우 제외)은 가입대상이다. 산재보험료는 사업주가 부담하며 어린이집이 보육교직원 개인별 보수총액의 0.85%(출퇴근재해 1.5% 포함)를 납부한다.

(4) 고용보험

고용보험은 「고용보험법」과 「고용보험 및 산업재해보상보험의 보험료징수 등에 관한 법률」에 의거하여 고용안정, 직업능력개발, 실업급여, 육아휴직 급여 및 출산전후휴가 급여를 실시하기 위하여 고용노동부에서 주관하는 보험이다. 고용보험은 근로자를 사용하는 모든 사업장에 적용되나 산업별 특성 및 규모 등에 따라 적용의 예외를 두고 있다. 국가 또는 지방공무원인 공립유치원교직원과 사립학교교직원연금의 적용을 받는 사립유치원교직원에게는 적용되지 않으므로 공립유치원의 실무 담당 근로자와 보육교직원이 가입대상이다. 고용보험료는 실업급여와 고용안정 및 직업능력 개발 사업에 사용된다. 실업급여를 위한 보험료는 보육교직원과 어린이집이 각각 근로자 개별 보수총액의 0.65%씩을, 고용안정 및 직업능력 개발 사업을 위한 보험료는 어린이집(150인 미만 기업)에서만 0.25%를 부담한다.

(5) 공무원연금

공무원연금은 「공무원연금법」에 근거하여 공무원(군인과 선출직 공무원 제외)의 퇴직 또는 사망과 공무로 인한 부상·질병·장애에 대하여 급여를 지급하기 위하여 인사혁신처에서 주관하는 보험이다. 국·공립유치원교직원(실무 담당 근로자 제외)이 가입대상이 되는데, 매월 개별 교직원은 기준소득월액의 8.5%(2016년부터 2020년까지 9%로 단계적 인상)를 기여금으로 부담하고 국가나 지방자치단체는 분기별로 보수예산의 8.5%(2016년부터 2020년까지 9%로 단계적 인상)를 연금부담금으로 납부한다.

(6) 사립학교교직원연금

사립학교교직원연금은 「사립학교교육지원연금법」에 근거하여 사립학교 교원 및 사무직원의 퇴직·사망 및 직무로 인한 질병·부상·장애에 대한 급여 지급을 목적으로 교육부에서 주관하는 보험이다. 사학연금의 적용 대상은 초등학교부터 대학교까지의 모든 사립학교(특수학교 포함)와 학교경영기관에 근무하는 정규 교직원이다. 사립유치원교직원은 소속기관이 교육부장관의 지정을 받으면 임의적용 및 특례적용 대상이 될 수 있다. 사학연금의 부담금은 교직원(개인부담금)과 학교경영기관(법인부담금) 및 국가(국가부담금)가 공무원연금과 같은 비율을 납부한다.

3. 유아교육기관의 시설 및 설비관리

1) 시설 및 설비의 개념

교육기관에 있어서 시설은 일정한 장소에서 교육을 계속 운영하기 위해 설치된 물적 조건으로 교지 및 유원장, 건물과 건물 내부의 구조물(교실 또는 보육실, 교육보조실, 관리실, 위생시설) 등을 포함한다. 또 설비는 부대 시설로서 급배수, 조명, 냉난방, 위생 등을 위한 장치와 교수·학습에 활용되는 기구를 말한다.

2) 시설 및 설비 관련 규정

(1) 유치원의 시설 및 설비 관련 규정

유치원에서 갖추어야 할 시설 및 설비에 대한 기준은 「고등학교 이하 각급 학교 설립·운영 규정」에 부분적으로 제시되어 있는데, 그 주요 내용은 〈표 9-1〉과 같다.

표 9-1 「고등학교 이하 각급 학교 설립·운영 규정」 중 유치원 관련 내용

구분	기준	면적(m²)
교사용 대지	• 건축관련법령의 건폐율 및 용적률에 관한 규정에 따라 산출	
교사	• 교사(교실, 도서실 등 교수·학습에 직간접적으로 필요한 시설물)는 교수·학습에 적합해야 하고, 내부 환경은 「학교보건법」 제4조 규정에 의한 환경위생 및 식품위생의 유지·관리에 관한 기준에 적합해야 함	40명 이하: 5N 41명 이상: 80+3N 교사 중 교실 총면적: 2.2N (N=전학년 학생정원)
체육장	• 체육장은 배수가 잘 되거나 배수시설을 갖춘 곳에 위치해야 함	40명 이하: 160 41명 이상: 120+N (N=전학년 학생정원)
교지	• 교사용 대지와 체육장의 면적을 합한 용지로 교사의 안전, 방음, 환기, 채광, 소방, 배수 및 학생 통학에 지장이 없는 곳에 위치해야 함	
교구	• 교과별로 필요한 도서, 기계, 기구 등의 교구를 갖추어야 함 • 교구의 종목 및 기준은 시·도교육감이 정하여 고시	
급수·온수 공급시설	• 급수시설은 수질검사결과 위생상 무해한 것이어야 함 • 온수를 공급할 수 있는 시설을 갖추어야 함	

(2) 어린이집의 시설 및 설비 관련 규정

어린이집에서 갖추어야 하는 시설 및 설비의 기준은 「영유아보육법 시행규칙」에 제시되어 있는데, 주요 내용은 다음과 같다.

• 입지조건
  - 부지는 보육수요·보건·위생·급수·안전·교통·환경 및 교통편의 등의 측면에서 쾌적한 환경을 갖추어야 한다.
  - 위험시설로부터 50m 이상 떨어진 곳에 위치해야 한다.

－「건축법 시행령」에 따라 각 어린이집을 설치할 수 있는 곳이어야 한다.

• 재산요건
－가정어린이집 및 민간어린이집은 시설로 사용되는 토지, 건물 소유권, 전세권 등에 대한 부채비율이 50/100 미만이어야 한다.
－협동어린이집은 영유아의 보호자 11명 이상 또는 보호자와 교직원을 합하여 11명 이상의 출자가 있어야 한다.

• 어린이집의 규모: 정원 총 300명 초과 불가
－국공립어린이집: 상시 영유아 11명 이상
－직장어린이집: 상시 영유아 5명 이상
－사회복지법인어린이집, 법인·단체 등 어린이집 및 민간어린이집: 상시 영유아 21명 이상
－가정어린이집: 상시 영유아 5명 이상 20명 이하
－협동어린이집: 상시 영유아 11명 이상

• 어린이집의 구조 및 설비기준(일반기준)
－구조 및 설비는 그 시설을 이용하는 영유아의 특성에 맞도록 갖추어야 한다.
－어린이집은 하나의 건물에 설치하는 것을 원칙으로 한다.
－어린이집에 갖추어야 하는 주요 시설 및 설비를 간추려 제시하면 〈표 9-2〉와 같다.

표 9-2 「영유아보육법 시행규칙」별표 1(제9조 관련)의 어린이집 설치기준 주요 내용

구분	주요 기준
시설 면적	• 보육실 포함(놀이터 면적은 제외) 영유아 1명당 4.29m² 이상
보육실	• 건물의 1층에 설치 원칙 • 영유아 1명당 2.64m² 이상의 공간 확보 • 침구, 놀이기구 및 교재 · 교구 구비
조리실	• 식기 소독, 위생적 취사 및 조리 설비
목욕실	• 난방시설, 샤워 · 세면 및 냉온수 공급 설비 구비, 미끄럼 방지 장치
화장실	• 수세식 유아용 변기, 세정장치, 미끄럼 방지 장치
교사실	• 보육정원 21명 이상인 어린이집에 설치 • 교육활동 준비, 행정사무, 휴직 등에 필요한 설비 구비
놀이터	• 정원 50명 이상의 경우 영유아 1명당 3.5m² 이상으로 옥외 설치 원칙 • 옥외놀이터 설치가 불가능한 경우 옥내놀이터를 설치하거나 인근의 놀이터를 활용 가능 • 모래밭에 대근육활동 놀이기구 1종 이상 포함 놀이기구 3종 이상 설치 • 놀이터, 놀이기구 및 어린이용품은 「품질경영 및 공산품안전관리법」, 「어린이놀이시설 안전관리법」 및 「환경보건법」의 기준 준수
급배수시설	• 상수도나 간이상수도를 활용하는 경우 저수조를 거치치 않고 직접 수도꼭지에 연결하여 식수 공급 • 오수나 빗물이 잘 처리되도록 배수설비 구비
비상재해 대비시설	• 소화용 기구 구비 및 비상구 설치 • 비상시 양방향으로 피난할 수 있도록 각 층별 출구 및 피난시설 설치 • 소방시설은 「소방시설 설치 · 유지 및 안전관리에 관한 법률 시행령」 제15조에 의거하여 설치 • 가스는 「도시가스사업법」, 「액화석유가스의 안전관리 및 사업법」의 규정에 따라 설치 · 관리
폐쇄회로 텔레비전	• 보육실 등을 촬영하고 모니터를 통하여 그 영상을 구현할 수 있으며, 그 영상정보를 녹화 · 서상할 수 있는 고해상도급 이상의 성능

3) 시설 및 설비의 설치와 관리

유아교육기관에서 시설 및 설비는 교육환경을 결정하는 중요한 요인으로 유아들의 성장과 발달에 큰 영향을 미친다. 시설 및 설비의 설치와 관리에는 유아의 발달과 흥미, 안전성, 공간 활용도, 융통성, 경제성, 심미성 등이 고려되어야 한다. 유아교육기관에서 시설 및 설비를 설치하고 관리하는 방법에 대하여 실내 시설과 설비, 실외 시설과 설비, 그리고 비품 및 교재 · 교구로 나누어 살펴보고자 한다.

(1) 실내 시설

① 현관

현관은 실내외 놀이공간을 볼 수 있는 곳에 여러 명의 영유아들이 동시에 이용할 수 있는 크기로 설치한다. 문은 너무 무겁지 않은 재질로 안쪽에서 잠길 우려가 없고 밖에서 쉽게 열리도록 설치하며 영유아의 손이 끼지 않도록 가장자리에 손끼임 방지 장치를 한다. 현관 내에는 유아나 부모를 위한 간이 의자, 신발장, 우산꽂이 등을 비치하고 벽면에 게시판을 부착하여 정보를 제공한다.

② 교사실

교사실은 외부에서 쉽게 찾을 수 있고 실내의 전반적인 상황을 파악하기 쉬운 곳에 설치한다. 교사들의 교수 준비 및 연구활동과 부모상담 등이 원활히 수행될 수 있도록 공용 테이블 · 개별 책상 · 의자 · 서류장 · 책장 · 옷장 · 소파 등의 집기, 사무기기, 방송 시설 등을 갖춘다.

③ 화장실 및 목욕실

화장실 및 목욕실은 영유아들의 생리적 욕구 충족과 청결 유지를 위하여 교실 또는 보육실 가까이에 둔다. 화장실에는 유아용 수세식 변기, 세면대, 거울, 바닥 미끄럼 방지 장치를 설치하고 비누와 수건 및 휴지를 구비한다. 악취의 발산과 해충의 발생·번식을 방지하기 위하여 화장실의 내·외부에 대한 소독을 주 1회(10~3월)에서 3회(4~9월) 실시한다. 목욕실에는 난방시설, 바닥 미끄럼 방지 장치, 냉·온수 공급 설비, 샤워 및 세면 설비를 갖춘다.

④ 보건실

보건실은 영유아의 응급처치 등이 신속하게 이루어질 수 있도록 이용하기 쉽고 통풍과 채광이 잘 되는 곳에 설치한다. 침대, 비상약품(해열제, 소화제, 외상 소독약 등), 간이 의료기구(체온계, 붕대, 솜, 핀셋, 밴드 등)를 비치하고 영유아가 놀잇감을 사용할 수 있는 공간도 확보한다.

⑤ 자료실 및 창고

자료실은 교재와 교구를 보관하는 장소로 일정 규모의 면적을 필요로 한다. 자료 보관대는 여러 규격의 목재나 철제 선반으로 제작한다. 교수·학습 자료, 교재·교구 제작 재료, 환경구성 용품, 행사 용품 등을 분류하고 목록을 작성하여 보

[그림 9-1] 자료실

관한다. 창고는 실외에 두는 경우가 많으나, 실내에 설치할 경우 실내외 양쪽에서
출입할 수 있도록 문을 내는 것이 유용하다.

⑥ 조리실 및 식당

조리실은 교수ㆍ학습 활동을 방해하지 않고 식품 운반과 배식이 용이한 곳에 설
치한다. 내부벽, 바닥 및 천장은 내화성, 내수성 및 내구성이 있는 재질로 마감하여
청소와 소독이 쉽고 화재예방에 도움이 되도록 한다. 조리실에는 채광 및 환기 시
설, 냉장고, 세척 시설, 조리 시설, 식기구 및 보관장, 식기구 소독기 및 소독 시설,
방충망, 덮개 달린 폐기물 용기 등을 갖춘다. 식기구는 건조시켜 보관하고, 배식과
식기반납을 위한 공간은 유아들이 이용하기 적당한 높이로 설치하며, 필요한 곳에
손 세척 또는 소독 시설을 설치한다.

⑦ 휴식 및 낮잠 공간

휴식 및 낮잠 공간은 별도로 설치하거나 교실 또는 보육실의 일부 공간을 활용하
여 확보한다. 별도로 설치하는 경우 화장실과 가깝고 환기가 잘 되는 곳을 택하고
채광을 조절할 수 있어야 한다. 온돌방 형태로 바닥을 직접 활용하거나 영유아 개
별 간이침대를 두고 활용할 수도 있다. 침구는 면 소재의 것으로 준비하고 정기적
으로 세탁하거나 소독하여 청결하게 관리한다.

⑧ 교실 또는 보육실

교실 또는 보육실은 안전하고 기능적이어야 하므로 환기 시설, 냉난방 시설, 채
광 및 차광 시설 등을 구비하여 적절한 온도, 습도, 조도가 유지되도록 한다. 바닥
을 청결하게 관리하고 소음 방지 및 영유아 활동의 안전성을 도모하기 위하여 부분
적으로 카펫이나 매트 또는 방수깔개를 갖춘다. 교실 또는 보육실의 활동 공간은
영유아의 발달 특성에 따라 차별화하여 구성하는 것이 바람직하다.

[그림 9-2] 유아를 위한 교실

(2) 실내 설비

① 채광 및 조명

자연채광을 충분히 활용하기 위해서는 벽면에 창을 설치하고 햇빛을 차단하는 요소들을 제거한다. 자연채광으로 부족할 경우 조명을 활용하고, 교실의 조명도는 책상면을 기준으로 300룩스 이상이 되도록 하며, 조명 효과를 높이기 위해서는 벽면을 무광택의 밝은 색으로 처리한다. 공간 전체의 조도 유지를 위한 기본 조명과 특정 영역을 위한 부분 조명을 구분하여 활용한다.

② 창문

창문은 파손에 강한 재질로 방음과 열손실 방지를 위해 이중으로 설치한다. 창문 크기는 바닥 면적의 1/5~1/4 정도로 하고, 유아가 서서 밖을 볼 수 있는 높이에 설치한다. 실외놀이 시설과 인접한 벽의 창문은 남향의 전면 창 형태가 좋으며, 창문 가장자리에는 영유아의 손끼임 방지 장치나 완충 장치를 부착한다. 창문 주변에는 추락사고를 방지하기 위하여 유아들이 딛고 올라설 만한 물건을 두지 않도록 한다.

③ 바닥

바닥은 탄성, 견고성, 안정성, 관리의 용이성, 방음 및 방염 기능 등을 고려하여 조성한다. 교실 또는 보육실 바닥의 재료로는 리놀륨, 나무, 비닐타일, 카펫 등이 주로 활용된다. 바닥 전체를 한 가지 소재로 통일하는 것보다는 활동 영역의 특성을 고려하여 부분적으로 시공하는 것이 바람직하다.

④ 냉난방 설비

영유아들이 활동하기에 적합한 실내 온도는 20~22°C이고 습도는 50~65%이다. 냉방을 위해서는 선풍기나 냉방기를 활용하고, 난방을 위해서는 바닥 매설용 장치니 방열기 및 온열기를 활용하되 돌출형의 경우 영유아의 신체에 직접 닿지 않도록 관리해야 한다.

⑤ 급배수 설비

세면대, 싱크대, 조리실, 음수대, 화장실 등에는 물을 공급하거나 빼내는 장치를 설치해야 한다. 물은 수질기준에 적합해야 하고 지하수일 경우 저수조를 거쳐 정수 또는 소독이 된 것을 사용해야 하며, 온수도 공급해야 한다. 오수나 빗물 등은 공공하수도로 합류되므로 배수가 원활히 이루어지는지 점검해야 한다.

(3) 안전 시설 및 설비

① 비상 재해 대비 시설 및 설비

「소방시설설치유지 및 안전관리에 관한 법률」 등에 따라 유아교육기관에는 다음과 같은 소방시설을 설치해야 하며 구체적 설비의 종류와 수준은 기관의 규모에 따라 다르다.

• 소화설비: 소화기, 스프링클러, 간이 스프링클러 등

- 경보설비: 비상경보시설, 자동화재탐지설비, 자동화재속보설비, 가스누설경보기 등
- 피난설비: 비상구, 비상계단 또는 영유아용 미끄럼대, 피난구유도등 등

이와 같은 설비들 중 최소한 소화기, 가스누설경보기, 비상 시 양방향 대피가 가능한 비상구, 비상계단 또는 미끄럼대, 피난구유도등은 구비되어야 한다. 소화기는 각 층마다 최소 1개씩 눈에 잘 띄는 곳에 비치해야 하고 소방약제가 충분하고 압력이 정상범위 내에 있도록 관리한다. 유도등은 정상적으로 작동하도록 관리해야 하고, 비상구는 잠그지 않거나 평소 잠가 두더라도 잠금장치가 안쪽에 있어 성인이 쉽게 열 수 있어야 하며, 비상구나 비상계단을 막거나 통로 등에 물건을 쌓아 두지 않아야 한다.

② 어린이집 폐쇄회로 텔레비전

어린이집에서는 영유아의 안전과 어린이집의 보안을 위하여 영유아의 보호자 및 보육교직원의 동의를 거쳐 「개인정보 보호법」 및 관련 법령에 따른 폐쇄회로 텔레비전을 설치·관리하고 그 사실을 잘 보이는 곳에 고지해야 한다. 폐쇄회로 텔레비전은 해당 장소의 촬영, 모니터를 통한 영상 구현, 영상정보의 녹화 및 저장 기능을 갖추어야 한다. 보육실, 공동놀이실, 놀이터 및 식당, 강당에 각각 1대 이상 일정한 방향을 지속적으로 촬영할 수 있도록 설치한다. 또 영상 속 인물의 행동 등을 식별할 수 있도록 고해상도급 이상의 성능을 확보하고, 임의로 조작하거나 녹음기능을 사용해서는 안 된다. 영상정보는 60일 이상 보관하고 분실, 도난, 유출, 변조 및 훼손이 일어나지 않도록 조치한다. 영상정보의 열람은 보호자의 아동 안전 확인, 범죄 수사와 공소 제기 및 유지·재판, 공공기관이나 보육 관련 안전업무 기관의 안전업무 수행 등을 위해서만 허용된다.

(4) 실외 시설 및 설비

① 유원장

유원장 또는 놀이터는 교실 및 보육실로부터 출입이 자유롭고 관찰이 용이하며 일조량 활용에도 유리한 곳에 설치한다. 면적은 유치원 체육장과 어린이집 놀이터 면적 기준을 참고하여 정하고, 형태는 영유아의 안전과 교사의 영유아 관찰 및 지도 편의를 고려하여 결정한다. 영유아들이 다양한 지형을 경험할 수 있도록 구성하고, 울타리를 설치하여 소통이 빈번한 곳으로부터 활동 영역을 구분해 준다.

유원장의 공간도 영유아들의 실외활동이 효율적으로 이루어지도록 흥미 영역으로 배치하는 것이 권장된다. 정적 활동 영역은 영유아들이 휴식을 취하거나 동화 읽기 등을 방해 받지 않고 할 수 있도록 조성한다. 동적 활동 영역은 대근육 활동을 위한 놀이기구들을 발달 수준에 맞게 배치하고, 물·모래·흙을 활용한 놀이 공간과 동물 또는 식물을 관찰하거나 기르는 공간으로 구성할 수 있다. 유원장에는 실외활동에 사용되는 놀잇감이나 도구 등을 정리하거나 보관하기 위한 공간도 확보할 필요가 있다.

② 놀이기구 및 시설

놀이기구는 영유아의 놀이에 사용될 수 있도록 만들어진 그네, 미끄럼틀, 공중놀이기구, 회전놀이기구 등을 가리킨다. 놀이기구는 낱개로 설치되거나 여러 개가 각기 또는 상호 연결되어 설치될 수 있는데, 놀이기구가 집합적으로 설치된 것 또는 놀이기구가 설치된 놀이터를 놀이시설로 규정하고 있다. 놀이시설은 유원장의 면적과 영유아의 연령에 따라 그 형태와 규모가 결정되어야 하고, 각 놀이기구는 성격과 용도에 따라 적절히 배치되어야 한다. 기어오르기, 매달리기, 미끄럼타기 등 여러 가지 활동이 가능하도록 제작된 복합 시설은 유아가 놀이기구 간에 안전하고 편리하게 이동할 수 있도록 연결되어야 한다.

유치원과 어린이집의 놀이시설을 설치할 때는 「어린이제품 안전 특별법」 제17조

에 따라 안전인증을 받은 놀이기구들을 활용하여 관련 시설기준 및 기술기준을 준
수해야 하고, 안전검사기관으로부터 설치검사를 받아야 하며, 놀이시설이 인도된
날로부터 30일 이내에 '어린이놀이시설 사고배상보험'에 가입해야 한다. 놀이시설
을 활용하는 동안에는 2년에 1회 이상 정기시설검사를 받은 후 그 결과를 정해진
방법에 따라 놀이시설 내의 적당한 장소에 설치 · 부착하거나 인쇄 · 각인하여 표
시해야 한다. 또 월 1회 이상 놀이시설의 연결 상태, 노후 정도, 변형 상태, 청결 상
태, 안전수칙 등의 표시 상태, 부대시설의 파손 상태 및 위험물질 존재 여부에 대하
여 안전점검을 한 후 그 결과를 안전점검 실시대장에 기록해야 한다. 안전점검 결
과 놀이시설이 영유아에게 위해를 가할 우려가 있는 경우 이용을 금지하고 1개월
이내에 안전검사기관에 안전진단을 신청한다.

[그림 9-3] 유원장과 놀이시설

③ 물 · 모래놀이 시설

　모래놀이장은 배수가 용이하고 양지바른 곳에 다양한 형태로 구성하고 안전한
재료로 가장자리 경계를 지어 준다. 「어린이 활동공간의 시설 및 바닥재 위생관리
기준」에 제시된 모래놀이장 관련 기준에 의하면, 모래의 두께는 30cm 이상 유지해

야 하고, 모래의 유실이나 진흙 등 토사 유입 여부를 월 1회 이상 점검해야 한다.
또 사람과 애완견 등의 외출이 많은 4월부터 10월까지는 모래에 대하여 1회 이상
기생충(란) 검사를 실시하고 기생충(란)이 검출되었을 경우 위생소독이나 모래 교
체 등의 대책을 실행해야 한다. 모래놀이장에는 영유아들이 활용할 수 있는 다양한
용기와 도구를 비치하고 햇빛을 막기 위해 부분 그늘을 설치하는 것도 좋다. 물놀
이 시설은 모래놀이장과 가까이 설치하여 영유아들이 물과 모래를 함께 사용하는
놀이를 다양하게 확장시킬 수 있도록 한다.

4) 비품 및 교재 · 교구의 관리

비품은 교수 · 학습에 간접적 또는 보조적으로 활용되는 물품 중 비교적 오래 사
용할 수 있는 것들을 가리킨다. 또 교재 · 교구는 교수 · 학습에 직접적으로 사용되
는 여러 가지 재료와 기구를 말한다. 비품과 교재 · 교구의 질적 활용을 위한 선정
및 관리 방법은 다음과 같다.

(1) 선정 기준
비품 및 교재 · 교구를 선정할 때는 다음과 같은 기준을 고려하여야 한다(류운석,
2002; 서정헌, 2005).

- 영유아의 연령, 흥미, 능력 등 발달단계별 요구에 적합해야 한다.
- 견고하여 오래 쓰고 여러 가지 용도로 융통성 있게 활용될 수 있어야 한다.
- 깨끗하고 가벼우며 공간을 적게 차지하는 등 유지, 관리, 보관이 쉬워야 한다.
- 색상, 디자인, 촉감 및 질감이 심미적 즐거움을 주는 것이어야 한다.
- 크기, 견고성, 재료 등의 측면에서 안전하고 정확히 작동되는 것이어야 한다.

(2) 비품 및 교재·교구의 종류

① 유치원

유치원에 비품과 교재·교구를 종목과 기준에 맞게 설치해야 하는 근거는 「고등학교 이하 각급 학교 설립·운영 규정」과 각 시·도교육청에서 고시하는 「유치원 교구·설비 기준」이다. 「유치원 교구·설비 기준」에는 비품이 포함된 설비와 실내외 흥미 영역별 교구의 종목과 기준량이 제시되어 있다.

② 어린이집

어린이집에서 갖추어야 할 비품과 교재·교구에 대한 기준은 법령이나 자치법규로는 마련되어 있지 않고 연도별 『어린이집 평가인증 안내』에 평가인증 지표로 포함된 관련 내용을 통하여 확인할 수 있다. 제3차 평가인증에서는 '보육환경 및 운영관리' 영역에 '실내 공간 구성' 지표가 배치되고 '실내 시설 및 설비의 발달 수준 적합성'과 '주제 관련 활동자료(신체활동 자료, 언어활동 자료, 미술·음악·동작활동 자료, 감각탐색·소근육 조작 경험 자료, 수·조작 및 과학활동 자료, 역할놀이·쌓기놀이 자료)의 구비 정도'를 측정하는 항목들이 설정되어 있다(보건복지부·한국보육진흥원, 2017).

『직장어린이집 등 설치·운영 규정』에서는 비품(시설물에 종속된 설비·비품)을 시설에 소요되는 것과 「영유아보육법 시행규칙」별표 1에 따른 기준의 충족에 필요한 보육실, 화장실, 조리실, 사무실, 양호실, 자료실, 강당, 놀이터, 비상재해대비시설, 안전시설, 그 밖의 시설 등에 소요되는 것으로 정의한다(일부 시설에서 탈착되는 비품이나 놀이기구 등은 제외). 그리고 교재·교구는 쌓기놀이활동, 소꿉놀이활동, 미술활동, 언어활동, 수학·과학 활동, 음률활동, 신체활동, 실내외 놀이에 필요한 교재·교구 및 보육에 필요한 비품을 포함하는 것으로 규정한다.

(3) 비품 및 교재·교구의 배치와 관리

교재·교구를 배치할 때는 다음과 같은 점을 고려할 필요가 있다.

- 영유아가 한눈에 쉽게 볼 수 있는 위치에 잘 정돈해 둔다.
- 영유아의 눈높이 정도의 선반에 배치하고 조각들은 상자에 담아 둔다.
- 흥미 영역별로 배치하여 물리적 한계를 분명히 해준다.
- 활동 주제가 바뀌거나 영유아가 사용하기 불편해할 때는 교체해 준다.
- 서로 관련이 있는 자료는 인접한 곳에 배치하여 쉽게 찾을 수 있도록 한다.
- 파손되기 쉬운 기자재나 과학기기 등은 안전한 장소에 보관한다.

비품 및 교재·교구는 다음과 같은 점에 유의하여 관리해야 한다.

- 비품과 교구는 효율성은 극대화되고 안전사고는 최소화되도록 운용한다.
- 충분한 수량을 확보하고 영유아에게 비품이나 교구의 사용방법을 지도한다.
- 비품이나 교구는 깨끗하게 유지하고 보관한다.
- 비품과 교재·교구를 보관하기 위하여 영유아의 활동공간과 구분되는 공간(자료실 및 창고)을 확보한다. 자료실 및 창고 설치가 어려운 경우 교실(보육실)이나 복도 등을 피하여 대체 공간을 확보한다(예: 교사실, 원장실).

[그림 9-4] 교재·교구의 정리

- 교육·보육활동의 진행 상황에 따라 활용하고 난 비품과 교재·교구는 다음 활용 시까지 자료실 및 창고에 보관한다.
- 비품과 교재·교구를 보관할 때는 누리과정의 영역과 주제, 영유아 연령, 용도별로 분류하고 각각의 명칭과 구성 등에 대한 사항을 표기하여 잘 보이는 위치에 체계적으로 정리한다.

 탐구활동

유아교육기관별로 시설과 설비 관리가 기준에 비추어 바람직하게 이루어지는 사례와 그렇지 못한 사례를 수집해 보고, 시설과 설비 관리에 현실적으로 어떤 요인들이 관여되는지 토의해 봅시다.

4. 유아교육기관의 재정 및 사무관리

1) 유아교육기관의 재정관리

유아교육기관에서 재정관리는 기관의 목적을 달성하기 위하여 재화를 조달하고 운용하는 일로 예산 편성, 예산 집행, 결산 등의 과정을 포함한다. 유치원과 어린이집의 재정관리는 각기 다른 관계 법령 및 규칙에 의거하여 이루어진다.

(1) 유치원

유치원의 회계는 국립과 공립유치원의 경우 각각 『국립유치원 및 초·중등학교 회계규칙』과 각 시·도의 교육규칙(예: 『경기도 공립학교회계 규칙』)에 의하여, 사립유치원의 경우 『사학기관 재무·회계 규칙』에 의하여 세부 사항이 관리된다. 유치원회계의 회계연도는 매년 3월 1일에 시작하여 다음 연도 2월 말일에 끝난다. 각 회계연도의 경비는 해당 회계연도의 세입으로 충당하여야 하고, 모든 수입은 직접 사용하지 못하고 금융기관이나 체신관서에 예치하여야 하며, 세입과 세출은 모두 세입·세출예산에 편입시켜야 한다.

국·공립유치원 회계는 학교회계시스템에 의하여 관리하며, 세입은 국가의 일반회계나 지방자치단체의 교육비특별회계로부터의 전입금, 수업료 등 교육비용과 납부금, 국가나 지방자치단체의 보조금 및 지원금, 사용료 및 수수료, 이월금, 물품매각대금, 기타 수입을 재원으로 한다. 사립유치원 회계의 세입은 납교금(입학금 및 교육과정·방과후 과정 수업료), 법인부담금(연금부담금, 건강보험부담금, 재해보상부담금, 그 밖의 운영비 및 시설비 부담금), 국내보조금(유아학비 지원금·방과후 과정 운영비·방과후 과정 시설환경개선비 등의 국고보조금, 시·도보조금), 전년도이월금, 수익자부담교육비(방과후 교육활동비·현장학습비·급식비·졸업앨범비) 등을 재원으로 한다. 국·공립유치원회계의 세출은 인적 자원 운용, 학생 복리·교육격차 해소, 기본적 교육활동, 선택적 교육활동, 교육활동 지원, 학교 일반운영, 예비비로 구성된다. 사립유치원의 세출은 인건비, 관리운영비, 연구장학비, 상환·반환금, 과년도지출, 적립금, 예비비, 학교운영지원비 등으로 구성된다.

유치원장은 회계연도 개시 전 관할청으로부터 예산편성 관련 매뉴얼이나 지침을 받고 전입금 또는 유치원의 수입을 파악하여 세입·세출 예산을 편성하여 회계연도 개시 30일 전까지 운영위원회에 제출하여 5일 전까지 자문(사립) 또는 심의(국·공립)를 받는다. 세입·세출 예산서는 운영위원회의 자문 또는 심의 후 10일 이내에 관할청과 유치원의 홈페이지에 공개한 후 관할청에 보고한다. 새로운 회계연도가 개시될 때까지 예산안이 확정되지 않았을 때는 인건비, 교육에 직접 사용되는 교육비, 시설 유지관리비, 법령상 지급의무가 있는 경비, 이미 예산으로 확정된 경비 등을 전년도 예산에 준하여 집행할 수 있다. 이러한 준예산은 해당 연도의 예산이 확정되면 그 예산에 의하여 집행된 것으로 간주된다. 회계연도 중에 예산을 추가하거나 경정할 때에는 예산이 편성된 날부터 15일 이내에 관할청에 보고해야 한다. 유치원장은 예산을 제한적으로 전용할 수 있고, 특정 사업에 여러 해가 소요되는 경우 경비의 총액과 연도별 금액을 정하여 여러 해에 걸쳐 지출할 수 있으며,

회계연도 내 지출을 완료하지 못할 것이 예상되는 경비는 다음 회계연도에 이월하여 사용할 수 있다.

유치원회계의 세입은 법령이 정하는 바에 따라 징수 또는 수납하여야 하고, 세입의 수납은 은행이나 우체국에 위탁하거나 회계출납원이 담당한다. 지출 원인행위는 예산 범위 내에서 유치원장이 하고, 지출은 원인행위에 대한 서류나 지급 청구를 받고 출납원이 은행 예금계좌나 우편대체계좌를 이용하여 행한다. 세출예산을 집행할 때는 지정된 증빙서류를 구비해야 한다.

회계연도가 종료되면 징수행위 및 지출 원인행위도 종료되며, 회계연도 종료 후 20일까지 세입금 수납 및 세출금 지출을 마감하고 세입·세출에 대한 결산을 해야 한다. 세입·세출 결산서는 예산과목과 동일하게 작성하되 수입과 지출에 있어서의 예산액, 결산액, 비교증감을 명확히 해야 한다. 세입·세출 결산액은 장부와 일치해야 하고 임의로 수정하거나 변경해서는 안 되며 사용 잔액은 잔고증명과 같아야 한다. 세입·세출 결산서는 회계연도 종료 후 2개월 이내에 확정하여 유치원운영위원회에 제출해야 하고, 운영위원회에서는 회계연도 종료 3~4개월(국립은 4개월, 공립은 시·도 교육규칙에 규정) 내에 자문(사립) 및 심의(국·공립)하여 원장에게 통보한다. 유치원장은 통보받은 결산서를 10일 내에 관할청과 유치원의 홈페이지에 공개한 후 관할청에 보고한다.

(2) 어린이집

어린이집의 재무·회계 관리는 『사회복지법인 및 사회복지시설 재무·회계규칙』의 주요 항목별 기준에 따라 보육통합정보시스템에 입력하는 방식으로 이루어진다. 어린이집의 회계연도는 매년 3월 1일에 시작하여 다음 연도 2월 말일에 종료된다. 회계연도의 모든 수입을 세입으로 하고 모든 지출을 세출로 하며, 세입과 세출은 모두 예산에 계상하여야 한다.

어린이집 원장은 법인 또는 시·군·구로부터 회계연도 개시 1~2개월 전까지 예산편성 지침을 통보받고 예산을 편성하여 운영위원회에 보고하거나 이사회의 의결을 거쳐 예산을 확정한다. 확정된 예산은 회계연도 개시 5일 전까지 시장·군수·구청장에게 제출한다. 어린이집 회계 세입예산과목의 항은 필요경비수입, 과년도수입, 잡수입, 보육료수입, 보조금수입, 전입금, 이월금으로 구분된다. 또 세출예산과목의 항은 어린이집운영비, 사업비, 재산조성비, 전출금, 과년도지출, 잡지출, 예비비로 구분된다(보건복지부, 2015).

회계연도 개시 전까지 예산이 성립되지 못하였을 때 어린이집 원장은 시장·군수·구청장에게 그 사유를 보고하고 예산이 성립될 때까지 교직원의 보수, 시설 운영 필수 경비, 법령상 지급의무가 있는 경비를 전년도 예산에 준하여 집행할 수 있다. 또 이미 성립된 예산을 변경할 필요가 있을 때는 추가경정예산을 편성·확정하여 7일 이내에 시장·군수·구청장에게 제출한다. 제출된 예산서는 시·군·구와 해당 법인 및 시설의 게시판과 인터넷 홈페이지에 각각 20일 이상 공고한다.

어린이집 회계의 예산은 세출예산에 정한 목적 외에는 사용할 수 없으나, 관·항·목 간의 예산은 운영위원회 보고와 이사회 의결을 거쳐 전용할 수 있다. 또 세출예산 중 회계연도 내 지출을 미치지 못할 것으로 예측되는 경비와 불가피한 사유로 연도 내 지출하지 못한 경비는 운영위원회 보고 및 이사회 의결을 거쳐 다음 연도로 이월하여 사용할 수 있다.

어린이집 수입 및 지출 사무는 원장이 관리하되 수입 및 지출 원인행위에 관한 업무를 소속직원에게 위임할 수 있다. 원장은 수입과 지출의 현금출납을 담당하는 수입원과 지출원을 임면할 수 있는데 어린이집의 규모가 작을 경우 동일인이 수입원과 지출원을 함께 맡도록 할 수 있다.

어린이집의 모든 수입 및 지출은 어린이집 명의의 '운영통장' 1개로 관리해야 하나 불가피하게 보육교직원에게 원천징수한 사회보장금과 세금을 보관할 수 있는 어린이집 명의의 세입·세출 외 통장과 감가상각비 적립금 및 일시 운영차입금 관리를 위한 별도 통장도 개설 가능하다. 수입과 지출이 발생하였을 때는 수입·지출 결의를 한 후 현금출납부와 총계정원장에 기록하고 청구서, 영수증, 지급내역서 등 관련 근거서류를 첨부한다.

회계연도 동안 세입·세출 예산의 집행이 이루어지면 어린이집 원장은 세입·세출 결산보고서를 작성하여 운영위원회 보고 및 법인 이사회 의결을 거친 후 다음 연도 5월 31일까지 시장·군수·구청장에게 제출한다. 제출된 결산보고서도 시·군·구와 해당 법인 및 시설의 게시판과 인터넷홈페이지에 각각 20일 이상 공고한다.

2) 유아교육기관의 사무관리

(1) 사무관리의 의미와 범위

사무관리는 여러 가지 기록과 장부의 작성 및 보관 그리고 문서를 관리하는 일을 가리키며, 교육적 업무 기록과 일반적 사무활동 기록으로 나뉜다. 전자에는 영유아의 건강·영양·안전 및 교육 관련 기록이 포함되고, 후자에는 재정 관련 장부 작성과 공문서 수발 등이 해당된다.

(2) 효율적 사무관리를 위한 지침

① 업무분장

많은 유아교육기관이 소규모로 운영되어 재원이 부족하고 또 일부 업무는 개별 교직원의 직무 영역에서 관리되므로 구성원들이 사무 업무를 나누어 맡게 된다. 업무를 배분할 때는 고유 업무와 비상시 업무로 구분하고 개별 구성원의 자질과 능력을 고려하여 공정하게 나누며 그 내용을 문서화하여 공지한다.

② 전산화

사무관리 중 재정에 관한 장부 및 서식 작성 업무 등을 수기로 할 경우 시간과 노력이 많이 소요되므로 사무관리 전산프로그램을 회계 업무, 영유아관리, 교직원관리, 물품관리 등에 활용할 수 있다.

(3) 문서의 종류와 관리

① 유치원

유치원에서는 여러 종류의 대장과 문서를 기록하여 보관한다. 대장은 어떤 근거가 되도록 일정한 양식으로 기록한 장부나 원부 또는 계산을 기록한 원부를 가리키고, 문서는 어떤 의미를 글로 기록해 놓은 것이다. 이러한 기록물은 성격과 용도 및 절차에 맞게 관리하여야 한다. 일반적으로 유치원에 비치하는 대장과 문서를 예시하면 〈표 9-3〉과 같으며, 전산화 프로그램 활용 수준에 따라 전자문서로 관리되는 영역이 늘고 있다.

표 9-3 유치원에 비치하는 대장과 문서 예시

영 역	대장과 문서의 종류
규정 · 규칙	• 내부규정집
유아관리	• 생활기록부, 수료대장, 가정통신문, 출석부, 입 · 퇴학처리부, 유아관찰 및 평가기록부
교육과정	• 교육과정 운영계획서, 방과후 과정 운영계획서
인사관리	• 임용대장, 인사발령대장, 인사기록카드, 직원명부, 업무분장표, 근무상황부, 출장명령부, 출장복명서, 증명서교부대장, 직원비상연락망
운영관리	• 관련기관연락부, 문서발송대장, 문서접수대장 • 장학협의록, 학급경영록, 직원회의록, 운영위원회회의록 • 재산대장, 예산서, 결산서, 수입지출부, 금전출납부, 원비수납부, 봉급대장, 계약서철, 시설 · 설비점검부, 차량운행일지, 비품대장, 소모품대장, 도서대장, 교재 · 교구대장, 납 · 간식식단표

② 어린이집

어린이집에 비치해야 할 장부 및 서류를 「영유아보육법」과 보육사업안내, 그리고 어린이집 평가인증 점검자료 등을 중심으로 예시하면 〈표 9-4〉와 같다.

표 9-4 어린이집에 비치하는 대장과 문서 예시

영 역	대장과 문서의 종류
운영관리	• 보육교직원의 인사 · 복무 및 기관 운영에 관한 규정, 재산목록과 관련 서류 • 연혁기록부, 예 · 결산서, 총계정원장, 현금출납부, 상해보험가입증서 • 교직원보수교육일지, 교직원임용관리대장, 근로계약서, 인사기록카드, 업무분장표 • 공문서 접수 · 발송대장 • 비품대장, 교재 · 교구관리대장, 도서대장, 도서목록표, 소모품대장, 자료실관리대장
보육과정	• 어린이집 운영계획서, 운영일지, 교사회의록 • 입 · 퇴소처리대장, 졸업대장, 이용신청자명부, 출석부, 이용아동연명부, 생활기록부
건강과 영양	• 건강진단카드, 건강진단서류, 전염병목록, 양호업무 및 투약일지 • 실내위생점검표, 화장실위생점검표 • 급 · 간식식단표, 보존식기록표, 급식일지
안전	• 시설 · 설비안전점검표, 차량안전점검표, 보육실 일일점검표 • 소방교육계획, 교통안전교육계획, 재난대피교육계획, 약물오남용교육계획, 보험증서 • 응급처치동의서, 안전사고보고서, 안전사고일지, 비상시업무분장표, 비상시대피요령, 차량운행일지
가족 및 지역사회와의 협력	• 가정통신문, 부모면담일지, 부모연락처, 부모교육계획, 부모통화목록 • 전문기관현황, 지역사회전문가협력의뢰서, 지역사회연계연간계획 • 운영위원회회칙, 운영위원회회의록

5. 영유아의 건강 · 영양 및 안전관리

1) 영유아의 건강관리

(1) 건강관리의 개념과 영역

건강관리는 질병 예방, 위생, 신체적 · 정신적 · 사회적 안녕을 도모하기 위해 모든 예방적 · 치료적 조치를 취하여 정상 상태로 만드는 일이다(신화식, 김명희, 2008). 유아교육기관에서는 영유아의 건강관리를 위하여 예방적 서비스와 치료적 서비스를 제공해야 한다. 예방적 서비스 활동에는 건강 및 영양교육, 위생적 교육환경 조성, 전염병 예방, 병력 조사와 신체검사, 부모와 지역사회 구민에 대한 보건교육 등이 포함된다. 그리고 치료적 서비스 활동에는 질병의 조기 진단과 치료, 응급처치, 기생충질환 치료, 충치 치료 등이 있다.

(2) 건강검사

① 영유아 건강검진 및 진단

유치원에서는 유아들이 연 1회 이상 건강검진을 받도록 해야 하고, 어린이집에서는 영유아들이 연 1회 이상 건강진단을 받도록 조치해야 한다(「유아교육법 시행규칙」 제2조의5, 「영유아보육법 시행규칙」 제33조). 단 6세 미만의 영유아는 「국민건강보험법」에 의한 영유아건강검진 대상자로 분류되므로 보호자가 시기별(건강검진 총 7회, 구강검진 총 3회)로 지정 의료기관에서 검진을 받은 후 검진결과 통보서를 제출하도록 할 수 있다. 영유아건강검진의 항목은 4개월차에는 문진 및 진찰(청각 및 시각 문진 · 시력검사 포함), 신체계측(키 · 몸무게 · 머리둘레), 건강교육으로 구성되고, 이후(9개월, 18개월, 30개월, 42개월, 54개월, 66개월)에는 발달선별검사 및 상담이 추가된다. 구강검진(18개월, 42개월, 54개월) 항목은 구강문진 및 진찰과 구강보건교육이다. 건강검진 및 진단 결과 치료나 격리를 요하는 영유아에 대해서는 보호자와 협의하여 필요한 조치를 취해야 한다.

② 건강에 대한 정보 수집

유아교육기관에서는 영유아가 기관에 들어올 때부터 부모로부터 영유아의 건강에 대한 정보를 수집하여 건강 증진을 위한 환경을 조성하고 응급상황에 대비한다. 주요 내용은 수면습관, 대소변 훈련 시기, 예방접종 기록 등의 신체적 측면과 가족의 질병·죽음·사고·이혼에 의한 충격 등 심리적 측면에 대한 것이다.

③ 일일 건강상태 관찰

교사는 수시로 영유아의 건강상태를 관찰한다. 매일 아침 영유아의 기분, 청결 상태, 체중 변화, 얼굴 표정, 몸의 자세, 얼굴색 등을 살펴본다. 관찰 결과를 기록하되 비밀을 유지하고, 이상 징후를 발견하였을 때는 부모에게 통보한다.

④ 교직원의 건강진단

유치원교직원의 건강검사와 어린이집 보육교직원의 건강진단은 「학교보건법」 제7조와 「영유아보육법」 제33조에 실시 근거가 명시되어 있는데, 「국민건강보험법」 제52조에 따른 건강검진으로 대체될 수 있다. 「국민건강보험법 시행령」 제25조에서는 건강검진의 실시 횟수를 2년마다 1회 이상으로 정하고 있으나, 비사무직 직장가입자에 대해서는 매년 1회로 규정하고 있다. 그러므로 유치원교직원은 2년마다 1회 일반건강검진을, 보육교직원은 연 1회 일반건강검진을 받되 영양사·조리사·조리원의 경우 「식품위생법」 제40조와 「식품위생 분야 종사자의 건강진단 규칙」 제2조에 의하여 장티푸스, 폐결핵, 전염성 피부질환 항목에 대한 검사가 필수적이다. 유치원장과 어린이집의 원장은 건강검진 결과 감염병에 걸린 것으로 판명되거나 의심되는 교직원에 대하여 출근 중지, 휴직, 면직 등의 조치를 취해야 한다.

(3) 습관 지도

① 청결

유아교육기관에서는 영유아들에게 손과 몸을 자주 씻고 의복을 청결히 하며 자기가 활동한 공간을 정돈하도록 지속적으로 지도한다. 즉, 영유아들에게 손을 씻어야 하는 상황과 바르게 손을 씻는 순서 및 방법을 안내하고 씻는 시간을 정해 주며, 자기가 사용한 물건을 스스로 정리하고 주변을 깨끗이 하도록 습관화시킨다.

② 치아 건강

영유아의 치아 건강을 위해서는 바른 양치질과 충치관리가 필요하다. 영아의 경우 이가 나기 전에는 수유 후 거즈 손수건에 끓여 식힌 물을 적셔 잇몸을 닦아 주고 이가 나기 시작하면 손가락칫솔 등에 영아용 치약을 묻혀 잇몸과 이를 닦아 주며, 2세 이후부터는 스스로 이를 닦도록 유도한다. 충치는 발견 즉시 치료 받도록 조치하고 충치 예방을 위하여 당분 섭취 조절, 양치질, 정기적 치과검진, 치아 건강 관련 교육을 실시한다.

③ 배변 학습

영유아의 배변 학습은 생후 12~20개월에 시작하여 2~2.5세 무렵에 집중적으로 실시한다. 배변 학습을 돕기 위하여 규칙적인 식사와 충분한 수분을 공급하고, 영유아가 평소 즐겨 쓰는 배변 관련 언어를 활용해도 좋다. 영유아 신체 크기에 맞는 변기와 받침대 등을 준비해 주고, 대변은 가능한 한 매일 같은 시간에 보도록 지도한다.

④ 휴식과 수면

영유아의 수면시간이나 숙면의 정도에는 개인차가 있는데, 수면의 양은 연령이 높아질수록 줄어든다. 영아는 오전과 오후 각 1회, 유아는 오후 1회 1~2시간 정도 낮잠을 자게 한다. 유아교육기관에서는 휴식과 낮잠을 위한 공간을 마련해 주고, 일과 활동을 균형 있게 운영하며, 잠을 자지 않으려는 영유아는 휴식을 취하도록 해준다.

⑤ 식생활 습관

영유아기에는 영유아의 식품에 대한 기호를 충분히 파악하고 결핍되기 쉬운 영양소를 보충해 주어야 한다. 식사와 간식의 양을 적절히 조절하고, 1회 식사시간은 20~30분으로 제한한다. 음식 재료와 조리 방법 및 맛의 결정은 영유아를 중심으로 고려하고, 영유아에게 운동 기회를 충분히 제공하여 식욕을 돋운다.

⑥ 의생활 습관

영유아들은 스스로 옷을 입거나 벗고, 정해진 곳에 정리하며, 옷 이외에 신발이나 모자 등도 착용할 수 있어야 한다. 영유아들에게 입고 벗기 편하며 활동에 지장을 주지 않는 옷을 입히고, 스스로 해볼 수 있는 기회를 제공한다. 단추 · 지퍼 · 허리띠 등을 다룰 때는 필요에 따라 적절히 도와주고, 옷이나 신발을 제자리에 정돈하도록 하며, 장소나 상황에 따라 적절한 차림이 있음을 알게 한다.

(4) 질병관리

① 감염병

감염병은 여러 종류의 병원체에 감염이 되어 발생하는 질환으로 사람들 사이에 전파되는 질병(전염병)과 전파되지는 않으나 국가적 관리가 필요한 질병의 일부를 포괄하는 법적 용이이다. 「감염병의 예방 및 관리에 관한 법률」에서는 감염병을 제1군감염병, 제2군감염병, 제3군감염병, 제4군감염병, 제5군감염병, 지정감염병, 세계보건기구 감시대상 감염병, 생물테러감염병, 성매개감염병, 인수공통감염병 및 의료권련김염병으로 구분한다. 제1군~제5군에 속하는 감염병과 지정감염병의 특성 및 종류는 〈표 9-5〉와 같다.

표 9-5　제1군~제5군 감염병과 지정감염병

구분	특성	종류
제1군 감염병	물이나 식품 매개 발생(유행) 즉시 방역대책 수립 필요(6종)	콜레라, 장티푸스, 파라티푸스, 세균성이질, 장출혈성대장균감염증, A형간염
제2군 감염병	국가예방접종사업 대상(12종)	디프테리아, 백일해, 파상풍, 홍역, 유행성이하선염, 풍진, 폴리오, B형간염, 일본뇌염, 수두, B형헤모필루스인플루엔자, 폐렴구균
제3군 감염병	간헐적 유행 가능성이 있어 계속 발생 감시 및 방역대책 수립 필요(19종)	말라리아, 결핵, 한센병, 성홍열, 수막구균성수막염, 레지오넬라증, 비브리오패혈증, 발진티푸스, 발진열, 쯔쯔가무시증, 렙토스피라증, 브루셀라증, 탄저, 공수병, 신증후군출혈열, 인플루엔자, 후천성면역결핍증(AIDS), 매독, 크로이츠펠트-야콥병(CJD) 및 변종크로이츠펠트-야콥병(vCJD)
제4군 감염병	국내에서 새로 발생 또는 국외에서 유입 우려(20종)	페스트, 황열, 뎅기열, 바이러스성출혈열, 두창, 보툴리눔독소증, 중증급성호흡기증후군(SARS), 동물인플루엔자인체감염증, 신종인플루엔자, 야토병, 큐열, 웨스트나일열, 신종감염병증후군, 라임병, 진드기매개뇌염, 유비저, 치쿤구니야열, 중증열성혈소판감소증후군(SFTS), 중동호흡기증후군(MERS), 지카바이러스 감염증
제5군 감염병	기생충 감염병으로 정기적 조사 필요(6종)	회충증, 편충증, 요충증, 간흡충증, 폐흡충증, 장흡충증
지정 감염병	유행 여부 조사 및 감시 필요(17종)	C형간염, 수족구병, 임질, 클라미디아감염증, 연성하감, 성기단순포진, 첨규콘딜로마, 반코마이신내성황색포도알균(VRSA)감염증, 반코마이신내성장알균(VRE)감염증, 메티실린내성황색포도알구균(MRSA)감염증, 다제내성녹농균(MRPA)감염증, 다제내성아시네토박터바우마니균(MRAB)감염증, 카바페넴내성장내세균속균종(CRE)감염증, 장관감염증, 급성호흡기감염증, 해외유입기생충감염증, 엔테로바이러스감염증

출처: 보건복지부 · 질병관리본부(2016). 2016년도 감염병 관리 사업 지침. pp. 30-31 내용 재구성.

감염병의 예방을 위하여 시·군·구에서는 청소나 소독을 실시하고 쥐나 위생해충을 구제해야 하며, 영유아를 50명 이상 수용하는 어린이집 및 유치원에서도 소독을 해야 한다. 또 국가에서는 예방접종 대상 감염병과 예방접종 실시 기준 및 방법에 대한 사항을 정하여 공개하고 있다. 국가예방접종은 보건소와 지정 의료기관에서 무료로 이용할 수 있다. 국가예방접종을 받은 경우 예방접종증명서를 발급받을 수 있고 예방접종 기록이 보관된다. 만12세 이하 어린이의 감염병 예방을 위해 국가에서 예방접종비용을 지원하는 감염병과 해당 백신의 종류는 〈표 9-6〉과 같다.

표 9-6 어린이 국가예방접종 대상 감염병과 백신

대상 감염병	백신 종류
결핵	BCG(피내용)
B형간염	HepB
디프테리아, 파상풍, 백일해	DTaP
	Td
	Tdap
디프테리아, 파상풍, 백일해, 폴리오	DTaP-IPV
폴리오	IPV
B형헤모필루스인플루엔자	Hib
폐렴구균	PCV(단백결합)
	PPSV(다당)
홍역, 풍진, 유행성이하선염	MMR
수두	Var
A형간염	HepA
일본뇌염	JE
사람유두종바이러스감염증	HPV
인플루엔자	Flu

출처: 보건복지부·질병관리본부(2016). 2017년도 어린이 국가예방접종 지원사업 관리지침(위탁 의료기관용). 요약 페이지.

유치원과 어린이집에서는 영유아에게 자주 발생하는 감염병의 종류와 증상, 질병 발생이나 감염 의심 시 등원하지 않아야 할 감염병의 종류와 기간, 감염병에 걸렸을 때의 대처 방법에 대하여 규정해 놓아야 한다. 그리고 보호자에게 감염병에 대한 정보와 예방접종 및 건강검진에 대한 정보를 안내해야 한다. 물론 영유아들에게 발생하는 질병 중에는 법정 감염병도 있지만 감기나 유행성눈병과 같은 일반 질병의 전염도 흔히 일어난다. 법정 감염병에 걸린 것으로 판명되었거나 의심되는 영유아는 관할 보건소에 신고하고 격리 상태에서 치료 받도록 조치한 후 주된 증상이 사라진 날로부터 일정 기간이 경과한 후 다시 나오게 해야 한다.

② 기타 질병
　감염병 또는 전염성 질병 외의 질병에 걸린 영유아들은 실내에서 휴식을 취하게 해준다. 질병의 상태에 따라 보건실에 누워 있게 하거나 조용한 활동을 하면서 쉬도록 조치한다. 유아교육기관의 교직원은 영유아를 관찰하면서 증상을 자세히 기록하고 심할 경우 부모에게 연락하여 의사의 진단과 처방을 받도록 한다. 투약은 의사의 지시와 부모의 의뢰가 있을 경우에 한하여 정확하게 실시하고 그 내용을 알린다.

2) 영유아의 영양관리

(1) 영양관리의 개념
　영양관리는 음식물의 섭취에서 소화, 흡수, 대사에 이르는 전 과정이 적절히 일어나도록 하여 건강한 신체의 유지 및 발달을 돕는 일이다. 영유아기에는 성장 및 발달이 급속히 진행되므로 이 시기에 영양을 적절하게 공급하는 일은 이후 일생 동안의 신체적 건강과 정신적 건강 모두에 큰 영향을 준다.

(2) 수유와 급·간식

① 수유

수유는 신선한 분유와 잘 세척된 수유 기구를 사용하여 영아의 욕구에 맞게 이루어져야 한다. 영아의 부모로부터 평소 우유 섭취량과 수유 횟수를 조사해 두고 영아가 원할 때 개별적으로 편안하게 앉아 15분 정도의 시간 범위에서 수유한다. 분유는 표시된 용량대로 물에 타서 조제하고, 사용하고 남은 우유는 바로 버린다. 수유 후에는 영아를 안고 트림을 시키고, 영아에게 보리차를 마시게 하거나 거즈에 물을 묻혀 잇몸과 헛바닥을 닦아 준다. 영아가 우유병을 혼자 잡을 수 있기 전까지는 우유병을 준 채 혼자 두지 않으며 젖병을 물고 잠자는 일이 습관화되지 않도록 한다.

② 이유

영아가 성장함에 따라 우유 외에 여러 식품에 대한 생리적·심리적 욕구가 생기므로 우유 이외의 가벼운 식품을 접하게 한다. 이유식은 영아들이 즐겨 먹을 수 있고 신체발달에 필요한 영양소가 포함된 식품을 간편히 조리하여 만든다. 생후 4~6개월경에는 걸쭉한 액체나 죽 형태의 음식을 1~2회 정도, 7~8개월경에는 혀로 으깰 수 있는 죽 형태의 음식을 2~3회 정도 우유보다 먼저 먹인다. 9~12개월경에는 잇몸으로 으깰 수 있는 죽이나 진밥 형태의 음식을 3~4회 정도 성인의 식사시간과 비슷하게 제공한다. 영아가 고형 음식을 먹기 시작하면서부터는 식사 도구를 갖추어 준다.

③ 간식

유아들은 정규식사에 더하여 간식을 필요로 하므로 신체적 요구와 연령별 특성을 고려하여 오전과 오후로 나누어 2회 제공하고 기록을 유지한다. 사전에 수립된 간식 식단표에 따라 비타민과 무기질이 풍부한 신선하고 다양한 과일·채소를 주

재료로 하여 영양소 파괴가 최소화되도록 조리하고 식품첨가물이 함유된 인스턴트식품, 탄산음료, 냉동식품, 과자류는 가급적 피한다. 간식으로 제공되는 음식은 가능한 식사와 중복되지 않는 것이 바람직하나 오전 간식은 죽이나 간단한 식사 등으로 제공할 수도 있다. 간식 운영에 대한 의사결정 과정에 학부모를 참여시키고 조리 및 배식을 위생적이고 안전하게 관리한다.

④ 급식

영유아의 발달 단계와 영양적 요구를 고려하여 작성된 식단표에 따라 다섯 가지 기초식품군(고기 · 생선 · 계란 및 콩류, 우유 및 유제품, 채소류 및 과일류, 곡류 및 전분류, 유지 · 견과 및 당류)이 고루 함유된 음식을 제공하고 식단에 대한 기록을 관리한다. 양질의 식자재를 사용하고 영유아에게 적절한 조리 방법을 다양하게 활용하여 편식을 방지하며 큰 음식은 적절히 분할하여 쉽게 먹을 수 있도록 준비한다. 음식은 당일 소모를 원칙으로 조리하여 알맞은 온도로 적당량을 제공하고 배식 후 남은 것은 다시 활용하지 않는다. 유아들의 음식에 대한 기호를 파악하여 조리 방법이나 재료에 변화를 주고, 상황에 따라 특별 식단으로 즐거움을 주는 것도 중요하다.

(3) 영양교육

① 영양교육의 의미와 내용

영양교육은 개인이나 집단의 영양에 대한 지식, 태도, 행동에 영향을 주기 위하여 학습 경험을 제공하는 일이다. 유아교육기관에서 실시할 수 있는 영양교육의 내용에는 식생활에 대한 바른 이해와 식습관 형성, 식생활의 합리화와 영양 개선, 그리고 영유아의 가정과 지역사회의 식생활 개선 등이 포함된다.

② 영양교육활동

영양교육의 내용은 연간교육 프로그램에 반영하여 월간 · 주간 · 일일교육계획으로 구체화한다. 영양교육은 자연스러운 생활경험 외에도 계획된 학습경험을 통해서도 실시할 수 있다. 교육내용에 따라 현장관찰 및 견학, 동식물의 사육 및 재배 실습, 요리 및 간식, 식사, 이야기나누기, 노래 및 신체표현, 자유선택활동, 시청각 자료 보기 등 여러 가지 방법을 적절히 선택하여 활용한다.

③ 식습관 지도

식습관은 영유아의 건강 및 인성과 밀접하게 관련되므로 급식과 영양교육 등을 통하여 영유아가 가정에서 익히지 못한 식습관을 올바르게 몸에 익히거나 잘못 익힌 식습관을 수정하도록 지도한다. 영유아의 바른 식습관 형성을 위한 지도 내용에는 음식에 대한 기호, 식사예절, 식사태도 등의 영역이 고루 포함되어야 한다.

3) 영유아의 안전관리

(1) 안전관리의 개념과 내용

유아교육기관에서의 안전관리는 안전한 환경을 제공하고 감독하며, 영유아에게 사고발생의 잠재적 가능성을 인식시키고 자신을 보호하는 행동양식과 태도를 형성하도록 돕는 일이다(허혜경, 김성희, 2003). 영유아를 위한 안전관리는 주변의 모든 인적·물적 환경요인을 대상으로 한다. 그러므로 유아교육기관의 안전관리 내용에는 실내외 환경과 시설에 대한 점검 및 보완, 안전사고에 대한 대처, 그리고 영유아의 안전한 생활습관 형성을 위한 안전교육 등이 포함된다.

(2) 안전점검

유아교육기관에서는 시설의 안전관리를 위하여 안전점검 계획을 수립해야 한다. 연간계획에 의하여 자체적으로 정기 또는 수시 점검을 실시하되, 실내 환경과 시설·설비 및 비품·교구에 대해서는 월별 안전점검표 또는 일일 안전점검표를 활용하여 점검하고 기록한다. 점검 후 개선 사항을 기록하여 향후 유아교육기관의 시설 개보수 계획에 반영한다.

(3) 안전사고에 대한 대처

유아교육기관에서는 안전사고를 예방하고 안전사고 발생 시 신속하고 정확하게 대처하여 상황의 악화를 막을 수 있는 대책을 세워야 한다. 유아교육기관에서 발생하는 안전사고의 유형은 크게 물리적 요인과 인적 요인에 의한 사고로 나뉜다. 물리적 요인에 의한 사고는 실내외 시설 및 설비 · 놀이기구 · 도구와 관련된 사고, 화재, 교통사고 등이 해당된다. 또 인적 요인에 의한 사고는 영유아 개인의 행동 및 심리적 문제, 또래관계, 교직원의 부주의 등에 의한 사고가 해당된다. 유아교육기관에서는 보호자의 비상연락망을 확인하고, 사고에 대비하여 응급처치 동의서를 받아 둔다. 영유아에게 사고가 발생할 경우 사고보고서를 작성하고 즉시 보호자에게 알리며, 사고가 중대한 경우 지도 및 감독기관에 보고한다.

유치원과 어린이집은 영유아와 교직원이 교육 · 보육 활동 중 발생한 안전사고로 인하여 입을 수 있는 피해 등을 보상 받을 수 있도록 하기 위하여 각각 학교안전공제회와 어린이집안전공제회에 가입하도록 의무화되어 있다.

(4) 안전교육

유아교육기관에서는 교육과정 및 보육과정 내에 안전교육계획을 수립하여 영유아와 교직원을 대상으로 안전교육을 실시해야 한다.

첫째, 영유아를 대상으로 하는 안전교육은 그들이 일상생활에서 자신들의 안전을 지키는 지식과 기술을 갖도록 하려는 목적에서 실행된다. 안전교육의 주요 내용은 성폭력 및 아동학대 예방교육, 실종 · 유괴의 예방교육, 약물 오남용 예방교육, 재난 대비 · 대피요령교육, 교통안전교육 등이며, 안전한 보행법, 놀이안전, 물놀이 안전교육 등도 포함될 수 있다. 안전교육은 영유아의 연령별 특성을 고려하여 영상 시청, 동화, 이야기나누기, 현장체험학습 등의 방법으로 반복적으로 실시한다.

「아동복지법」 제31조에서는 유치원과 어린이집에서 영유아들에게 안전에 대한 교육을 기준에 따라 실시하고 교육계획 및 실시 결과를 각각 교육청과 시·군·구청에 연 1회 보고하도록 규정하고 있다.

표 9-7 아동의 안전에 대한 교육기준

구분	성폭력 및 아동학대 예방교육	실종·유괴의 예방·방지교육	감염병 및 약물의 오용·남용 예방 등 보건 위생관리교육	재난대비 안전교육	교통안전교육
실시주기(시간)	6개월에 1회 이상 (연간 8시간 이상)	3개월에 1회 이상 (연간 10시간 이상)	3개월에 1회 이상 (연간 10시간 이상)	6개월에 1회 이상 (연간 6시간 이상)	2개월에 1회 이상 (연간 10시간 이상)
교육내용	1. 내 몸의 소중함 2. 내 몸의 정확한 명칭 3. 좋은 느낌과 싫은 느낌 4. 성폭력 예방법과 대처법	1. 길을 잃을 수 있는 상황 이해하기 2. 미아 및 유괴 발생 시 대처 방법 3. 유괴범에 대한 개념 4. 유인·유괴 행동에 대한 이해 및 유괴 예방법	1. 감염병 예방을 위한 개인 위생 실천 습관 2. 예방접종의 이해 3. 몸에 해로운 약물 위험성 알기 4. 생활 주변의 해로운 약물·화학제품 그림으로 구별하기 5. 모르면 먼저 어른에게 물어 보기 6. 가정용 화학 제품 만지거나 먹지 않기 7. 어린이 약도 함부로 많이 먹지 않기	1. 화재의 원인과 예방법 2. 뜨거운 물건 이해하기 3. 옷에 불이 붙었을 때 대처법 4. 화재 시 대처법 5. 자연재난의 개념과 안전한 행동 알기	1. 차도, 보도 및 신호 등의 의미 알기 2. 안전한 도로 횡단법 3. 안전한 통학 버스 이용법 4. 날씨와 보행 안전 5. 어른과 손잡고 걷기

출처: 「아동복지법 시행령」 제28조 제1항. (별표 6) 교육기준(제28조 제1항 관련)

「학교안전교육의 실시 기준 등에 관한 고시」(교육부 고시 제2017-121호)에서는 유치원에서 실시해야 하는 안전교육의 내용과 교육시간을 다음과 같이 제시하고 「아동복지법」 제31조의 내용과 통합하여 실시할 수 있도록 하고 있다.

표 9-8 학생 안전교육 내용과 교육시간

구분	생활안전교육	교통안전교육	폭력예방 및 신변보호교육	약물 및 사이버 중독 예방 교육	재난안전교육	직업안전교육	응급처치교육
교육시간	학기당 2회 이상 13차시	학기당 3회 이상 10차시	학기당 2회 이상 8차시	학기당 2회 이상 10차시	학기당 2회 이상 6차시	학기당 1회 이상 2차시	학기당 1회 이상 2차시
교육내용	1. 교실, 가정, 등하굣길에서 안전하게 생활하기	1. 표지판 및 신호등의 의미 등 교통안전 규칙 알고 지키기	1. 내 몸의 소중함과 정확한 명칭 알기	1. 올바른 약물 사용법 알기	1. 화재의 원인과 예방법 알기	1. 일터 안전의 중요성 및 안전을 위해 지켜야 할 일 알기	1. 응급상황 알기 및 도움 요청하기
	2. 안전한 장소를 알고 안전하게 놀이하기	2. 안전한 도로 횡단법 알기	2. 좋은 느낌과 싫은 느낌 알기	2. 생활주변의 해로운 약물·화약제품 만지거나 먹지 않기	2. 화재 발생 시 유의사항 및 대처법 알기	2. 일터 안전 시설 현장 체험하기	2. 119신고와 주변에 알리기
	3. 놀이기구나 놀잇감, 도구의 바른 사용법을 알고 안전하게 사용하기	3. 어른과 손잡고 걷기	3. 성폭력 예방 및 대처 방법 알기	3. TV, 인터넷, 통신기기(스마트폰 등) 등의 중독 위해성을 알고 바르게 사용하기	3. 각종 자연재난 및 사고 적절하게 대처하는 방법 알기		3. 손 씻기와 소독하기 등 청결유지하기
	4. 실종, 유괴, 미아 상황 알고 도움 요청하기	4. 교통수단(자전거, 통학버스 등) 안전하게 이용하기	4. 나와 내 주변사람(가족, 친구 등)의 소중함을 알고 사이좋게 지내기				4. 상황별 응급치치 방법 알기
	5. 몸에 좋은 음식, 나쁜 음식 알기		5. 아동학대 신고 및 대처방법 알기				

출처: 교육부(2017a). 학교안전교육 실시 등에 관한 고시. (별표 1), (별표 2) 부분 발췌.

둘째, 교직원을 대상으로 하는 안전교육은 유치원과 어린이집 내부에서도 실시되어야 하고 외부 전문기관(전문가)을 통해서도 이수해야 한다. 교직원 대상 안전교육은 안전에 대한 지식과 행동요령을 내면화하여 자신들과 영유아의 안전을 도모하는 능력을 갖추도록 하려는 것이다. 주요 내용은 안전관리 지도법, 응급처치법, 화재 및 화상 대처, 아동학대 및 유괴 대처, 식중독 예방, 교통안전 지도, 놀이시설 안전 유지, 소방 대피훈련, 자연재해 대피훈련 등이다. 유치원교직원은 안전교육을 3년마다 15시간 이상 이수해야 하고, 유치원장은 학년도마다 2종류 이상의 각종 재난 대비훈련을 실시해야 한다. 또 어린이집에서는 안전관리에 대한 총괄적 관리·감독 및 사고 발생 시 효과적 대응을 위하여 안전관리책임관(원장)을 지정하여 역할을 수행하도록 하고 있다.

[그림 9-5] 화재안전교육

탐구활동

유아교육기관에서 영유아에게 발생하는 안전사고의 유형과 사례를 조사해 보고 영유아의 안전을 위하여 유아교사들에게 어떤 지식, 기술, 태도가 필요한지 발표해 봅시다.

유아교육개론
Chapter
10

유아교육과정

유아교육과정의 의미는 교육과정에 그 근거를 두고 있지만 유아교육과정이 갖는 독특하고 고유한 특성으로 인해 이에 대해 올바르게 이해하는 것은 어려운 일이다. 그러나 다양한 사회적 요구와 기대를 받고 자라는 유아들을 신체, 정서, 사회 및 인지적 측면을 고루 갖춘 전인으로 자라게 하기 위해서는 유아교육과정에 대한 올바른 이해를 토대로 접근하는 것이 중요하다. 따라서 이 장에서는 유아교육과정의 개념에 대한 고찰과 더불어 다양한 유아교육 프로그램과 우리나라의 유아교육과정을 유아교육과 보육의 차원에서 살펴봄으로써 유아교육과정에 대한 이해를 도모하고자 한다.

이 장을 학습한 후
달성할 수 있는
목표

- 유아교육과정의 개념을 이해한다.
- 다양한 유아교육 프로그램이 현대의 특성을 이해한다.
- 3~5세 연령별 누리과정과 표준보육과정에 대하여 알아본다.

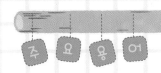

유아교육과정, 몬테소리 프로그램, 하이-스코프 프로그램, 레지오 에밀리아 접근법,

발도르프 접근법, 유치원 교육과정, 표준보육과정, 3~5세 연령별 누리과정

1. 유아교육과정의 개념

1) 교육과정의 개념

교육과정(curriculum)이란 용어의 어원을 살펴보면 라틴어의 '쿠레레(currere)'에서 온 것으로, 이는 경기 코스, 트랙, 더 나아가서는 수행해야 할 교수요목(course of study)을 의미한다. 우리나라에서는 교육과정을, '학습자를 위하여 학습 경험을 선정·조직하여 교육 경험의 질을 구체적으로 관리하는 교육의 기본 설계도'로 정의하고 있다(교육부, 1998). 그러나 교육과정의 정의는 교육 및 인간과 사회에 대한 철학적 관점의 차이에 따라 그 의미가 달라질 수 있다. 교육과정이라는 용어는 추상적인 개념이므로 그 의미 자체가 모호하고 사람마다 그들의 철학적 배경이나 견해 또는 필요에 따라 조금씩 다르게 정의되기 때문이다. 교육과정은 시간의 흐름에 따라서 계획으로서의 의도된 교육과정, 실천으로서의 전개된 교육과정, 산출로서의 실현된 교육과정으로 분류된다. 의도성 여부에 따라서 표면적 교육과정, 잠재적 교육과정, 그리고 영 교육과정(null curriculum)으로도 분류된다. 교육내용을 결정하는 주체의 역할 분담에 따라서 국가 수준 교육과정, 지역 수준 교육과정, 학교 수준 교육과정, 교사 수준 교육과정으로 분류된다(교육과학기술부, 2009).

2) 유아교육과정의 개념

교육과정과 마찬가지로 유아교육과정의 정의 또한 다양하다. 유아교육은 통합적이고 실천적인 특징을 갖고 있으므로 개념 또한 다양하게 정의된다(Williams, 1987). 구체적으로 프로그램의 교육목적에 따라 계획되고 조직된 학습 경험의 총체(Spodeck, 1991) 및 유아가 성취해야 할 지식과 기술에 대한 목적과 이러한 지식과 기술을 습득하기 위한 학습 경험에 관한 계획(NAEYC, 2006)으로 정의된다. 일정한 교육기관에서 교육의 모든 과정을 마칠 때까지 요구되는 교육목표, 교육내용, 그리고 그 내용을 학습하는 데 필요한 연한과 연한 내에 있어서의 학습시간 배당을 포함한 교육의 전체 계획, 즉 학교의 지도하에 이루어지는 아동이나 학생 학습 활동 또는 경험의 총체로(한국유아교육학회, 1996) 정의되기도 한다.

　다양한 유아교육과정의 개념을 공통적인 속성에 따라 정리하면 다음과 같다 (Schwartz & Robison, 1992).

- 교수요목으로서의 교육과정: 가장 좁은 의미의 교육과정 정의로 유아들에게 가르칠 교육목표와 내용, 순서를 일련의 문서로 작성한 교수요목을 교육과정으로 보는 개념이다.
- 교수계획으로서의 교육과정: 가장 보편적인 교육과정의 정의로 교육과정을 교수계획으로 보는 개념이다. 유아들을 위한 교육목표, 내용, 방법 등의 교육계획을 중심으로 활동에 대한 계획, 유아들이 학습해야 할 사실, 기능, 정보 등에 대한 계획과 유아들의 장기적인 발달을 강조하는 개념이다. 이 교육과정은 경험이 풍부한 교사나 초임교사 모두에게 적용이 가능하나 개별 유아의 흥미를 반영하는 데는 한계가 있다.
- 우연히 일어난 것으로서의 교육과정: 학습과정 속에 나타나는 유아의 흥미에 높은 가치를 두는 교육과정으로 학습활동과 경험 그 자체를 강조하는 개념이다. 가장 중시하는 가치는 개별 유아의 흥미로, 유아들의 흥미를 기초로 자연스럽게 활동할 수 있는 분위기를 마련해 주는 것을 강조한다. 이러한 교육과정은 그 적용에 있어 교육과정의 범위를 정확히 한정짓기가 어려우므로 초임교사가 적용하기에는 적절하지 않을 수 있다.
- 학교에서 갖게 되는 모든 경험으로서의 교육과정: 유아가 학교에서 가지게 되는 모든 경험을 교육과정으로 보는 관점으로 교사가 의도하지 않은 교육으로서의 잠재적 교육과정을 강조하는 개념이다. 즉, 교육과정을 운영하는 데 있어 교

육적 분위기, 교사 요인, 제공되는 교재·교구 등 모든 물적·인적 환경이 중
요한 요인이 된다. 교사는 교육과정 운영에 영향을 미칠 수 있는 세부 요인들
에 대하여 면밀히 검토하고 필요한 배려를 해야 한다.
• 프로그램으로서의 교육과정: 특정 접근방법이나 이론에 기초하여 현장에서 가르
  칠 교육내용을 구체적이고 상세하게 기술해 놓은 교육과정 모델로 교육과정
  에 대한 협의의 개념이다. 유아교육 분야에서 볼 수 있는 교육과정 유형으로
  몬테소리 프로그램, 하이-스코프 프로그램, 레지오 에밀리아 접근법 및 발도
  르프 접근법 등이 있다.

다양한 교육과정에 대한 정의와 더불어 최근의 경향을 살펴보면 우리나라의 경
우 유아교육과정의 의미 수용에 있어 국가에 의해 일방적으로 만들어져 '주어지는
교육과정'이라는 수동적인 사고의 틀에서 벗어나 교육을 직접 실천하는 단위 유치
원에서 다양하게 편성하여 운영하는 '만들어 가는 교육과정'으로 제안하고 있다(교
육과학기술부, 2009).

 탐구활동
조별로 다양한 유아교육기관을 방문하여 수집한 유아교육과정을 비교하여 그 공통점과 차이점
에 대해 토론해 봅시다.

2. 유아교육 프로그램

현대사회에서 유아를 둔 부모들은 인생을 출발하는 유아들이 질적으로 우수한
프로그램을 경험함으로써 성공적인 삶을 살아가기를 희망한다. 이를 위하여 부모
들은 자신의 유아가 훌륭한 교육 시스템과 안정적인 보육 환경에서 교육받을 수 있

는 유아교육 프로그램을 찾는 데 많은 시간과 노력을 들인다. 왜냐하면 부모들이 선택할 수 있는 유아교육 프로그램들이 무척 다양하게 소개되고 있기 때문이다. 따라서 이 절에서는 몬테소리 프로그램, 하이-스코프 프로그램, 레지오 에밀리아 접근법 및 발도르프 접근법이 유아와 부모의 요구를 충족시키고 있는 방법을 중심으로 살펴보기로 한다.

1) 몬테소리 프로그램

(1) 배경

이탈리아 최초의 여의사인 마리아 몬테소리는 아동교육에 관심을 가지게 되면서 1907년 로마 빈민지역인 산 로렌조에 어린이 집을 세우고 자신의 교육방법으로 유아들을 교육하였다.

(2) 주요 개념

마리아 몬테소리의 철학과 실제에 근거한 몬테소리 프로그램(Montessori program)은 개별 유아에 대한 존중, 흡수정신, 준비된 환경, 민감기, 자동교육을 주요 개념으로 하고 있다.

- 개별 유아에 대한 존중(respect for the child): 몬테소리는 기존의 유아교육 프로그램은 개별 유아의 요구는 무시하고 유아들에게 복종하기와 모범적으로 행동할 것을 강요하고 있다고 비판하면서 개별 유아에 대한 존중을 강조하였다. 그녀는 유아들이 자신들 스스로 선택하면서 활동할 수 있을 때 효율적인 자율학습 능력과 긍정적인 자기 존중감 형성에 필요한 기술과 능력을 기를 수 있다고 보았다. 이런 의미에서 몬테소리 프로그램에서 교사가 수행해야 하는 가장 중요한 역할은 유아 스스로 활동하고 학습할 수 있도록 지원하는 것이 된다(Montessori, 1965).

- **흡수정신(the absorbent mind):** 유아들은 지식을 정신 속으로 직접 흡수하면서 자기 스스로 교육하는 일이 가능하다고 보았다(Montessori, 1966). 인위적으로 무엇인가를 요구하거나 강요하지 않아도 유아들은 자신의 환경에서 저절로 학습 가능한 흡수정신을 통해 교육이 가능해진다고 보았다.

- **준비된 환경(the prepared environment):** 유아들은 스스로 활동할 수 있도록 계획적으로 준비된 환경에서 최적의 학습을 경험한다. 준비된 환경이 유아들로 하여금 계획된 순서에 따라 학습 자료와 경험을 사용하게 하여 유아 중심 교육과 능동적 학습을 가능하게 하기 때문이다. 준비된 환경에서 학습할 수 있는 자유가 주어질 때 유아들은 스스로 선택한 교구를 탐구하면서 얻은 지식들을 자동으로 흡수하게 된다(Morrison, 2007). 몬테소리가 강조하는 준비된 환경에 기본적으로 배치되어야 하는 영역에는 일상생활 영역, 감각 영역 및 언어와 수 영역이 포함된다.

- **민감기(sensitive periods):** 민감기란 유아들이 일련의 행동에 더욱 민감해지는 시기를 의미하는데, 이 시기 유아는 특정 기술들을 좀 더 수월하게 학습할 수

[그림 10-1] 준비된 환경에서 활동하는 유아

있다. 유아기라는 일시적이고 제한된 시기 안에서 특별한 특성을 획득할 수 있는 민감기는 해당 특성들이 획득되고 나면 사라진다. 주의할 것은 모든 유아들이 특정 행동에 대한 민감기를 지니고 있으나 그 시기가 각기 다르므로 교사는 개별 유아에 대한 관찰을 통해 민감기를 경험하고 있는 유아들에게 최적의 환경을 만들어 주는 것이다.

- **자동교육(autoeducation):** 자동교육이란 유아들이 준비된 환경에서 활동하면서 스스로의 시행착오를 거쳐 자동으로 학습하는 것이다. 자동교육이 일어나게 하기 위해서는 교사가 유아 스스로 교육할 수 있는 준비된 환경을 구성해 주어야 한다.

(3) 강조점

몬테소리 프로그램이 유아의 정상적인 발달을 위해 강조하고 있는 교육내용은 다음과 같다(Morrison, 2007).

- **통합된 교육과정:** 몬테소리 프로그램은 쓰기, 읽기, 수학, 과학, 지리 및 예술 등의 교육내용을 프로그램 전반에 걸쳐 포함하고 있다.
- **능동적 학습:** 유아에게 제공되는 다양한 영역의 교구들은 유아로 하여금 적극적이고 구체적인 학습을 할 기회를 제공함으로써 자신들의 학습에 능동적으로 참여하게 한다.
- **개별화 수업:** 유아는 자신들의 수준에 적합한 교구를 스스로 선택하여 활동함으로써 자신의 속도에 맞추어 학습을 완성해 나가게 된다.
- **독립성:** 몬테소리는 개별 유아들에 대한 존중을 통해 유아가 독립적이 되도록 격려한다.
- **적질한 평가 실행:** 교사는 교구와 상호작용을 하고 있는 유아들에 대한 집중적 관찰을 통해 유아들의 발달을 적합하게 평가할 수 있다.
- **발달적으로 적합한 방법:** 몬테소리는 개별적 유아들의 수준에 적합한 활동을 전

개하기에 발달적으로 적합하게 운영한다.

2) 하이-스코프 프로그램

(1) 배경
하이-스코프 프로그램(High/Scope program)은 듀이의 진보주의이론과 피아제의 인지발달이론을 기초로 하여 1962년 미국 미시간 주의 페리유아원 프로젝트로 시작된 프로그램이다.

(2) 주요 개념
듀이의 영향을 받아 상호작용과 동시에 인지적인 면을 강조하고 있는 하이-스코프 프로그램의 세 가지 주요 개념을 정리하면 다음과 같다(High/Scope Educational Research Foundation, 1989).

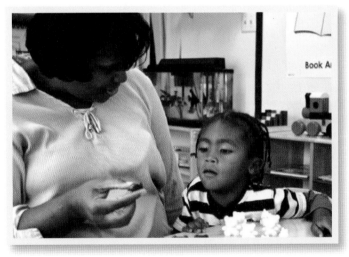

[그림 10-2] 능동적인 학습에 참여하는 유아

- **능동적인 학습**: 유아들은 교육활동을 선택하고, 활동하고 평가하는 과정에 적극적이고 능동적으로 참여한다. 참여의 과정은 풍부하고 다양한 교구들이 갖추어진 교실의 학습센터를 중심으로 교사의 주의 깊은 관찰과 안내를 통해 완성된다.
- **균형잡힌 일과계획**: 발달 중심 교육과정 모델과 주의 깊은 유아 관찰에 근거하여 교사는 정기적인 일과를 계획하고 유아들에게 제공한다. 균형잡힌 일과계획의 과정을 통해 개별 유아에게 적합한 교육과정이 운영된다.
- **핵심 경험**: 하이-스코프 프로그램에서는 유아들에게 '핵심 경험'에 기여할 수 있는 발달적으로 연속된 목적과 교구들을 제공한다. '핵심 경험'이란 유아들의 발현적인 능력을 확장시키고 지원하는 경험을 말한다. 이러한 '핵심 경험'은 창의적 표상, 언어와 문해, 주도적이고 사회적인 관계 맺기, 분류·서열·수·공간 및 시간과 관련된 경험들을 포함한다.

(3) 강조점

하이-스코프 프로그램의 성공적인 운영을 위해 강조하고 있는 요소들을 정리하면 〈표 10-1〉과 같다.

표 10-1 하이-스코프 프로그램이 강조하는 내용

강조 내용	특징
능동적 학습	• 교재 및 교구의 선택과 조작을 통한 능동적 학습
교실의 배치	• 3개 이상의 흥미 영역 배치 • 흥미 있는 교재 및 교구 제공 • 라벨 부착 등을 통한 조직적 보관
일과 운영	• 계획하기-실행하기-평가하기를 기본으로 한 일과 운영 • 규칙적 일과 운영 • 교사/유아 주도 활동의 균형적 배치 • 일관된 일과 스케줄에 따르면서도 유아들은 변화를 경험

평가	• 개별 유아의 특성 파악을 위한 관찰과 기록의 활용
	• 일화기록 활용
	• 포트폴리오 평가 활용
	• 일상의 기본적 일과에서 이루어지는 평가 과정 강조
	• 평가 결과가 반영된 교육 활동 운영
교육과정 내용	• 교사들의 교육내용 이해를 기본으로 한 교육과정 운영
	• 핵심 경험을 활용한 수학, 언어, 예술, 사회학 교육
	• 정기적 시간 배정을 통한 교육과정 운영

3) 레지오 에밀리아 접근법

(1) 배경

교육 프로그램을 사회문화적 맥락의 산물로 보았던 이탈리아 레지오 에밀리아의 교육자들은 제2차 세계대전 후 교사, 부모, 지역사회의 힘을 모아 레지오 에밀리아 접근법(Reggio Emilia Approach)을 완성하였다. 레지오 에밀리아 접근법의 철학적 기초는 유아들은 그들 스스로 자신들의 지식을 구성해 나가는 능동적인 지식 구성자라는 점이다. 말라구찌가 제안한 레지오 에밀리아 접근법은 3개월에서 6세까지의 유아를 중심 대상으로 적용한다.

(2) 주요 개념

레지오 에밀리아 접근법에서 제시하는 주요 개념은 다음과 같다(Gandini, 1997).

• 관계성: 레지오 에밀리아 접근법은 개별 유아에게 초점을 맞춘다. 그러면서도 그 유아가 속한 가족, 다른 유아, 교사, 그 기관의 환경, 지역공동체 및 사회라는 관계 속에서 적용되는 프로그램이다.

• 수많은 언어: 말라구찌가 언급한 수많은 언어에는 그림 작품, 조형 작품, 모델링, 조각, 토의, 발명품, 발견품 등이 포함된다. 따라서 교사들은 유아들이 학

습의 과정에서 이와 같은 수많은 언어들을 사용할 수 있는 환경을 만들어 주
어야 한다.

• 시간: 레지오 에밀리아 접근법에서 교사들이 인식하는 시간이란 시계에 의해
서 정해지는 것이 아니다. 교사들은 개별 유아가 활동함에 있어 개인적인 리
듬이나 학습 스타일을 갖고 있다는 것을 알고 있다. 따라서 하루의 일과 스케
줄 안에는 풍부하고 적절한 환경 속에서 유아들이 또래와 함께 활동할 수 있
는 충분한 시간이 주어진다.

• 물리적 환경: 레지오 에밀리아의 환경은 아름답다. 이러한 아름다움은 인위적
인 아름다움이 아니라 교사와 유아가 즐겁게 학습한 결과에서 전달되는 메시
지로부터 나오는 아름다움이다. 레지오 에밀리아 환경은 유아들의 작품으로
가득 차 있다. 기관 어느 곳이든지 유아들 스스로 작업한 그림, 조각, 철 구조
물, 빛을 활용한 작품 등으로 공간이 아름답게 구성되어 있다. 레지오 에밀리
아 기관에 전시되어 있는 유아 작품 자체가 바로 유아들의 수행 결과물이고,
유아의 아이디어에 대한 미적인 표현이며, 그들의 학습과정에 대한 복합체라
는 것이다.

• 프로젝트: 대표적 유아교육 프로그램인 프로젝트 접근법의 근간은 레지오 에
밀리아에서 찾을 수 있다. 프로젝트 접근법을 적용하는 과정에서 소집단이나
반 전체 혹은 개별 유아들에 의한 조사활동이 이루어지기도 한다. 프로젝트의
가장 중요한 특징은 바로 유아가 흥미를 느끼는 가치 있는 것에 대해 주제와
관련된 질문에 답하는 과정이라는 것이다.

(3) 강조점

레지오 에밀리아 접근법에서는 유아의 삶에 미치는 성인의 역할을 강조한다. 유
아에게 영향을 미치는 대표적인 성인은 교사, 아뜰리에스타, 부모이다(Morrison,
2007).

교사들은 유아가 활동을 어떻게 계획하는지 또는 자신들의 작업을 어떻게 수행

해 나가는지를 알기 위해서 유아들을 면밀히 관찰하고 살펴본다. 그 과정에서 교사는 유아에게 질문을 하고, 그 질문을 통해 유아가 세운 아이디어, 가정, 이론들을 발견해 나가며 자신들이 관찰하고 기록한 것을 서로 공유하고 토의하여 활동 계획과 준비에 반영한다. 즉, 교사들은 계속적인 연구와 학습의 과정 속에서 유아들과 파트너십을 형성하는 역할을 수행한다.

아뜰리에스타는 교사와 유아들과 함께 예술활동을 한다. 즉, 그들은 매일의 일상 속에서 유아 및 교사들과 함께 활동하는 역할을 담당한다.

레지오 에밀리아 접근법에서 부모들의 역할은 아주 중요하다. 부모들은 일상적인 상호작용뿐만 아니라 기관에서 같이 작업을 하고, 교육 및 철학적 이슈, 스페셜 이벤트, 현장학습 및 생일축하 같은 다양한 형태를 통해 교육에 참여한다.

4) 발도르프 접근법

(1) 배경

발도르프 접근법(Waldorf Education)은 슈타이너의 독특한 인지학적 인간 이해를 기초로 하여 설립된 접근법이다. 인지학적 인간 이해란 인간 본성에 대한 올바른 이해를 바탕으로 하여 인간을 정신적, 육체적인 존재일 뿐만 아니라 우주의 정신성을 향해 탐구해 나아가는 존재로 보는 관점이다. 학교 시스템에 먼저 적용되어 발전하기 시작한 발도르프 접근법은 이후 엘리자베스 그린레스가 1926년 독일 슈투트가르트에 발도르프 유치원을 개원하면서 확산되기 시작하였다.

(2) 주요 개념

슈타이너는 교육의 과정 중 영적인 차원에 관심을 갖고 유아들뿐만 아니라 유아를 교육시키는 과정에 참여하는 성인들을 위한 많은 아이디어를 제안하였는데 중심적인 철학은 바로 머리, 손, 가슴이 있는 전인적인 유아로 가르쳐야 한다는 것이다.

발도르프 접근법의 주요 개념을 살펴보면 다음과 같다(Morrison, 2007).

- 인지학: 발도르프 교육의 기본 원리는 인간의 지혜에 대한 연구에서 시작한다. 인지학은 어떠한 특정 종교적 전통 등에 얽매이지 않고 인간 내면의 영적인 작업에 관심을 둔다. 발도르프 접근법의 교사들은 모든 인간은 영적인 차원을 들여다 볼 수 있기 때문에 보다 더 높은 수준의 의미 있는 학습을 제공받을 기회를 가져야 한다고 본다.
- 발달에 대한 존중: 발도르프 교육은 유아 발달의 과정을 깊이 있게 받아들인다. 개별 유아의 발달은 곧 발도르프 교사들이 유아에게 교육과정을 제공하는 방법과 시기를 결정하는 기준이 된다. 발도르프 접근법은 유아의 발달과 그들이 학습하는 방식에 대한 관점에 기초한다.
- 유리드미: 유리드미는 발도르프 교육이 강조하는 예술적인 동작이다. 행동과 제스처를 통해 언어와 음악을 시각화하며 유아들로 하여금 조화와 균형감을 발달시키게 하려는 예술 영역이다.

(3) 강조점
발도르프 교육과정의 강조점을 살펴보면 다음과 같다.

- 발달적 단계에 의거한 교육으로 개별 유아의 발달단계에 적합한 교육과정이 바로 최적의 교육과정이다.
- 기본적인 기술을 소개하는 타이밍과 방법이 발달적 단계에 기초하여 결정된다.
- 학습에 예술적 동작 활동인 유리드미를 활용한다.
- 다양한 예술 분야를 포함하여 교육과정을 운영한다.
- 유아의 성숙 정도에 따라 유아가 학습하게 되는 교육내용들의 일관성을 유지시켜 준다.

본문에 제시된 유아교육 프로그램들의 특징을 정리하여 발표해 봅시다.

3. 우리나라의 유아교육과정

1) 유치원 교육과정의 변천

유치원 교육과정은 문서화된 교육과정이 제정, 고시 또는 공포된 시기를 기준으로 명칭을 부여받았다. 우리나라에서 유치원 교육과정은 1969년 이래, 1979년, 1981년, 1987년, 1992년, 1998년, 2007년에 이르기까지 여섯 차례에 걸쳐 개정·고시되었다. 제1차부터 2007 개정 유치원 교육과정까지의 특징을 살펴보면 다음과 같다.

(1) 제1차 유치원 교육과정

1969년 고시된 제1차 유치원 교육과정의 목적은 건강한 신체와 건전한 정신으로 행복하게 생활할 수 있는 유능한 한국인 양성에 있었고 다음과 같은 교육목표를 설정하였다.

- 건강 및 안전교육 철저
- 기초적인 생활습관과 기능을 기르고 사회적응을 위한 사회적 태도와 도덕성 기르기
- 자연과 사회의 제 현상에 대하여 관심을 가지며 과학적이고 민주적인 사고력 싹트기
- 바르게 듣고 말하기

• 심미적인 태도, 창조적인 표현 능력 기르기

교육과정은 건강, 사회, 자연, 언어, 예능의 5개 생활 영역으로 구성되었고, 교육일수는 연간 200일 이상, 교육시간은 하루 3시간을 기준으로 하되 각 유치원의 사정을 감안하여 조정될 수 있도록 하였다. 이 교육과정이 제정됨에 따라 전국의 유치원에서는 구체적인 유치원 교육의 목표, 영역, 수업일수, 운영 등에 대한 지침으로 활용하게 되었다.

(2) 제2차 유치원 교육과정

1979년 자아실현, 국가발전을 위한 주체의식 확립 및 사명감 인식, 그리고 민주적 가치 강조를 교육목적으로 하여 개정된 제2차 유치원 교육과정은 다음과 같은 교육목표를 설정하였다.

• 사회화에 필요한 경험 습득하기
• 사회와 자연현상에 대한 흥미를 갖고 다양하게 표현하기
• 탐구력과 적응력 기르기
• 언어습관 및 태도 기르기
• 신체 건강 및 안전에 대한 습관 및 태도 기르기

교육과정은 사회·정서, 인지, 언어, 신체 및 건강의 4개 발달 영역으로 조직되었고, 교육일수는 연간 200일 이상, 교육시간은 하루 3~4시간을 운영하도록 제시하였다. 이때는 교육과정을 기존의 생활 영역에서 발달 영역으로 재편성하였고 인지발달 영역을 새롭게 강조하였다.

(3) 제3차 유치원 교육과정

이전까지 각급 학교와 분리하여 개정해 왔던 유치원 교육과정을 1981년 제3차

교육과정부터 최초로 초·중등 교육과정 개정과 연계하여 개정하였다. 교육과정의 목적은 건강한 사람, 심미적인 사람, 능력 있는 사람, 자주적인 사람 등 전인적 성장을 조력하는 데 두었고, 구체적인 교육목표는 다음과 같다.

- 감각운동을 기르고 조화로운 신체발달을 도모하기
- 긍정적 자아 개념 형성 및 창의적으로 표현하기
- 기초적인 언어기능 습득하기
- 자연과 사회 현상에 대한 기초적 이해와 문제해결 능력 기르기
- 가족과 이웃을 사랑하는 태도 및 기본적 예절과 규범 지키기

제3차 유치원 교육과정은 제2차 교육과정과 같은 맥락에서 발달 영역으로 편제되었으나 제2차 교육과정에서의 사회·정서 영역을 둘로 분리하여 정서 영역을 별도 영역으로 강조하였다. 그리하여 신체, 정서, 언어, 인지, 사회성의 5개 발달 영역으로 구성하였다. 교육시간은 제2차 유치원 교육과정과 동일하게 하루 3~4시간으로 제시하였고 교육일수의 경우 하향 조정되어 180일 이상으로 축소하였다.

이 교육과정에서는 평가에 대해 비교적 상세한 지침을 제시하여 유아의 발달 상황에 대한 관찰 및 기록을 강조하였을 뿐만 아니라 관찰의 결과를 다음의 교육과정에 반영하도록 명시하였다.

(4) 제4차 유치원 교육과정

1987년 개정된 제4차 유치원 교육과정은 교육목적을 건강한 사람, 자주적인 사람, 창조적인 사람, 도덕적인 사람 등의 전인적인 발달을 도모하는 데 두고 다음과 같은 교육목표를 설정하였다.

- 건강 및 안전 생활습관과 신체의 조화로운 발달 도모하기
- 언어이해 및 표현을 위한 기초기능 기르기

- 주변현상에 대한 관심 및 탐구태도 배양하기
- 자부심 및 생활주변에 대한 느낌을 자주적으로 표현하기
- 기본적인 생활습관 및 가족과 이웃을 사랑하는 태도 기르기

교육과정은 신체, 언어, 인지, 정서, 사회성의 5개 발달 영역으로 조직되었다. 교육일수 및 시간은 각각 연간 180일 이상과 하루 3시간으로 제시하였다. 특히 평가에 대한 지침은 제3차 유치원 교육과정과 유사하나 다양한 평가방법을 활용한 과정 지향적 평가를 강조하였다.

(5) 제5차 유치원 교육과정

1992년 발표된 제5차 유치원 교육과정은 당시의 교육법(제146조, 제147조)에 명시된 유치원 교육의 목적을 달성하기 위하여 다음과 같은 교육목표를 설정하였다.

- 기본적인 감각 운동 기능을 길러 신체와 정신의 조화로운 발달을 이루며 건강하고 안전한 생활하기
- 기초적인 자기조절능력을 기르고 사회적 지식과 태도를 익혀 자신과 다른 사람을 존중하며 즐겁게 더불어 생활하기
- 풍부한 감성과 상상력을 가지고 자신이 느끼고 경험한 바를 창의적으로 표현하기
- 말과 글에 관심을 가지고 기초적인 언어 능력을 기르게 함으로써 즐거운 언어생활하기
- 여러 가지 사물과 현상을 탐구하여 기초적인 사고능력과 창의적인 문제해결능력을 기르기

제5차 유치원 교육과정은 제4차의 발달 영역으로부터 건강 생활, 사회 생활, 표현 생활, 언어 생활, 탐구 생활의 5개 생활 영역으로 변화하였다. 교육일수는 연

180일 기준으로 하였고 교육시간은 하루 180분을 기준으로 하되 사정에 따라 조정 될 수 있는 것으로 제시하였다.

　제5차 유치원 교육과정의 특징으로 두드러지는 점은 먼저 지역사회의 특성에 맞게 유치원 교육과정을 편성·운영하도록 하였다는 점이다. 다음으로 1991년 교육법 개정에 의해 유치원 취원 연령이 하향화됨에 따라 만 3세에서 5세아를 위한 수준별 교육과정을 도입하였다는 점이다. 마지막으로 교육과정 편성·운영지침에 시·도교육청이 종일제 운영에 관한 지침을 유치원에 제시하도록 명시함으로써 취업모 증가로 인한 사회적 요구를 반영하고 유치원의 일과 운영시간을 다양화하도록 하였다는 점이다.

(6) 제6차 유치원 교육과정

　1998년 교육부 고시 제1998-10호로 발표된 제6차 유치원 교육과정에서는 유아의 전인적 성장을 위한 기초 교육으로서 유아의 일상생활에 필요한 기본 능력과 태도를 기르는 데 중점을 두고 다음과 같은 구체적 목표를 설정하였다.

- 몸과 마음이 건강하게 자랄 수 있는 경험을 가진다.
- 기본 생활 습관을 기르고, 다른 사람과 더불어 생활하는 태도를 가진다.
- 생각과 느낌을 창의적으로 표현하는 경험을 가진다.
- 바르게 언어를 사용하는 경험을 가진다.
- 일상생활의 문제에 대하여 스스로 궁리하는 태도를 가진다.

　교육과정 편제를 살펴보면 제5차 유치원 교육과정과 마찬가지로 건강생활, 사회생활, 표현생활, 언어생활, 탐구생활의 5개 생활영역으로 구성하였다. 교육일수는 연 180일 이상, 하루의 교육시간은 180분을 기준으로 하되 유아의 연령과 발달 수준, 기후, 계절, 학부모의 요구 등을 고려하여 조정 가능하도록 하였다. 특히 제6차 교육과정에서는 교육시간을 1일 3시간 이상~5시간 미만의 반일제, 5시간 이상~8시간

미만의 시간 연장제, 8시간 이상의 종일제 프로그램으로 다양하게 운영하여 부모가 선택할 수 있도록 하였다.

제6차 유치원 교육과정에서 강조하고 있는 교수·학습 방법상의 특징을 정리하면 다음과 같다.

- 각 영역별로 제시된 내용은 지도의 순서를 의미하는 것이 아니므로, 적절한 시기와 상황에 맞추어 통합적으로 운영될 수 있도록 교육활동을 계획한다.
- 교육내용의 I 수준, II 수준, 공통 수준은 유아의 발달과 경험 정도를 고려하여 연속성 있게 조직한 것이므로, 유아의 관심, 흥미, 발달 수준에 따라 내용을 선정하고, 그에 적절한 방법으로 운영한다.
- 교육내용은 주제, 유아의 요구 및 상황에 따라 다양한 활동을 통하여 여러 번 다룰 수 있다.
- 교육활동은 발표, 토의, 관찰, 실험, 조사, 견학 등 유아들이 직접 참여할 수 있는 다양한 수업 방법들을 활용하도록 한다.
- 교육활동은 놀이 중심으로 이루어지도록 하며, 흥미 영역과 교재, 교구는 계절, 주제, 행사 및 유아의 요구 등에 따라 적절히 재구성한다.
- 하루의 교육활동은 동적인 활동과 정적인 활동, 실내 활동과 실외 활동, 개별 활동과 대·소집단 활동, 유아 주도 활동과 교사 주도 활동 등이 균형 있게 이루어지도록 한다.
- 하루의 교육활동은 유아와 교사, 유아와 유아, 유아와 교구의 상호작용 등 여러 가지 유형의 상호작용이 일어날 수 있도록 제시한다.
- 종일반의 일과는 오전의 교육 활동을 오후에 그대로 반복하거나 단순히 유아를 보호하는 것이 아니라, 유아의 신체적, 심리적 상태를 고려하여 하루의 교육활동이 균형 있게 이루어지도록 한다.
- 교재·교구는 다양한 정보를 얻을 수 있는 교수매체를 활용하되, 가능한 한 구체적이고 직접적인 경험을 주는 실물 자료를 사용한다.

- 교사는 긍정적이고 지지적인 언어와 태도로 유아와 상호작용한다.
- 교사는 확산적 질문을 많이 하여 유아의 호기심과 학습동기를 유발하고, 창의적인 사고를 촉진한다.
- 특수 교육 대상이라고 생각되는 유아는 부모와 관계 전문가의 도움을 받도록 하고, 유치원의 상황에 따라 알맞게 교육한다.

제6차 유치원 교육과정에서도 평가가 강조되었는데 유아 평가의 지침을 정리하면 다음과 같다.

- 유아의 건강, 기본 생활 습관, 정서적 안정감, 사회적 적응, 창의적 표현, 의사소통 능력 및 탐구심 등에 중점을 둔다.
- 관찰, 일화 기록, 작품 분석, 면담 등 다양한 방법을 사용하게 한다.
- 유아 개인의 발달 특성 및 정도를 파악하여 그 결과를 문장으로 기술한다.
- 평가의 결과는 유아의 전인적인 성장, 효율적인 교육과정 운영, 부모 면담, 생활기록부 작성 등을 위한 기초 자료로 활용한다.

(7) 2007 개정 유치원 교육과정

2007년 교육인적자원부가 고시한 2007 개정 유치원 교육과정은 유아에게 알맞은 교육환경을 제공하여 유아를 교육하고 심신의 조화로운 발달을 돕는 것을 목적으로 나음과 같은 목표를 설정하였다.

- 몸과 마음을 건강하게 하며 기본 생활 습관을 기른다.
- 더불어 사는 태도와 우리 전통문화를 사랑하는 마음을 가진다.
- 자신의 생각과 느낌을 자유롭고 창의적으로 표현하는 경험을 가진다.
- 의사소통을 위한 언어 능력을 기르며, 바른 언어 사용 습관을 기른다.
- 호기심을 가지고 주변 세계를 탐구하며 자연을 존중하는 태도를 가진다.

교육과정의 편제는 건강 생활, 사회 생활, 표현 생활, 언어 생활, 탐구 생활의 5개 영역으로 구성하였다. 연간 교육 일수는 180일, 하루 교육 시간은 180분을 최소 기준으로 하되, 연간 교육 일수 및 하루 교육 시간은 시·도 교육청의 지침과 유치원 실정에 따라 유치원에서 자율적으로 결정할 수 있음을 밝히고 있다. 제시된 운영기준은 최소기준이며 종일제 운영과 단위 유치원의 편성·운영의 자율성을 강조하고 있다.

2007 개정 유치원 교육과정의 구성을 살펴보면 다음의 〈표 10-2〉와 같다.

표 10-2 2007 개정 유치원 교육과정의 구성

구성 영역	영역 내용
건강 생활 영역	나의 몸 인식하기 나의 몸 움직이기 건강하게 생활하기 안전하게 생활하기
사회 생활 영역	나를 알고 사랑하기 가족과 함께 생활하기 이웃과 더불어 생활하기 사회 현상에 관심 가지기
표현 생활 영역	자연과 생활에서 아름다움 찾아보기 예술적 표현 즐기기 감상하기
언어 생활 영역	듣기 말하기 읽기 쓰기
탐구 생활 영역	탐구하는 태도 기르기 과학적 기초 능력 기르기 수학적 기초 능력 기르기

• 유아의 발달과 흥미를 고려하여 놀이 중심의 통합적인 교육활동을 전개한다.
• 하루의 교육활동 운영은 동적인 활동과 정적인 활동, 실내 활동과 실외 활동,

개별 활동과 소집단·대집단 활동, 유아 주도 활동과 교사 주도 활동 등이 균형 있게 이루어지도록 한다.

- 유아가 또래와 교사 및 주변 환경과 다양한 상호작용을 할 수 있도록 한다.
- 긍정적이고 수용적이며 사랑과 정성이 담긴 언어와 태도로 유아를 대한다.
- 교육활동별 특성에 따라 다양한 질문을 하여 창의적 사고를 유도한다.
- 개별 유아의 잠재력이 최대한 발현될 수 있도록 유아를 지속적으로 관찰하고 적절한 지원을 한다.
- 주변의 다양한 자료와 자연물을 적극 활용하여 유아들이 직접적이고 구체적인 경험을 할 수 있도록 한다.
- 흥미 영역은 계절, 주제, 행사 및 유아의 요구 등에 따라 재구성한다.
- 시간 연장제 및 종일제의 오후 일과는 오전의 교육활동을 그대로 반복하거나 지식 및 기능 위주 교육을 하기보다는, 편안한 휴식과 함께 바깥 놀이와 개별 유아의 특성을 충분히 고려한 놀이 중심의 활동으로 구성한다.

2007 개정 유치원 교육과정에서 강조하고 있는 교육평가 방법은 다음과 같다.

- 교육과정 목표와 내용을 준거로 유아의 특성과 변화 정도를 평가한다.
- 유아의 태도, 지식, 기능 등이 종합적으로 포함되도록 평가한다.
- 유치원 일과 속에서 생활과 교육활동 전반에 걸쳐 포괄적으로 평가가 이루어지도록 한다.
- 관찰, 활동 결과물 분석, 면담 등 다양한 방법을 사용하여 종합적으로 평가하고, 그 결과를 기록한다.
- 평가 결과는 유아에 대한 이해와 유아 지원을 위한 의사결정, 교수·학습 방법 개선, 교육과정의 편성과 운영, 부모 면담, 생활기록부 작성 등을 위한 기초 자료로 활용한다.

탐구활동

1차부터 2007 개정 유치원 교육과정의 주요 개정 내용을 정리하여 발표해 봅시다.

2) 표준보육과정

보호와 교육을 동시에 중요하게 여기는 보육의 개념은 1991년 「영유아보육법」이 제정되면서 확립되기 시작하였다. 이후 2005년 시행된 개정 「영유아보육법」에서 보육의 개념을 영유아를 건강하고 안전하게 보호·양육하고 영유아의 발달 특성에 적합한 교육을 제공하는 사회복지 서비스라고 규정하게 되었다.

이러한 보육의 개념을 실천하기 위해서 여성가족부가 2007년 1월 「영유아보육법 시행규칙」 제30조에 의거하여 구체적 보육 내용 및 교사 지침 등을 표준보육과정으로 고시하였고, 이후 제3차 어린이집 표준보육과정으로 개정하여 고시되었다(보건복지부, 2013). 제3차 어린이집 표준보육과정(이하, '표준보육과정'이라 함)은 어린이집의 만 0~5세 영유아들에게 국가수준에서 제공하는 보편적이고 공통적인 보육의 목표와 내용을 제시한 것으로 0~1세 보육과정, 2세 보육과정, 3~5세 보육과정(누리과정 포함)으로 구성하였다. 이러한 국가수준 어린이집 표준보육과정 시행을 통해 영유아의 심신의 건강과 전인적 발달을 도와 행복을 도모하며 민주시민의 기초를 형성하는 것을 목적으로 하며 이를 달성하기 위한 목표는 다음과 같다.

(1) 0~1세 보육과정

- 건강하고 안전한 일상생활을 경험한다.
- 감각 및 기본 신체운동 능력을 기른다.
- 말소리를 구분하고 의사소통의 기초를 마련한다.
- 친숙한 사람과 관계를 형성한다.

- 아름다움에 관심을 가진다.
- 보고, 듣고, 만지면서 주변 환경에 관심을 가진다.

(2) 2세 보육과정

- 건강하고 안전한 생활습관의 기초를 마련한다.
- 감각, 신체조절 및 기본 운동 능력을 기른다.
- 의사소통 능력의 기초를 기른다.
- 나를 인식하고 다른 사람과 더불어 생활하는 경험을 한다.
- 아름다움에 관심을 가지고 예술경험을 즐긴다.
- 주변 환경에 호기심을 갖고 탐색하기를 즐긴다.

(3) 3~5세 보육과정

- 기본 운동 능력과 건강하고 안전한 생활 습관을 기른다.
- 일상생활에 필요한 의사소통 능력과 바른 언어 사용 습관을 기른다.
- 자신을 존중하고 다른 사람과 더불어 생활하는 능력과 태도를 기른다.
- 아름다움에 관심을 가지고 예술 경험을 즐기며, 창의적으로 표현하는 능력을 기른다.
- 호기심을 가지고 주변세계를 탐구하며, 일상생활에서 수학적·과학적으로 생각하는 능력과 태도를 기른다.

제3차 어린이집 표준보육과정에서 제시하고 있는 표준보육과정 편성은 다음과 같다(보건복지부, 2013).

- 어린이집의 운영시간에 맞추어 편성한다.

- 표준 보육과정에 제시된 각 영역의 내용을 균형 있게 통합적으로 편성한다.
- 영유아의 발달 특성 및 개인차, 경험을 고려하여 놀이를 중심으로 편성한다.
- 영유아의 일과 중 일상생활을 포함하여 편성한다.
- 어린이집과 보육실의 특성에 따라 융통성 있게 편성한다.
- 성별, 종교, 신체적 특성, 가족 및 민족 배경 등으로 인한 편견이 없도록 편성
  한다.

제3차 어린이집 표준보육과정에서 제시하고 있는 표준보육과정 운영은 다음과
같다(보건복지부, 2013).

- 보육계획(연간, 월간, 주간, 일일 계획 등)에 의거하여 운영한다.
- 실내·외 환경을 다양한 흥미 영역으로 구성하여 운영한다.
- 영유아의 능력과 장애정도에 따라 조정하여 운영한다.
- 부모와 각 기관의 실정에 따라 부모교육을 실시한다.
- 가정과 지역사회와의 협력과 참여에 기반하여 운영한다.
- 교사 재교육을 통해 어린이집 표준보육과정 운영을 개선해 나간다.

제3차 어린이집 표준보육과정의 영역을 연령별로 살펴보면 〈표 10-3〉과 같다.

표 10-3 제3차 어린이집 표준보육과정의 연령별 영역

구분	0~1세 보육과정	2세 보육과정	3~5세 보육과정
영역	• 기본생활 • 신체운동 • 의사소통 • 사회관계 • 예술경험 • 자연탐구	• 기본생활 • 신체운동 • 의사소통 • 사회관계 • 예술경험 • 자연탐구	• 신체운동·건강 • 의사소통 • 사회관계 • 예술경험 • 자연탐구

3) 3~5세 연령별 누리과정

　보건복지부와 교육과학기술부는 어린이집과 유치원으로 이원화되어 있는 보육·교육과정을 통합하여 새로운 '5세 누리과정'을 9월 5일 고시하였다. 2012년 3월부터 시행되고 있는 5세 누리과정에 이어 만 3, 4세까지 누리과정이 확대 도입됨에 따라 「3~5세 연령별 누리과정」이 고시되었으며, 2013년 3월부터는 전국의 모든 유치원과 어린이집에서 「3~5세 연령별 누리과정」이 전면 시행되었으나, 2020년 2월 29일 폐지되었고, 이후 교육부 고시 제2019-189호로 유치원 교육과정이 다음과 같이 새롭게 고시되었다.

　2020년 3월부터 전면 시행되는 누리과정의 성격은 다음과 같다.

- 국가 수준의 공통성과 지역, 기관 및 개인 수준의 다양성을 동시에 추구한다.
- 유아의 전인적 발달과 행복을 추구한다.
- 유아 중심과 놀이 중심을 추구한다.
- 유아의 자율성과 창의성 신장을 추구한다.
- 유아, 교사, 원장(감), 학부모 및 지역사회가 함께 실현해 가는 것을 추구한다.

누리과정의 구성방향에서 추구하는 인간상은 다음과 같다.

- 건강한 사람
- 자주적인 사람
- 창의적인 사람
- 감성이 풍부한 사람
- 더불어 사는 사람

누리과정의 목적과 목표는 다음과 같다.

- 누리과정의 목적은 유아가 놀이를 통해 심신의 건강과 조화로운 발달을 이루고 바른 인성과 민주 시민의 기초를 형성하는 것을 목적으로 하며 다음과 같은 목표를 지닌다.
  - 자신의 소중함을 알고, 건강하고 안전한 생활 습관을 기른다.
  - 자신의 일을 스스로 해결하는 기초능력을 기른다.
  - 호기심과 탐구심을 가지고 상상력과 창의력을 기른다.
  - 일상에서 아름다움을 느끼고 문화적 감수성을 기른다.
  - 사람과 자연을 존중하고 배려하며 소통하는 태도를 기른다.

누리과정의 구성의 중점은 다음과 같다.

- 3~5세 모든 유아에게 적용할 수 있도록 구성한다.
- 추구하는 인간상 구현을 위한 지식, 기능, 태도 및 가치를 반영하여 구성한다.
- 신체운동 · 건강, 의사소통, 사회관계, 예술경험, 자연탐구의 5개 영역을 중심으로 구성한다.
- 3~5세 유아가 경험해야 할 내용으로 구성한다.
- 0~2세 보육과정 및 초등학교 교육과정과의 연계성을 고려하여 구성한다.

누리과정의 운영을 살펴보면 〈표 10-4〉와 같다.

표 10-4 누리과정의 운영

구분	내용
편성 · 운영	• 1일 4~5시간을 기준으로 편성한다. • 일과 운영에 따라 확장하여 편성할 수 있다. • 누리과정을 바탕으로 각 기관의 실정에 적합한 계획을 수립하여 운영한다. • 하루 일과에서 바깥 놀이를 포함하여 유아의 놀이가 충분히 이루어지도록 편성하여 운영한다. • 성, 신체적 특성, 장애, 종교, 가족 및 문화적 배경 등으로 인한 차별이 없도록 편성하여 운영한다. • 유아의 발달과 장애 정도에 따라 조정하여 운영한다. • 가정과 지역사회와의 협력과 참여에 기반하여 운영한다. • 교사 연수를 통해 누리과정의 운영이 개선되도록 한다.
교수 · 학습방법	• 유아가 흥미와 관심에 따라 놀이에 자유롭게 참여하고 즐기도록 한다. • 유아가 놀이를 통해 배우도록 한다. • 유아가 다양한 놀이와 활동을 경험할 수 있도록 실내외 환경을 구성한다. • 유아와 유아, 유아와 교사, 유아와 환경 간에 능동적인 상호작용이 이루어지도록 한다. • 5개 영역의 내용이 통합적으로 유아의 경험과 연계되도록 한다. • 개별 유아의 요구에 따라 휴식과 일상생활이 원활히 이루어지도록 한다. • 유아의 연령, 발달, 장애, 배경 등을 고려하여 개별 특성에 적합한 방식으로 배우도록 한다.
평가	• 누리과정 운영의 질을 진단하고 개선하기 위해 평가를 계획하고 실시한다. • 유아의 특성 및 변화 정도와 누리과정의 운영을 평가한다. • 평가의 목적에 따라 적합한 방법을 사용하여 평가한다. • 평가의 결과는 유아에 대한 이해와 누리과정 운영 개선을 위한 자료로 활용할 수 있다.

누리과정의 구성을 영역별 내용 범주 중심으로 살펴보면 〈표 10-5〉와 같다.

표 10-5 누리과정의 구성

영역	내용 범주	내용
신체운동 · 건강	신체활동 즐기기	• 신체를 인식하고 움직인다. • 신체 움직임을 조절한다. • 기초적인 이동운동, 제자리 운동, 도구를 이용한 운동을 한다. • 실내외 신체활동에 자발적으로 참여한다.
	건강하게 생활하기	• 자신의 몸과 주변을 깨끗이 한다. • 몸에 좋은 음식에 관심을 가지고 바른 태도로 즐겁게 먹는다. • 하루 일과에서 적당한 휴식을 취한다. • 질병을 예방하는 방법을 알고 실천한다.
	안전하게 생활하기	• 일상에서 안전하게 놀이하고 생활한다. • TV, 컴퓨터, 스마트폰 등을 바르게 사용한다. • 교통안전 규칙을 지킨다. • 안전사고, 화재, 재난, 학대, 유괴 등에 대처하는 방법을 경험한다.
의사소통	듣기와 말하기	• 말이나 이야기를 관심 있게 듣는다. • 자신의 경험, 느낌, 생각을 말한다. • 상황에 적절한 단어를 사용하여 말한다. • 상대방이 하는 이야기를 듣고 관련해서 말한다. • 바른 태도로 듣고 말한다. • 고운 말을 사용한다.
	읽기와 쓰기에 관심 가지기	• 말과 글의 관계에 관심을 가진다. • 주변의 상징, 글자 등의 읽기에 관심을 가진다. • 자신의 생각을 글자와 비슷한 형태로 표현한다.
	책과 이야기 즐기기	• 책에 관심을 가지고 상상하기를 즐긴다. • 동화, 동시에서 말의 재미를 느낀다. • 말놀이와 이야기 짓기를 즐긴다.
사회관계	나를 알고 존중하기	• 나를 알고 소중히 여긴다. • 나의 감정을 알고 상황에 맞게 표현한다. • 내가 할 수 있는 것을 스스로 한다.

	더불어 생활하기	• 가족의 의미를 알고 화목하게 지낸다. • 친구와 서로 도우며 사이좋게 지낸다. • 친구와의 갈등을 긍정적인 방법으로 해결한다. • 서로 다른 감정, 생각, 행동을 존중한다. • 친구와 어른께 예의바르게 행동한다. • 약속과 규칙의 필요성을 알고 지킨다.
	사회에 관심 가지기	• 내가 살고 있는 곳에 대해 궁금한 것을 알아본다. • 우리나라에 대해 자부심을 가진다. • 다양한 문화에 관심을 가진다.
예술경험	아름다움 찾아보기	• 자연과 생활에서 아름다움을 느끼고 즐긴다. • 예술적 요소에 관심을 갖고 찾아본다.
	창의적으로 표현하기	• 노래를 즐겨 부른다. • 신체, 사물, 악기로 간단한 소리와 리듬을 만들어 본다. • 신체나 도구를 활용하여 움직임과 춤으로 자유롭게 표현한다. • 다양한 미술 재료와 도구로 자신의 생각과 느낌을 표현한다. • 극놀이로 경험이나 이야기를 표현한다.
	예술 감상하기	• 다양한 예술을 감상하며 상상하기를 즐긴다. • 서로 다른 예술 표현을 존중한다. • 우리나라 전통 예술에 관심을 갖고 친숙해진다.
자연탐구	탐구과정 즐기기	• 주변 세계와 자연에 대해 지속적으로 호기심을 가진다. • 궁금한 것을 탐구하는 과정에 즐겁게 참여한다. • 탐구과정에서 서로 다른 생각에 관심을 가진다.
	생활 속에서 탐구하기	• 물체의 특성과 변화를 여러 가지 방법으로 탐색한다. • 물체를 세어 수량을 알아본다. • 물체의 위치와 방향, 모양을 알고 구별한다. • 일상에서 길이, 무게 등의 속성을 비교한다. • 주변에서 반복되는 규칙을 찾는다. • 일상에서 모은 자료를 기준에 따라 분류한다. • 도구와 기계에 대해 관심을 가진다.
	자연과 더불어 살기	• 주변의 동식물에 관심을 가진다. • 생명과 자연환경을 소중히 여긴다. • 날씨와 계절의 변화를 생활과 관련짓는다.

유아교육평가

유아교육에서 평가는 교육기관에서 수행되는 전반적인 교육활동이 유아의 전인적 성장과 발달을 돕는 데 적합한지 알아보기 위해 모든 활동의 과정과 결과에 대하여 가치판단을 내리는 일이다. 유아교육활동에 대한 평가가 제대로 이루어져야 유아교육의 효율성 향상과 개선을 도모할 수 있다. 이 장에서는 유아교육평가의 개념과 필요성 및 평가의 유형을 알아보고 평가의 대상에 따른 평가 방법과 그 결과를 활용하는 방안에 대하여 살펴본다.

이 장을 학습한 후
달성할 수 있는
목표

- 유아교육평가의 개념과 필요성 및 기능에 대하여 이해한다.
- 유아교육평가 방법은 몇 가지 유형으로 분류할 수 있다.
- 유아교육평가의 대상에 따라 활용 가능한 평가 방법들에 대하여 이해한다.
- 유아교육평가 결과를 어떻게 활용할 수 있는지 이해한다.

주 요 용 어

양적 평가, 질적 평가, 관찰법, 일화기록법, 시간표집법, 사건표집법, 평정척도법,
행동목록법, 면접법, 표준화검사법, 포트폴리오평가, 유치원평가, 어린이집 평가인증

1. 유아교육평가의 이해

1) 유아교육평가의 개념

평가의 사전적 의미는 사물이 갖는 가치에 대하여 좋고 나쁨을 따져 판단하는 일 또는 그 결과를 의미한다. 이를 교육에 적용해 보면 교육평가는 교육이라는 현상을 대상으로 하는 가치판단과 관련된다. 그런데 가치판단을 내리는 데는 일정한 기준이 따른다. 따라서 이를 종합해 보면 교육평가는 일정한 기준에 의거하여 일련의 교육활동에 대하여 가치를 판단하는 행위이다(강현석, 주동범, 2004).

교육평가는 평가의 강조점에 따라 목표달성 중심, 의사결정 중심, 가치판단 중심으로 정의될 수 있다(김진규, 2002). 목표달성 중심 정의에서는 교육 또는 수업목표가 평가의 기준이 되므로 교육 또는 수업의 결과 및 성과가 강조된다. 의사결정 중심 정의에서는 교육 또는 수업과 관련된 합리적 의사결정 과정이 중시되므로 교육 또는 수업을 위한 정책 · 제도 · 시설 · 재정 등의 투입과 그 절차가 강조된다. 반면 가치판단 중심 정의에서는 교육 또는 수업과 관련된 어떤 대상의 질이나 가치판단에 초점을 두므로 가치나 유용성, 효율성, 중요성 등에 주목한다.

위와 같은 정의들을 검토해 보면 교육평가는 교육목적의 달성 정도를 알아보고 일정한 기준에 의해 측정된 교육활동의 성과에 대하여 가치를 판단하는 과정으로 볼 수 있다. 이러한 교육평가의 개념을 유아교육평가 개념에 적용할 수 있으려면 유아교육이 지니는 교육의 보편성과 특수성이 전제되어야 한다. 목표달성에 강조점을 두는 경우 유아교육평가는 유아들의 전인적 성장 · 발달을 돕기 위한 교육과정이나 프로그램이 어느 정도 실현되었는지를 알아보는 과정이 된다. 또 의사결정 과정에 강조점을 두는 경우 유아의 발달과 학습에 관한 정보 수집 그 이상의 목적을 가진 교육적 의사결정 과정으로 정의된다.

  이와 같은 교육평가의 개념에 대한 논의를 종합해 보면 유아교육평가는 유아교
육기관에서 유아의 전인적 성장과 발달을 돕기 위하여 모든 교육활동의 과정과 결
과에 대하여 가치판단을 내리는 과정이라고 할 수 있다(황해익, 2009).

2) 유아교육평가의 필요성과 기능

(1) 유아교육평가의 필요성

  유아교육현장에서 평가의 필요성을 유아, 교사, 부모, 유아교육기관 측면에서 살
펴보면 다음과 같다.

- 개별 유아의 연령별 발달의 적합성과 장단점을 파악하여 전인적 성장 및 발달
  을 돕는다.
- 교사는 수업, 유아와의 의사소통, 학급운영에 대한 피드백을 받음으로써 직무
  수행 전반에 대하여 질적 향상을 기한다.
- 부모는 자녀의 교육활동 참여에 대한 정보와 부모역할 수행 관련 정보를 제공
  받음으로써 자녀와 바람직한 관계를 형성하고 자녀의 발달을 돕는다.
- 유아교육기관에서는 각 기관의 목표달성 정도와 기관 운영의 보완점을 파악
  함으로써 수정 및 보완을 위한 합리적이고 객관적인 정보를 얻는다.

(2) 유아교육평가의 기능

  일반적으로 교육평가는 다음과 같은 기능을 갖는다(김대현, 김석우, 2005).

- 학습자의 학업성취도를 평가하여 교육목표의 달성 정도에 대한 정보를 제공
  한다.
- 교육활동의 전개 과정에서 학습자가 직면한 제 문제를 적시에 발견하여 조치
  함으로써 교육과정의 원활한 전개를 위한 진단 및 치료 기능을 수행한다.

- 교육 프로그램의 효과를 평가하여 교육활동의 결과를 분석하고 확인함으로써 프로그램의 질적 개선을 위한 시사점을 제공한다.
- 개별 학습자의 진로지도를 위한 자료를 제공한다.
- 거시적 차원에서 교육의 제 문제를 이해하고 올바른 교육정책 및 일반정책 수립을 위한 기초 자료를 제공한다.

위와 같은 교육평가의 기능에 대한 이해에 기초하여 유아교육활동에 있어서 평가가 갖는 기능은 다음과 같다(황해익, 2009).

- 유아교육 목표의 달성을 위한 제 활동의 성과를 평가함으로써 목표 달성도에 관한 증서와 정보를 수집하게 해준다.
- 유아교육의 목표 달성도를 밝혀 유아교육 활동 전반을 개선하고, 유아의 개별 학업성취 결과를 분석하여 학습활동의 개선 방안을 모색하게 한다.
- 유아의 성장과 발달에 대한 기초 자료를 제공함으로써 유아를 더 잘 이해할 수 있게 한다.
- 부모들에게 자녀에 대한 평가결과를 제공함으로써 자녀를 더 잘 이해하고 자녀의 능력에 맞게 지도하도록 돕는다.
- 교육활동의 특성이나 유아의 수준을 반영하지 못하고 정형화되기 쉬운 교사의 교수법 개선에 도움을 준다.
- 유아의 학습동기 유발을 위한 기초 자료를 제공한다.
- 현재 실행되는 유아교육 프로그램이 목적을 달성했는지에 대하여 교육기관 운영의 제 측면에서 파악할 수 있게 해준다.

2. 유아교육평가의 유형

1) 양적 평가와 질적 평가

평가에 이떤 방법이 사용되는가에 따라 분류할 경우 양적 평가와 질적 평가로 나눌 수 있다.

(1) 양적 평가

양적 평가는 검사 도구를 제작하고 시행하여 점수를 산출하는 방법이다. 즉, 수량화된 자료나 증거에 의해 대상을 기술하고 분석한다. 양적 평가는 수량화된 자료를 얻는 데 주된 목적이 있으며 학생들의 학업성취도평가와 같은 인지적 영역의 평가에 사용된다. 양적 평가는 객관적인 자료를 얻는 데는 유용하나 학습활동의 질적 측면을 평가하는 데는 한계가 있다.

(2) 질적 평가

질적 평가는 관찰이나 면담, 실기평가 등을 통하여 수량화되지 않은 다양한 형태의 자료를 수집하여 평가하는 방법이다. 즉, 양적 평가에서 배제하는 평가의 주관적 측면과 수량화하기 어렵거나 수량화할 수 없는 영역을 평가하는 방법이다. 질적 평가는 양적 평가의 단점을 보완할 수 있는 방법으로 정의적 영역이나 심동적 영역을 평가하는 데 유용하다. 따라서 학생들의 학습활동에 있어 질적 측면에 대한 정보를 수집하고 평가하는 데 적합하다.

2) 상대평가와 절대평가

평가에 있어 판단의 준거가 무엇인가에 따라 분류할 경우 상대평가와 절대평가로 나눌 수 있다.

(1) 상대평가

상대평가는 규준지향평가로도 불리는데, 특정 학습자의 성취 결과가 어느 위치에 있는지를 규준(norm)을 이용하여 그가 속한 집단의 결과에 비추어 알아보는 방법이다. 규준은 원점수(raw score)의 상대적 위치를 설명하기 위해 쓰이는 것으로 평균과 표준편차로 대표된다.

상대평가는 학습자의 상대적 능력이나 기술을 비교하여 선발하거나 우열을 가리기 위해 실시된다. 즉, 개인의 성취수준을 비교집단의 규준에 비추어 상대적 서열을 판단하고 그의 성취가 어느 위치에 있는지를 등위나 백분위로 표시한다.

상대평가는 성취수준의 개인차를 변별해 주고, 객관적 검사에 의해 성취를 표시하므로 편견을 배제할 수 있으며, 학습자 간 경쟁을 유도하여 학습동기를 촉진한다. 반면 학습자 간 우열과 개인차 변별에 치중하므로 지나친 경쟁을 조장할 수 있고, 수업활동의 보완 및 개선에는 소홀하기 쉽다.

(2) 절대평가

절대평가는 준거지향평가 또는 목표지향평가로도 불리며, 학습자의 현재 성취수준을 미리 정해 놓은 교육목표에 비추어 알아보는 방법이다. 즉, 학습자가 정해진 교육목표나 학습목표에 어느 정도 도달하였는지 알아보고자 할 때 사용된다.

절대평가는 검사의 타당도에 중점을 두고, 검사점수의 분포가 정상분포곡선에 비하여 오른쪽으로 치우친 형태를 가정한다. 또 적절한 교수전략이나 교육적 노력이 투입된다면 대부분의 학습자가 학습목표에 도달할 것이라는 발달적 교육관을 전제로 한다.

절대평가는 성취에 대한 구체적 정보를 제공하므로 교수 · 학습 활동과 교육활동 전반의 보완 및 개선에 유용하고, 학습자에게 고등정신능력을 키워주기에 유리하다. 반면 학습자들 간 성취수준의 개인차 변별에 부적합하고 평가의 기준을 누

가, 이떻게 설정하는가 하는 문제가 따른다.

3) 진단평가, 형성평가, 총괄평가

평가가 어떤 기능을 하는가 또는 어느 시점에서 이루어지는가에 따라 분류할 경우 진단평가, 형성평가, 총괄평가로 대별된다.

(1) 진단평가

진단평가는 교수·학습 활동이 시작되기 전에 학습자가 갖고 있는 능력 및 특성을 체계적으로 측정하여 초기단계에서 수업전략을 위한 기초 자료를 수집하고, 어떤 교수·학습 방법이 적절한지를 결정하기 위해 실시된다.

진단평가가 수행하는 기능은 다음과 같다.

- 학습자가 학습과제의 목표 달성에 필요한 선수조건이 되는 출발점 행동과 기능을 갖고 있는지 알아본다.
- 학습자가 주어진 학습단원의 목표를 얼마나 통달하고 있는지 확인한다.
- 학습자의 흥미, 동기, 적성, 기초 기능, 선행학습 수준 등을 파악한다.

진단평가의 방법으로는 수업 전에 실시하는 퀴즈나 복습 확인 질문 등을 들 수 있는데 준비도검사, 적성검사, 자기보고서, 관찰법 등도 활용할 수 있다.

유아교육현장에서 진단평가는 교육활동 시작 전이나 학기 초에 교육환경의 구성 및 유아외의 상호작용에 필요한 정보를 얻기 위해 실시된다(황해익, 2009). 진단평가를 위한 자료로는 학습준비도검사나 지능검사 외에 유아교육기관 입학원서와 가정환경조사서 등도 유용하다. 이들 자료를 통해 유아의 성장과정, 가정환경, 발달상의 특징, 흥미, 동기, 가족관계, 질병의 유무, 부모의 양육방식 등을 파악할 수 있다(방인옥 외, 2009).

(2) 형성평가

형성평가는 교수·학습 활동이 이루어지는 도중에 교수·학습 활동이 계획대로 진행되고 있는지를 점검하는 일이다. 즉, 학습자들의 교수·학습 내용에 대한 이해 수준, 학습능력, 학습태도 및 방법을 점검하거나 확인하는 것이다.

형성평가가 갖는 주요 기능을 살펴보면 다음과 같다.

- 학습내용이 일정한 선후관계에 의해 조직되어 있을 때 학습 진행속도를 조절할 수 있게 해준다.
- 설정된 학습목표를 어느 정도 달성했는가를 학습자에게 확인시켜 줌으로써 후속 학습을 용이하게 하고 학습동기를 유발시킨다.
- 학습자에게 교수목표에 비추어 성취에 대한 정보를 알려줌으로써 학습자가 자신의 학습곤란을 스스로 진단하고 교정하게 한다.
- 교사가 자신이 학습자에게 적용한 교수 방법의 단점을 구체적으로 분석하여 개선하게 한다.

형성평가를 위한 도구로는 교사에 의해 제작된 검사가 주로 이용되나 교육전문기관에서 제작된 검사가 활용될 수도 있다.

유아교육현장에서 형성평가는 교육활동이 진행되는 과정에서 교육내용의 수정 및 보완에 필요한 정보를 얻기 위해 교육활동의 목표에 대한 유아의 반응과 변화 정도를 파악하는 일이다(황해익, 2009). 형성평가의 방법으로는 유아발달 체크리스트를 활용한 주기적 발달평가, 일화기록과 유아교육일지를 통한 질적 평가, 교사에 의해 제작된 비형식적 검사, 유아 표현활동 자료 수집 및 분석, 부모면담을 통한 유아에 대한 정보 수집 및 분석 등을 들 수 있다.

(3) 총괄평가

총괄평가는 총합평가로도 불리며, 교수·학습이 끝난 다음 설정된 목표의 달성 또는 성취 여부를 종합적으로 판정하는 일이다. 즉, 특정 단원, 교과목, 학기, 교육 프로그램이 끝나는 시점에서 학습자의 성취 또는 숙달 정도와 교육목표 달성 여부를 알아보는 활동이다. 총괄평가는 상대평가 또는 절대평가 방법으로 실시될 수 있고, 그 결과는 학습자의 학습 진전 수준을 알아보거나 이후 학업 및 진로지도를 하는 데 활용된다.

총괄평가의 기능은 다음과 같다.

- 전체 과목이나 주요 학습 내용에 대한 교수 효과를 판단하여 학습자들의 성적을 산출하고 평점을 주어 서열을 결정한다.
- 학습자의 현재 성적을 평가함으로써 미래 성적을 예측할 수 있게 해준다.
- 학습자 집단 간 종합적인 학습성과를 교수 방법의 유형이나 학습자료의 종류 등과 관련하여 비교 · 분석할 수 있는 정보를 제공한다.
- 학습자가 지닌 기능 · 능력 · 지식이 특정 자격이 요구하는 수준에 부합되는 지를 판단해 준다.

유아교육현장에서 총괄평가는 일정 기간 동안 교육활동을 전개한 다음 그 효과를 최종적으로 측정하는 일이다(황해익, 2009). 즉, 교육목표가 달성되었는지와 교육활동이 유아 · 교사 및 부모에게 어떤 영향을 주었는지를 알아보는 것이다. 총괄평가는 주로 학기말에 실시되며 유아 발달평가, 프로그램 운영평가, 부모만족도 조사, 교사 자기평가 등을 활용한다. 특히 유아의 발달평가에는 진단 및 형성평가에서 수집된 자료들을 분석해 놓은 포트폴리오를 활용하는 것이 유용하다.

탐구활동

유아교육현장에서 양적 평가와 질적 평가, 상대평가와 절대평가, 진단평가 · 형성평가 · 총괄평가를 어떤 목적을 위하여 어떻게 활용하고 있는지 그 사례들을 조사하여 말해 봅시다.

3. 유아교육평가의 대상과 방법

1) 유아평가

(1) 유아평가의 목적
유아평가는 유아의 발달 정도, 교육 프로그램과의 상호작용 효과, 유아의 능력 및 특성과 잠재력 등을 알아보는 일이다. 유아평가는 개별 유아에 대한 평가 결과를 교육에 반영함으로써 유아의 발달을 최적화하려는 목적을 갖고 있다.

(2) 유아평가의 내용
유아평가에 있어서는 성취 중심의 결과 평가보다는 변화 과정을 진술하는 평가가 중시된다. 유아의 능력 발달은 여러 단계의 과정을 거쳐 점진적으로 이루어지기 때문이다. 유아가 학습을 통해 성취할 수 있는 능력은 다양하므로 그에 대한 종합적인 평가가 이루어져야 한다(교육과학기술부, 2008a).

유아평가의 내용이 되는 영역은 다음과 같이 세 가지로 대별될 수 있다.

- 정의적 측면으로 성향, 태도, 흥미와 관련된 부분이다.
- 인지적 측면으로 유아가 습득한 지식(사실, 개념, 정보), 즉 내용적 부분이다.
- 기능적 측면으로 유아가 지식을 습득하고 적용하는 방법, 즉 절차적 부분이다.

누리과정의 도입 이후에는 유아평가에서 다음과 같은 관점이 강조된다(교육부, 2019; 보건복지부, 교육부, 2014).

- 누리과정의 목표와 내용에 근거하여 유아의 특성과 변화 정도를 평가한다.
- 유아의 지식, 기능, 태도를 포함하여 평가한다.
- 유아의 일상생활과 누리과정 활동 전반에 걸쳐 평가한다.

• 평가의 목적에 따라 적합한 방법을 사용하여 평가한다.

(3) 유아평가의 주요 방법

유아를 평가하는 방법은 다양하고, 평가 방법마다 고유의 장단점이 있다. 그러므로 유아평가를 위해서는 적절한 방법을 선택하고 한 가지 방법에 의존하기보다는 다양한 방법을 활용하는 것이 바람직하다. 유아평가를 위한 방법들 중 관찰법, 면접법, 표준화검사법, 포트폴리오평가를 중심으로 살펴보고자 한다.

① 관찰법

관찰법은 관찰자 자체가 도구가 되어 유아가 보여 주는 여러 상황이나 행동을 과학적으로 관찰, 분석, 기록하는 방법이다. 관찰법은 관찰자가 유아들의 활동에 참여하면서 관찰하는 '참여관찰'과 활동에는 전혀 참여하지 않으면서 관찰만 하는 '비참여관찰'로 구분된다. 관찰 기록에는 관찰자의 이름, 관찰 대상자의 이름·성별·연령, 관찰 일시, 관찰 장면 등이 포함되어야 하고, 관찰된 사실과 관찰자의 해석은 구분되어야 한다. 관찰법의 유형에는 일화기록법, 시간표집법, 사건표집법, 평정척도법, 행동목록법 등이 있다.

📖 일화기록법(Anecdotal Records)

일화기록법은 대체로 예기치 못한 행동이나 사건을 몇 초에서 몇 분 동안 관찰하여 누가, 언제, 어디서, 무엇을 하였는지를 자세히 기술하는 방법이다(정옥분, 2008). 일화기록은 유아의 학습에 대한 태도나 정서발달 등과 같이 직접적으로 평가하기 어려운 행동을 알아보는 데 유용하다. 일화기록을 할 때는 한 편의 기록에 한 가지 사건을 다루고 관찰 후 가능한 한 빨리 기록하며, 이후 해석에 도움이 될 수 있는 상황적 정보를 포함시킨다.

일화기록법에 의한 관찰 기록 양식을 예시하면 〈표 11-1〉과 같다(황해익 외, 2014: 66).

표 11-1 일화기록법에 의한 기록 양식 예시

관찰대상: 한지유	생년월일: 2009년 5월 3일 (여)
관 찰 자: 김유채	관 찰 일: 2013년 5월 14일
관찰장면: 자유선택활동 시간(미술영역)	관찰시간: 오전 9시 20분~9시 30분(10분)

기록: 자유선택활동 시간에 역할놀이 영역에 있던 지유가 자기의 이름표를 떼어서 미술영역으로 가져가 붙인다. 그림을 그리고 있는 혜정이와 다연이를 팔짱을 낀 채 서서 처다본다. 지나가던 선생님이 혜정이의 그림을 오른손으로 가리키며 "와 정말 잘 그렸네, 꽃을 참 예쁘게 그렸구나, 우리 혜정이가."라고 말한다. 지유는 선생님을 한 번 올려다보고 혜정이의 그림을 쳐다본다. 선생님은 쌓기놀이 영역으로 이동하고, 지유는 혜정이의 맞은편에 앉는다. 잠시 후, 지유는 "임혜정, 너 그림 안 예뻐!"라고 이야기한다. 옆에 있던 다연이가 "야! 한지유, 친구에게 그렇게 말하면 안 돼. 그건 나쁜 거야."라고 이야기한다. 지유가 다연이를 쏘아보며, "내 기도 히니도 안 세빼. 뭐뭐세쏘 임생 이빼에 비교기니."라고 말한 후에, 지유는 자기 이름표를 역할놀이 영역에서 떼고 쌓기놀이 영역으로 걸어간다.

발달영역(교육과정 영역): 사회발달−공격성(사회관계 영역)

요약
• 고의적으로 친구에게 상처를 주는 언어적 공격성이 나타났다.
• 자유선택활동 시간에 한 영역에 들어가서 놀이를 하는 것이 아니라, 영역을 돌아다니면서 친구들의 활동을 지켜보기만 한다.
• 교사의 행동과 말에 관심이 많으며, 자유선택활동 시간에 교사를 따라다닌다.

교수전략
• 친구에게 상처를 주는 말을 하면 왜 안 되며, 자신의 말로 인해 친구가 어떤 감정을 갖는지 이해할 수 있는 기회를 지유에게 제공하여, 이러한 행동을 고쳐나갈 수 있도록 지도할 필요가 있다.
• 적절한 지도방향을 정하기 위해서 지유가 왜 그런 행동을 하게 되었는지 원인을 알아볼 필요가 있다. 즉, 지유가 친구들과 어울리고 싶지만 적절한 상호작용 방법을 모르는 것인지, 아니면 선생님에게 관심을 받고 싶어하는 마음에서 그런 행동을 한 것인지 관찰해야 한다. 또한 지유 부모님의 양육태도는 어떠한지, 집에서도 언어적 공격성이 나타나는지 등에 대해서도 살펴볼 필요가 있을 것이다.

일화기록법은 특별한 형식을 요구하지 않으면서도 발달에 대한 풍부한 자료를 제공하는 반면, 관찰 기록에 관찰자의 주관이 개입될 가능성이 높고 관찰된 행동이나 사건의 원인에 대해서는 정보를 제공하기 어렵다.

📖 시간표집법(Time Sampling)

시간표집법은 정해진 시간 동안 관찰하고자 하는 행동이 얼마나 자주 일어나는지를 일정한 시간 간격을 두고 반복하여 기록하는 방법이다. 시간표집법을 활용할 때는 관찰하기 쉽고 자주 일어나는 행동에 한하여 사용하고 관찰 절차를 명료하게 제시하며 관찰 대상 행동을 구체적으로 정의해야 한다. 시간표집법에 의하여 관찰을 기록하는 방법에는 행동의 출현 유무만 표시하기, 행동이 나타나는 빈도 표시하

표 11-2 시간표집법에 의한 기록 양식 예시

유 아 명: 최진원   생년월일: 2008년 12월 25일 (여)
관 찰 자: 정혜영   관 찰 일: 2011년 8월 19일
관찰행동: 10:00 ~ 10:10(10분간)   관찰일 현재 유아의 연령: 2년 8개월
관찰장면: 교사에의 의존성   관찰장면: 유아가 놀잇감을 가지고 노는 장면

※ 1회에 30초씩 관찰하고 30초 기록한다. 30초 동안 동일한 행동이 여러 번 나타나더라도 1번만 표시한다.

관찰행동 ＼ 시간간격	30초(1회)	30초(2회)	30초(3회)	30초(4회)	…
놀면서 교사를 바라본다.	V				
교사에게 손을 뻗는다.	V	V			
교사에게 다가간다.				V	
교사를 부른다.			V		
교사에게 도움을 요청한다.					
교사를 바라보며 운다.				V	

기, 행동의 지속시간을 추가하여 표시하기 등이 있다. 행동의 출현 유무만 표시하는 관찰 기록 양식을 예시하면 〈표 11-2〉와 같다(황해익, 송연숙, 정혜영, 2009).

시간표집법은 특정 행동을 연구하는 데 있어 짧은 시간에 자료를 수집하여 부호화할 수 있게 해주고, 통계적 분석이 가능한 양적 자료를 제공해 준다. 반면 자주 일어나는 외현적 행동의 관찰에는 유용하나 행동 간의 상호관계나 인과관계의 파악에는 불리하다.

📖ᵢ 사건표집법(Event Sampling)

사건표집법은 관찰의 단위가 행동이나 사건 자체이며, 자주 일어나거나 드물게 일어나는 행동 또는 사건 모두에 적용될 수 있다. 사건표집법은 공격행동과 같이 관찰자가 관찰하고자 하는 행동이나 사건이 발생하기를 기다렸다가 그것이 발생하면 일정한 형식에 따라 자세히 기술하는 방법이다. 사건표집법을 활용하기 위해서는 관찰하려는 행동이나 사건의 특성을 분명히 규정하고 그것을 언제, 어디서 관찰할 것인가를 결정해야 한다. 표집된 행동이나 사건은 서술식으로 기술하거나 빈도로 표기할 수 있다.

사건이나 행동의 이전 상황(Antecedent Event), 행동(Behavior), 행동의 결과(Consequence)를 순서대로 기록하는 ABC 서술식 양식과 사건이나 행동의 빈도를 표시하는 빈도 기록 양식을 예시하면 각각 〈표 11-3〉, 〈표 11-4〉와 같다(황해익 외, 2009). 사건표집법을 활용하면 자연적 상황에서 행동의 지속성을 파악할 수 있고, 자주 나타나지 않는 사건이나 행동도 관찰할 수 있다. 반면 사건이나 행동이 언제 일어날지 예측하기 곤란하고, 관찰된 자료를 바로 수량화하기 어려우며, 행동의 부호화 및 사건의 기록에 시간과 기술(技術)이 필요하다.

표 11-3 사건표집법의 ABC 서술식 기록 양식 예시

유 아 명: 정우석

관 찰 자: 김민지

관찰행동: 자유선택활동 시간에 블록영
역에서 보이는 공격적 행동
이나 부정적 행동

생년월일: 2006년 6월 10일 (남)

관 찰 일: 2011년 9월 17일

관찰일 현재 유아의 연령: 5년 3개월

시 간	사건 전(A)	사건(B)	사건 후(C)
08:50	유치원에 우석이가 도착한다.	종이벽돌로 혼자 쌓기 놀이를 한다.	교사에게 "집 쌓았어요." 하고 자랑을 한다.
09:00	(우석이는) 옆에서 놀고 있던 나영이가 쌓은 벽돌 울타리로 들어가려고 한다.	우석이가 길쭉한 노란 레고 자동차를 나영이에게 던진다.	같이 옆에서 놀고 있던 덕현이에게도 던진다.

요약:

표 11-4 사건표집법의 빈도 기록 양식 예시

유 아 명: 송유진   생년월일: 2006년 4월 8일 (여)

관 찰 자: 김수연   관 찰 일: 2011년 5월 23일(자유선택활동 시간)

관찰행동: 관찰일 현재 유아의 연령: 5년 1개월

                                 관찰장면: 유아가 장난감을 가지고 노는 장면

① 유아가 아래의 활동 영역에 해당되는 행동을 보였을 때 해당하는 란에 /로 표시한다.

② 영역을 줄이거나 늘릴 수 있고, 관찰하고 싶은 영역만 선택적으로 관찰할 수 있다.

행동 영역	또래와의 상호작용	놀림	중도 포기	던지기	놀잇감 뺏기
쌓기놀이 영역	////	///		////	
조형놀이 영역	//	//	/		
역할놀이 영역	////				////
조작놀이 영역	////				
언어놀이 영역					

요약:

📖 평정척도법(Rating Scales)

평정척도법은 어떤 행동의 차원 또는 영역에 대하여 대상을 관찰한 후 그 질적 특성을 특정 범주나 연속선상의 점수로 나타내는 방법이다. 평정척도법은 미리 구성된 척도에 따라 평가하는 도구이므로 관찰자는 관찰하려는 행동 영역에 대하여 알고 있어야 한다. 평정은 대상 행동을 충분히 관찰한 후 그 결과를 요약하는 절차로 진행된다. 활용도가 높은 평정척도의 유형에는 기술평정척도와 숫자평정척도

기 있다. 기술평정척도는 득성 행동의 특성을 3~5개의 연속성 있는 단계로 나누어 기술한 진술문들로 구성된다. 반면 숫자평정척도는 특정 행동에 '5 · 4 · 3 · 2 · 1'과 같은 연속선상에 있는 점수를 나타내는 숫자가 부여된 진술문들로 구성된다(김희진, 박은혜, 이지현, 2000). 기술평정척도와 숫자평정척도 구성을 위한 항목의 예는 각각 〈표 11-5〉, 〈표 11-6〉에 보는 바와 같다.

표 11-5 기술평정척도 항목 예시

> ※ 유아의 행동을 가장 잘 진술한 범주에 ✓표 하시오.
>
> _____ 매우 주의가 산만하다.
>
> _____ 가끔 주의가 산만하다.
>
> _____ 보통이다.
>
> _____ 대체로 주의집중을 잘 한다.
>
> _____ 매우 주의집중을 잘 한다.

표 11-6 숫자평정척도 항목 예시

※ 유아의 친사회적 행동에 대하여 1~5로 평정하여 해당 숫자에 ○표 하시오.

	아주 못함	못함	보통	잘함	아주 잘함
1. 친구와 놀잇감을 나누어 쓴다.	1	2	3	4	5
2. 친구의 요청이 있을 때 돕는 행동을 한다.	1	2	3	4	5
3. 필요할 때 친구에게 도움을 청한다.	1	2	3	4	5

평정척도법은 사용하기가 비교적 쉽고, 소요시간에 비하여 많은 것을 평가할 수 있게 해준다. 반면 평정을 위한 정확하고 객관적인 항목의 개발이 쉽지 않고, 현장에서 관찰한 내용을 이후 판단하여 기록하므로 편견이 개입될 수 있다.

📖 **행동목록법(Checklist)**

행동목록법은 어떤 시점에 유아에게 특정 행동이나 기술이 나타나는지의 여부를 알고자 할 때 사용된다. 그러므로 관찰할 행동의 목록을 만들어 놓고 목록에 있는 행동이 실제로 나타나는지의 여부를 관찰하여 '예' '아니요'의 형태로 기록한다. 행동목록표에 포함되는 항목들은 정확하고 명료하게 관찰할 수 있는 행동으로 진술하여야 한다. 행동목록표 항목 구성을 예시하면 〈표 11-7〉과 같다.

표 11-7 행동목록표 항목 예시

※ 다음의 행동이 관찰되면 '예', 관찰되지 않으면 '아니요'에 표시하시오.	예	아니요
1. 손목과 손의 근육을 원하는 대로 움직일 수 있다.	_____	_____
2. 쓰기 동작에 있어 눈과 손의 협응을 이룬다.	_____	_____
3. 여러 가지 쓰기 도구를 자유롭게 활용한다.	_____	_____

행동목록법은 특별한 훈련 없이도 누구나 사용 가능하고, 시간과 노력이 절약되며, 동일한 행동목록을 각기 다른 시점에 적용할 경우 발달적 연속성을 보여 줄 수 있다. 반면 예측하지 못한 행동은 기록하기 어렵고, 특정 행동의 발생 원인과 빈도 및 지속성 등에 대한 정보를 제공하는 데는 불리하다.

② 면접법

면접법은 유아와 부모를 직접 만나 언어적 반응을 통하여 유아에 대한 자료를 얻는 방법이다. 부모 면접은 가정에서의 유아 행동과 또래관계를 포함한 유아의 전반적 생활에 대한 종합적 정보를 얻는 데 유리하다.

면접은 질문 내용의 구조화 정도에 따라 구조화된 면접, 반구조화된 면접, 비구조화된 면접으로 구분된다. 면접에 사용하는 질문은 교사가 해당 교육기관의 형편

을 고려하여 필요한 항목으로 구성하는 것이 바람직하다.

유아를 대상으로 면접법을 활용할 때는 다음과 같은 점에 유의한다.

- 유아에게 관심을 갖고 격려하고 공감해 주는 청취자 역할을 한다.
- 한두 단어로 답할 수 있는 질문보다는 확산적 질문을 활용한다.
- 유아가 질문에 대하여 관심 없어 하거나 성의 없이 답할 경우, 생각하고 반응하도록 격려하되 일정 시간이 지나도 변화가 없으면 다음 기회로 미룬다.
- 유아의 상상에 의한 내용과 실제 사고를 구분한다.
- 유아의 주의집중 능력을 고려하여 면접 속도를 조절한다.

면접법은 심층적이고 상세한 정보를 제공하고 활용이 용이하며 다른 평가 방법과 병행하여 활용될 수 있다. 또 자연스럽고 융통성이 있으며 응답률이 높고 응답 내용의 타당성을 높일 수 있다. 반면 포괄적 정보의 수집 및 수량적 분석이 어렵고 면접자에게 면접 기술과 훈련이 필요하며 시간과 비용이 많이 든다.

③ 표준화검사법

표준화검사는 누가 사용하더라도 검사의 목적, 내용, 대상, 실시 절차, 실시 조건, 채점 및 결과 해석이 같도록 만들어진 도구이다. 표준화검사는 객관적 자료의 수집을 쉽게 해주고, 제시된 규준에 따라 특정 유아를 다른 유아들과 비교할 수 있게 해준다. 현재 우리나라에서 사용되고 있는 유아용 검사 도구에는 개별 및 집단 지능검사, 학습준비도검사, 창의성검사, 인성검사, 사회성숙도검사 등이 있다(황해익, 2009).

표준화검사를 유아교육에 활용할 때 다음과 같은 점에 유의할 필요가 있다.

- 표준화검사 사제의 신뢰도와 타당도를 확보하여야 최대한 신뢰성 있고 타당한 결과를 얻을 수 있다.

- 표준화검사는 검사 점수에 영향을 줄 수 있는 유아의 개별적 다양성, 즉 문화적 배경, 사회·경제적 수준, 경험의 차이를 잘 반영해야 한다.
- 표준화검사는 검사가 본래 의도한 범위, 즉 타당도가 검증된 범위 내에서만 사용되어야 한다.
- 표준화검사의 결과는 정확하게 해석되어야 하고 부모 등에게 신중하게 제공되어야 한다.

표준화검사는 신뢰도와 타당도가 검증되어 있고, 검사의 실시 및 채점 요강이 마련되어 있으며, 유아의 현재 성취 수준을 이전의 수준(개인 내 비교) 또는 다른 유아들과 비교(개인 간 비교)할 수 있게 해준다. 반면 검사 장면의 비친숙성, 검사자와 유아 간 상호작용의 차이, 유아의 개인 간 혹은 개인 내 발달 패턴이나 속도의 차이로 인해 평가도구로 활용하기에 부적절하다는 지적도 받고 있다.

검사 도구를 선정할 때는 유아교육기관 운영자와 교사의 요구 및 전문가의 조언을 종합적으로 고려해야 한다. 그리고 검사 매뉴얼을 통하여 검사에 대한 정부, 해석, 타당성, 신뢰도, 실시 및 채점 방법, 척도 및 규준 등을 숙지한다.

④ 포트폴리오평가

포트폴리오는 특정한 목적을 가지고 유아의 발달과 학습에 대한 기록과 활동 결과물을 시간의 흐름에 따라 조직해 놓은 것이다. 포트폴리오의 내용은 평가의 목적, 용도, 유아의 능력 수준, 관심 영역 등에 따라 달라진다. 포트폴리오에 포함시킬 수 있는 내용은 건강 기록, 일화 기록, 발달체크리스트, 부모참여 자료, 사건·시간표집 기록, 평정척도평가, 표준화검사 결과, 사진, 유아 작품, 작업 표본, 언어·읽기·음악 관련 녹음자료 등 다양하다.

포트폴리오가 평가 도구로 기능하기 위해서는 다음과 같은 조건을 갖추어야 한다(황해익 외, 2001).

- 일정 기간 동안 목적을 가지고 체계적으로 유아들의 작품을 모으되 포트폴리오에 포함시킬 작품을 선정하는 데 유아의 의견을 반영해야 한다.
- 유아의 작품이나 활동에 대해 교사의 의견을 기록해야 한다.
- 작품 수집을 통해서는 알기 어려운 유아 행동에 대한 관찰 결과를 일화 기록이나 체크리스트 등의 형태로 포함해야 한다.

포트폴리오평가는 일상적인 환경에서 유아가 할 수 있는 것을 중심으로 개별 유아에게 발달적으로 적합한 평가를 실시할 수 있게 해준다. 또 유아와 유아, 유아와 교사, 교사와 교사 간 협동을 증진시키고 평가 결과를 교수 계획에 바로 반영할 수 있는 여지를 제공한다(MacDonald, 1997; Martin, 1999). 반면 자료의 수집과 평가 과정에 편견이 개입될 수 있어 내용의 타당성과 평가 결과의 신뢰성 및 객관성을 확보하기 어렵고, 시간과 노력이 많이 든다.

2) 교사평가

(1) 교사평가의 목적

교사평가는 교사의 유능성 및 책무성 측정, 교수활동의 개선, 전문성 향상 등을 목적으로 실시되는데 그 구체적 내용은 다음과 같다(임승렬, 2001).

- 교사평가는 유아교사의 채용이나 재임용, 승진, 연봉 책정 등 인사 결정을 위해 수행된다.
- 교사평가는 유아교사에게 자신의 교수활동에 대해 반성적으로 사고함으로써 교수활동을 개신할 수 있는 기회를 제공한다.
- 교사평가는 유아교사에게 유아의 성장과 발달에 대한 자신의 책임과 교수활동에 대한 관점을 확고히 하도록 해준다.

(2) 교사평가의 준거

교사평가의 준거를 교사의 전문적 능력 측면에서 설정할 경우 교사의 유능감 (competency), 교수 수행력(performance), 교수 효율성(effectiveness)으로 제시할 수 있다(임승렬, 2001).

- '교사의 유능감'은 성공적인 교수활동과 관련된 전문적 지식, 기술, 가치 등을 의미한다.
- '교수 수행력'은 교사가 주어진 교수환경에서 자신의 유능감을 적용하는 능력을 의미한다.
- '교수 효율성'은 교사의 교수활동이 학생에게 미치는 영향으로 교사의 유능감, 교수 수행력, 그리고 학생들의 반응에 의해 결정된다.

유아교사의 평가 준거를 교사의 전문적 자질과 지식을 포함하는 좀 더 광범위한 영역에서 설정한 견해를 살펴보면 다음과 같다(황해익, 2009).

- 신체에 대한 것으로 신체적 건강 상태, 활동성 정도, 예의 바른 태도, 바른 자세 등이 있다.
- 인성에 대한 것으로 적극성, 정서적 안정감, 자제력, 협동심, 융통성, 성실성, 사려 깊음, 긍정적 인간관, 공정성, 부모 및 동료교사와의 원만한 관계, 자신에 대한 긍지 등이 있다.
- 교양 및 지적 능력에 대한 것으로 다방면에 걸친 풍부한 지적 능력, 순발력, 유창하고 명료한 언어 사용 능력, 창의력 등이 있다.
- 교직에의 태도에 대한 것으로 유아교사직에 대한 사명감, 유아교육활동에 대한 열의, 전문성 신장을 위한 노력, 책임감, 수용적 태도, 적합성, 신념 및 직업 윤리 등이 있다.
- 유아교육기술에 대한 것으로 유아교육과정 재구성 및 실천 능력, 평가 능력

및 활용 정도, 교재 · 교구 제작 및 다양한 활용 능력, 적절한 자극 및 개입 정
도, 융통성 있는 유아교육활동 운영 능력 등이 있다.

• 전문적 지식에 대한 것으로 소속기관의 유아교육철학에 대한 이해, 유아교육
과정에 대한 지식, 생활지도 및 상담지식, 다양한 교수 방법에 대한 지식, 평가
에 대한 지식 등이 있다.

(3) 교사평가의 주요 방법

교사평가에 활용될 수 있는 주요 방법에는 자기평가, 상급자 · 동료 · 부모 · 외
부 관찰자에 의한 평가, 면접, 포트폴리오 등이 있다.

① 자기평가

자기평가는 유아교사가 일정한 평가 양식에 의거하여 스스로 자신의 수행에 대
하여 알아보는 방법이다. 교사는 자기평가를 통하여 자신이 수행하는 교수활동의
질에 대하여 반성하고 자신의 강점과 약점을 인식하여 수행을 향상시키며 그 결과
를 다음 해의 교육계획에 반영할 수 있다. 자기평가의 활용에 있어서는 자신에 대
한 주관적 판단과 과대평가 경향이 문제시되므로 다른 평가 방법과 함께 사용하는
것이 좋다. 교사의 자기평가 방법으로 평정척도법, 포트폴리오, 멀티미디어를 활용
한 자기수업평가, 반성적 저널쓰기, 수업사례 작성 등을 주로 활용한다.

② 상급자 · 동료 · 부모 · 외부 관찰자에 의한 평가

교사평가는 기관의 상급자인 원장이나 원감 또는 장학사가 실시할 수 있고, 수업
공개 등을 활용할 경우 동료나 학부모 또는 외부 관찰자에 의해서도 수행될 수 있
다. 상급자에 의한 평가가 공정하고 객관적으로 이루어지기 위해서는 한 번 이상의
직접관찰에 의한 평가가 이루어져야 한다. 또 평가 준거 및 양식에 대하여 사전에
협의가 이루어져야 하고, 평가 목적에 맞는 양식을 선정하여 활용하되 필요시 수정
하여 적용해야 한다. 동료에 의한 평가는 동료가 수업계획서 등의 문서를 검토하거

나 학급관찰 등을 통해 교수 수행력을 평가하는 방법이다.

③ 면접

교사평가를 위한 면접은 교사의 수업을 참관한 후 수행 정도에 관한 의사소통을 목적으로 협의회 형태로 활용한다. 교사의 수업을 참관하기 전에 실시하는 사전 협의회와 참관 후 실시하는 사후 협의회는 교사의 전문성 발달이나 교수 개선에 유용한 정보를 제공한다.

④ 포트폴리오

포트폴리오는 특정한 목적을 가지고 다양한 자료를 통해 자신의 학습과 성장을 기록한 것이다. 포트폴리오를 구성하기 위해서는 누가 무엇을 알고자 하고, 어떤 기록물로 어떤 측면을 보여 주며, 최상 또는 최종 작품과 과정적 기록물 중 어느 쪽에 초점을 둘 것인가를 결정해야 한다. 포트폴리오를 평가 자료로 활용하기 위해서는 작품 자체보나는 그 작품이 구성된 사회적 맥락이나 작업이 진행 과정, 평가 대상자의 의도 및 평가자의 판단 등을 포함하여야 한다. 포트폴리오 활용에서 중요한 점은 사진, 관찰 기록, 비디오테이프, 수업에 대한 자기분석 보고서, 학생과의 대화식 저널 등을 왜, 어떻게, 언제, 어떤 내용을 중심으로 구성할 것인가에 대하여 교사와 평가자가 서로 합의하는 일이다.

포트폴리오는 교사평가를 위한 풍부한 자료를 제공할 수 있는 반면, 자료 수집에 시간과 비용이 많이 들고 자료의 객관성과 신뢰성을 확보하기 어렵다.

3) 교육과정 운영평가

(1) 교육과정 운영평가의 목적

교육과정 운영평가에서는 유아교육기관의 교육과정이 유아교육에서 추구하는 일반적 목적이나 국가수준의 교육과정에서 제시하는 목적에 맞게 계획되고 그 계

획에 근거하여 실행과 평가에 이르기까지 전반적 과정이 적합하게 관리되었는지를 살펴본다.

(2) 교육과정 운영평가의 내용

교육과정 운영평가의 내용은 다음과 같은 내용을 포함할 수 있다(보건복지부, 교육부, 2014: 32-33).

- 운영 내용이 누리과정의 목표와 내용에 근거하여 편성·운영되었는지 평가한다. 유아교육기관의 교육과정 내용은 누리과정에 근거를 두고 각 학급의 실정에 적합하게 편성하고, 그 내용에 근거하여 운영하면서 주기적으로 평가한다. 누리과정 5개 영역의 세부 내용이 연간, 월간, 주간, 일일 계획 내에서 균형 있게 편성되었는지, 연간 계획에서 일일 계획까지 일관성 있게 연계성을 가지고 운영되었는지 평가한다.
- 운영 내용 및 활동이 유아의 발달수준, 흥미와 요구에 적합한지를 평가한다. 학급의 교육계획안을 작성할 때는 기관의 지역적 특성과 학급 내 유아의 특성을 반영해야 한다. 유아는 개인 내에서도 발달 영역 간에 차이가 있을 수 있고, 기질, 학습 속도, 부모의 양육방식, 가족경험, 병력 등에서도 다른 유아와 차이를 보일 수 있다. 교육계획안을 작성할 때 이러한 차이를 반영해야 하고, 계획안을 실행할 때도 개인차를 인정하고 개별 수준에 따라 활동을 선택할 수 있도록 배려한다.
- 교수·학습 방법이 유아의 흥미와 활동의 특성에 적합한지를 평가한다. 교육과정의 운영에 있어서는 계획된 활동의 유형에 따라 가기 다른 교수·학습방법을 선택·적용하여야 한다. 유아가 활동을 주도적으로 탐색하고 참여하며 즐겁게 지속하게 하는 것이 중요하므로, 유아의 발달 수준과 흥미에 적합하고 사전 경험과 연결된 활동을 제공하여 놀이하게 하였는지를 평가한다. 또 교사주도 대집단 활동, 일상적 활동, 실내외 활동 등을 일과에 균형 있게 배치

하였는지, 활동의 특성에 따라 접근방법을 다양하게 사용하였는지, 활동을 전
개하면서 개방적이고 유아중심적인 상호작용을 하였는지 등을 평가한다.
• 운영 환경에 유아의 발달 특성, 활동 주제 및 내용, 효율성 등이 고려되었는지
평가한다.
교육과정을 운영하기 위해서는 유아의 발달 특성과 흥미에 부합하며 계획된
활동에 적합한 환경 및 자료가 구비되어야 한다. 환경은 실내외 시설 및 공간,
현장학습 장소를 포함 한 기관 외 공간, 시간 안배, 기관 내외의 인적 환경, 흥
미 영역에 구비되는 자료, 개별 활동 자료 등을 포함한다. 연간, 월간, 주간, 일
일 계획을 효율적으로 운영하고 그 효과를 극대화하기 위해서는 장소, 시간,
자료의 구비 및 제공이 적정해야 한다.

(3) 교육과정 운영평가의 주요 방법

교육과정 운영평가를 위한 주요 방법으로는 계획안 분석, 수업 참관 및 모니터
링, 평가척도 활용 등의 방법이 제시될 수 있다(보건복지부, 교육부, 2014: 34).

① 계획안 분석

계획안 분석의 대상은 연간, 월간, 주간, 일일 계획안이 모두 해당될 수 있으나,
일일과 주간 계획안을 활용하는 것이 가장 쉬운 방법에 속한다. 주간 또는 일일 계
획안이 누리과정의 5개 영역 내용을 고루 포함하고 있는지, 그러한 계획에 의하여
교육활동이 균형 있게 전개되었는지를 살펴본다. 또 계획을 실행하는 과정에 필요
한 여러 조건이나 요소들이 어떤 수준으로 충족되었는지를 평가한다.
일일 계획안을 활용한 평가에서는 〈표 11-8〉에 보는 바와 같이 각 활동을 실시
한 후 평가를 하여 기록하고 모든 일과 활동들이 끝난 후에는 소주제의 적합성, 활
동의 통합성, 활동의 목표 달성 수준 등을 종합적으로 분석하여 총평을 기록한다.
한 주의 주제를 실행한 후에는 주간 계획에 대한 평가를 실시할 수 있으며, 주간 계
획 평가는 일일 계획 평가와 동시에 진행할 수도 있다.

표 11-8 일일 계획안을 활용한 분석 예시

반 명	하늘반		유아연령	만 5세	일 시	2012년 9월 12일 수요일
생활주제	교통기관		주 제	교통통신과 교통생활	소주제	안전하게 길 건너는 방법

목 표	(공통) 3가지 방법(횡단보도, 육교, 지하도)으로 길을 건널 수 있음을 안다. (공통) 횡단보도를 건너는 3원칙을 안다.

일일 시간표	~08:50 등원 및 인사나누기 08:50~09:00 음악감상 및 일과 소개 09:00~09:15 새노래 배우기 09:15~09:30 우유간식 및 동화 09:30~10:30 실내자유선택활동 10:30~10:45 정리정돈, 화장실 다녀오기	10:45~11:30 산책 11:30~11:45 손씻기 및 물 마시기 11:45~13:10 점심식사 13:10~13:30 동시(어디로 건널까) 13:30~13:40 일과 평가 및 귀가지도

시간	활동목표	활동명 및 활동 내용	자료 및 유의점 (기본생활습관)	평가
⋮	⋮	⋮	⋮	⋮
13:10 ~13:30	(공통) 동시를 통해 길 건너는 방법을 안다.	1. 한 통의 편지를 읽어준다. 　-오늘 선생님에게 한 통의 편지가 왔단다. 　선생님이 읽어줄게 잘 들어보자. 2. 편지의 내용에 대해 이야기한다. 　-멀리 달에 사는 달순이가 무엇이 궁금하 　고 했었니? 　-우리는 길을 건널 때 어디로 건너니? 　횡단보도로도 길을 건널 수 있구나. 　-아침에 배웠는데 또 어디로 건널 수 있니? 　　　　　　　(중략)	달에서 온 편지 동시판 사진자료(횡단보 도, 육교, 지하도) 알맞은 목소리로 동시 읊기	ppt와 배경음악을 활용 하였는데 적절한 애니메 이션이 있어서 비교적 효과적이었으나, 배경음 악과의 조화로움 면에서 는 아쉬움이 남음. 음악 의 강렬함에 동시의 아 기자기함이 묻히는 느낌 이 들어 비발디의 사계 보다는 꽃씨를 배경음악 으로 사용해도 좋겠음.
⋮	⋮	⋮	⋮	⋮

총평	-미술영역에서 친구 얼굴로 막대인형을 꾸미도록 한 것이 소주제와 적합하였으며, 이것을 언어영역 　에서도 연계하여 활동할 수 있도록 한 것은 좋았으나 미술영역의 활동 난이도가 높아 다음 수업에서 　는 난이도 및 재료, 방법 등을 조정하여 제시해 주어야겠음. -안전교육으로 유치원 내 위험한 교구나 물건에 대한 주의사항을 알려줌. 의외로 위험한 물건들이 많 　았으므로 좀 더 세심한 관리를 통해 안전하게 생활할 수 있도록 해야겠음. 이번 주는 이와 관련된 활 　동(수 · 조작, 과학영역 등)을 준비해서 반복 지도를 할 계획임

출처: 서울특별시교육청(2017). 유치원 교육과정 및 유아 평가. p. 42. 내용 부분 발췌 및 재구성.

② 수업 참관 및 모니터링

교사는 동료 또는 다른 교사에게 자신의 수업을 공개하거나 그들의 수업을 참관하면서 계획된 내용의 실행 정도, 유아 흥미 유발 및 유지 수준, 교수·학습 방법의 적절성, 상호작용의 수준을 평가해 보고 자신의 교수·학습 방법에 대하여 반성하는 기회를 가질 수 있다. 또 자신이 계획한 활동을 전개하면서 다양한 방법으로 활동의 과정과 결과 관리 및 상호작용의 질 등에 대하여 모니터링할 수 있다.

표 11-9 수업평가표 예시

수업평가표(수업자용)

일 시		장 소	반
대 상	만 ○세 유아 ○○명	수업자	

영 역	평 가 내 용	평 가
교수·학습 계획	연령별 누리과정에 의한 주제를 선정하고 소주제와 일치된 수업내용을 계획하였는가?	
	다양한 형태로 창의성 있게 설계되었는가?	
	심도 있는 교수·학습 자료를 준비하였는가?	
수업 목표	학습목표는 구체적이고 명료하게 진술되었는가?	
	단위 시간에 달성될 수 있는 목표인가?	
교수·학습 활동 내용	교사의 발문 및 사용 언어는 적절하였는가?	
	유아의 학습의욕과 사고력을 유도하는 발문이 이루어졌는가?	
	그룹 배치는 수업 목표 도달을 위한 형태로 되었는가?	
	학습 공간의 시설을 유용하게 활용하였는가?	
	유아 중심의 수업 모형인가?	
	유아들의 개인차를 고려하였는가?	
	유아들이 적극적으로 참여하였는가?	
	평가 및 마무리는 잘 되었는가?	

수업 매체 활용 및 평가	적합한 매체를 적절한 시기에 효과적으로 활용하였는가?	
	평가는 수업 목표 도달을 위하여 적절하였는가?	
학습자료 관리	학습 자료를 적절히 관리하고 있는가?	
종합 평가		

출처: 서울특별시교육청(2017). 유치원 교육과정 및 유아 평가. 서식 17. 내용 부분 재구성.

③ 평가척도

교육과정 운영평가 방법에 있어서도 측정하고자 하는 영역에 적합한 평가척도를 직접 제작하거나 기 개발된 평가척도를 적용하는 방법이 널리 활용되고 있다. 〈표 11-10〉에는 교육과정의 계획, 실행, 평가에 이르는 전반적 과정의 적절성을 알아 보기 위한 평가척도가 예시되어 있다.

표 11-10 교육과정 운영평가를 위한 평가척도 예시

<table>
<tr><td colspan="9" align="center">교육과정 운영평가
5점: 매우우수, 4점: 우수, 3점: 보통, 2점: 개선필요, 1점: 전면재검토</td></tr>
<tr><td colspan="2">반</td><td colspan="2">일시</td><td colspan="2" align="center">20 . . .</td><td colspan="3">평가자</td></tr>
<tr><td>평가
영역</td><td>번
호</td><td rowspan="2">평 가 문 항</td><td colspan="5" align="center">평 점</td><td rowspan="2">특기 사항</td></tr>
<tr><td></td><td></td><td>1</td><td>2</td><td>3</td><td>4</td><td>5</td></tr>
<tr><td rowspan="4">교육
계획</td><td>1</td><td>교육활동 계획은 5개 생활영역의 목표를 통합적으로 달성 할 수 있게 되어 있다.</td><td></td><td></td><td></td><td></td><td></td><td></td></tr>
<tr><td>2</td><td>교육 계획은 연간, 월간, 주간, 일일 계획으로 구분하여 학급의 교육계획이 수립되고 있다.</td><td></td><td></td><td></td><td></td><td></td><td></td></tr>
<tr><td>3</td><td>교육목표 진술은 유아의 발달수준에 적절하며 구체적 행동용어를 사용하고 있다.</td><td></td><td></td><td></td><td></td><td></td><td></td></tr>
<tr><td>4</td><td>선정된 교육내용은 유아의 발달수준에 적합하다.</td><td></td><td></td><td></td><td></td><td></td><td></td></tr>
</table>

교수 학습 과정	5	교수·학습 과정에서 주제의 나열이 나선형적으로 계속성을 유지하고 있다.					
	6	유아의 흥미에 맞추어 확산적 사고를 유발하는 대화를 한다.					
	7	유아의 개인차를 고려한 다양한 형태의 개별지도가 이루어지고 있다.					
	8	현장학습 경험을 통하여 관찰 및 탐색활동, 놀이중심 교육이 이루어지고 있다.					
교육 자료	9	교육 자료는 양적 및 질적으로 충분하며 최적의 자료이다.					
	10	교육목적과 내용 및 유아의 발달 수준에 맞고 사용하기에 친니한 자료이다.					
	11	교사제작 교육 자료와 구입한 교육 자료의 적절한 자료 사용으로 교육의 효과를 극대화하고 있다.					
	12	교육 자료는 활용하기 편하게 정리정돈 되어 있으며 변화 교체하고 있다.					
평가 활동	13	평가계획은 원아의 교육성취도를 평가하기에 적절하고 타당하다.					
	14	평가는 교육목표 및 내용에 적합하며 타당하다.					
	15	각종 평가결과가 누가적으로 기록·보관되며 교육적으로 활용되고 있다.					
	16	다양한 평가방법과 도구를 개발하여 사용하고 있다.					
계							
반성 및 재구성							

출처: 하늘빛유치원(2018). 2018학년도 행복어울림 하늘빛교육과정. p. 145. 내용 부분 재구성.

4) 유아교육기관평가

유아교육기관평가는 유아교육 전반에 걸쳐 내용적 · 물리적 요인들을 모두 평가하는 것으로, 기존의 유아교육 프로그램 평가와 유아교육기관 환경평가를 포괄한다. 유아교육기관평가는 한 기관의 제 구조와 요인이 교육목표 달성을 위하여 어떻게 기능하고 있는가를 점검함으로써 유아교육기관의 질 향상과 경영 개선을 위한 정보를 제공한다. 유아교육기관평가에 대하여 유치원평가와 어린이집 평가인증으로 나누어 살펴본다.

(1) 유치원평가

유치원평가는 「유아교육법」에 의거하여 국 · 공 · 사립유치원을 대상으로 3년 주기로 실시된다. 「유아교육법」 제정(2004.1.29.) 당시부터 평가 근거가 마련되었고 2007년 시범 실시를 거쳐 제1주기 평가(2008~2010), 제2주기 평가(2011~2013), 제3주기 평가(2014~2016)가 시행되었다. 제3주기 유치원평가 기간인 2014년 12월에는 '유치원 · 어린이집 평가체계 통합방안'이 마련되었고 2015년 46개원에 대하여 유보통합평가지표를 활용한 유치원평가가 시범 적용되었다. 2017년부터 시작된 제4주기 유치원평가에서는 유보통합평가지표를 적용하되 유치원의 여건을 반영하여 시행방식을 일부 조정하기로 하였다.

① 목적
- 누리과정을 충실히 운영할 수 있는 유치원 운영체계 구축 및 유치원의 책무성 제고를 통한 유치원 교육서비스의 질적 수준 향상
- 유치원 운영 전반을 체계적 · 종합적으로 점검하고 평가 결과 환류 및 맞춤형 지원을 통하여 유치원 운영 개선
- 평가결과 공개를 통하여 학부모의 알 권리 및 유치원 선택권 보장으로 학부모의 유치원교육에 대한 만족도 제고

• 유치원의 자율성 및 책무성 제고를 통한 교육공동체의 만족도 제고

② 평가의 과정

　제1주기 유치원평가(2008~2010)는 교육과학기술부장관이 평가의 주체가 되고 각 시·도의 교육감이 유치원평가위원회를 구성하여 시행하였다. 제2주기 유치원평가(2011~2013) 기간 중에는 「유아교육법」이 개정(2012.1.26., 시행 2012.4.27.)되어 법적으로는 시·도교육감이 평가 시행의 주체가 되었으나 평가의 안정적 추진을 위하여 제1주기와 동일하게 유지하였다. 제3주기 유치원평가(2014~2016)부터는 평가의 권한이 시·도교육감에게 이양되었고 2017년부터는 제4주기 유치원평가가 시행되고 있다. 유치원평가에서 교육부는 기본계획의 수립과 공통지표 및 매뉴얼을 제공하고, 시·도교육청에서는 유치원평가를 운영하거나 운영을 지원하며, 유아교육진흥원이 설치된 시·도에서는 해당 기관에서 평가를 주관한다. 유치원평가의 주요 절차는 [그림 11-1]에 보는 바와 같이 자체평가, 현장평가, 종합평가의 3단계로 이루어지며 평과결과서 송부 및 심의와 결과 공시는 후속 절차에 속한다.

　유치원평가에서는 자체평가, 현장평가, 이의제기 사항, 기타 사항(법 위반, 정보공시 정확성 등) 등을 종합하여 정량평가로 결과를 산출하며, 개별 유치원의 자율적 운영 개선 및 질 제고를 목적으로 하므로 절대평가를 지향한다. 종합평가보고서에

자체평가	현장평가	종합평가	평가결과서 송부/심의	결과 공시
유치원	평가위원회	평가위원회	교육청/심의위원회	유치원
• 유치원 전체 실시(매년 9월 초까지)	• 관찰·면담 등으로 실제 유치원의 운영 실태 평가	• 평가보고서, 기타사항 등을 종합하여 평가	• 유치원 평가 결과서 송부 • 이의제기등 검토	• 유치원 알리미에 공시 조치

[그림 11-1] 유치원평가의 절차

출처: 교육부(2017b). 제4주기 유치원 평가 중앙연수. p. 24.

는 4개 영역별 등급(우수, 적합, 개선필요)과 소견, 총평, 유치원 등급(A, B, C, D)이 제시되도록 하고 있으나, 시·도교육청별로 실제 적용 방식에는 다소간의 차이가 있다. 유치원평가 결과의 공개에 있어서는 영역별 소견과 총평은 필수 항목에 속하고 영역별 등급(우수, 적합, 개선필요)과 유치원 등급(A, B, C, D)은 권장 항목으로서 시·도교육감의 결정에 따르도록 하였다. 시·도교육감은 A등급 유치원에 대해서는 평가주기를 1년 연장(4년)할 수 있고, D등급 유치원의 경우 평가주기를 1년 단축(2년)하거나 견학 및 컨설팅 등을 통하여 지원할 수 있다.

③ 평가지표

제4주기(2017~2019) 유치원평가의 평가지표는 평가영역, 평가지표, 평가항목으로 구성되어 있다. 평가지표는 국가에서 제공하는 공통지표와 시·도교육청 자율로 설정하는 자체지표로 제시될 수 있는데, 국가 공통지표는 〈표 11-11〉에 보는 바와 같이 4개 영역, 20개 지표, 77개 평가항목으로 구성되어 있다.

표 11-11 제4주기 유치원평가의 평가지표

평가영역(항목 수)	평가지표	항목 수
I. 교육과정 (29)	1-1. 교육 계획 수립 및 실행	4
	1-2. 균형적·통합적 일과 운영	5
	1-3. 교수·학습방법	6
	1-4. 교수-유아 상호작용	6
	1-5. 유아 간 상호작용 시 교사 역할	4
	1-6. 평가	4
II. 교육환경 및 운영관리 (20)	2-1. 실내 공간 구성	5
	2-2. 실외 공간 구성	3
	2-3. 기관 운영	5
	2-4. 가정 및 지역사회와의 연계	5
	2-5. 방과후 과정	2

III. 건강 · 안전 (15)	3-1. 실내외 공간의 청결 및 안전	4
	3-2. 급 · 간식	3
	3-3. 건강증진을 위한 교육 및 관리	3
	3-4. 등하원의 안전	2
	3-5. 안전교육 및 사고 대책	3
IV. 교직원 (13)	4-1. 원장의 리더십	4
	4-2. 교직원의 근무환경	3
	4-3. 교직원의 처우와 복지	3
	4-4. 교직원의 전문성 제고 노력	3
계	20	77

출처: 교육부(2017). 제4주기 유치원 평가 종합편람. p. 19 부분 재구성.

(2) 어린이집 평가

어린이집 평가는 「영유아보육법」 제30조(어린이집 평가)와 동법 시행규칙 제31조
(평가의 실시), 제32조(평가등급의 조정), 제32조의2(확인점검), 제32조의3(평가 결과
의 공표)에 근거하여 보건복지부장관이 모든 종일제 어린이집(방과후 전담 어린이집
제외)을 대상으로 주기적으로 시행한다. 어린이집 평가는 2019년 6월 12일부터 도
입되었고, 이전까지는 어린이집 평가인증이 제1차(2006~2009), 제2차(2010~2017.
10), 제3차(2017. 11~2019. 6. 11.)에 걸쳐 실시되었다. 평가인증은 어린이집의 자발
적 신청을 받아 평가한 후 일정 기준을 충족하면 인증을 부여하는 방식으로 운영되
었기에 인증에 불참하는 어린이집은 질 관리에서 제외되는 문제가 있었다.

① 목적
• 상시적인 보육서비스 질 관리를 위해 주요 핵심지표를 중심으로 질 관리 표준
을 제시하고 어린이집 스스로 질적 수준 제고
• 전체 어린이집에 대한 주기적 평가를 통하여 보육서비스 품질관리 사각지대
를 해소하고 전반적인 보육서비스 수준을 지속적으로 관리하여 국가의 책무

성 강화

- 보육서비스의 질적 수준을 제고하여 영유아의 안전과 건강, 조화로운 성장과 발달 도모

② 평가의 과정

어린이집 평가 업무는 한국보육진흥원에서 맡고 있으며, 평가의 과정은 [그림

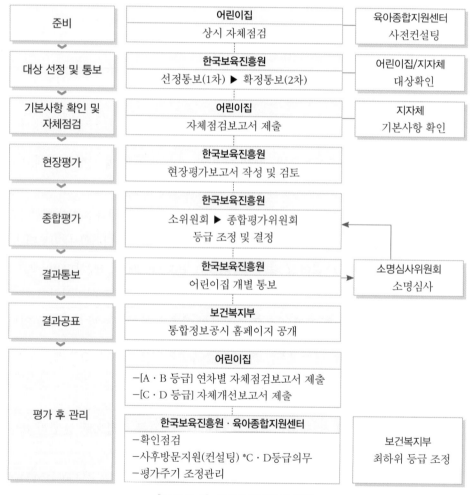

[그림 11-2] 어린이집 평가의 과정

출처: 보건복지부 · 한국보육진흥원(2019). 2019 어린이집 평가 매뉴얼(어린이집용). p. 16.

11-2]에 보는 바와 같이 3단계(기본사항 확인 및 자체점검, 현장평가, 종합평가)로 이루어진다.

어린이집 평가에서 평가등급은 4등급(A, B, C, D)으로 구분되며, A와 B등급은 3년, C와 D등급은 2년으로 평가 주기가 차등화된다. A와 B등급 어린이집은 다음 평가 주기까지 매년 자체점검위원회를 구성하고 자체점검보고서를 작성하여 어린이집 지원시스템으로 1회 제출한다. C와 D등급 어린이집에 대해서는 방문지원자가 평가 결과에 대한 개선사항 피드백, 향후 질 유지 방안 수립 및 실행 과정 등을 컨설팅하고, 해당 어린이집에서는 자체개선보고서를 제출한다. 보육진흥원에서는 평가 받은 어린이집 중 일부를 불시 방문하여 보육서비스의 질 유지 수준을 확인 점검하며, 평가 받은 어린이집에서 법 위반 및 행정처분 등이 발생한 경우 기존 평가 등급을 최하위 등급(D등급)으로 조정한다. 평가결과 등 전체 어린이집에 대한 평가 이력정보는 통합정보공시 홈페이지를 통하여 공개된다.

(3) 평가지표

어린이집 평가를 위한 평가지표는 평가영역, 평가지표, 평가항목, 평가내용(평가요소) 순으로 구성되어 있다. 평가지표는 〈표 11-12〉에 보는 바와 같이 4개 영역, 18개 지표, 59개 평가항목으로 구분된다.

표 11-12 어린이집 평가의 평가지표

평가영역(항목 수)	평가지표	평가항목 수
1. 보육과정 및 상호작용(18))	1-1. 영유아 권리 존중(필수)	2
	1-2. 보육계획 수립 및 실행	6
	1-3. 놀이 및 활동 지원	3
	1-4. 영유아 간 상호작용 지원	4
	1-5. 보육과정 평가	3

	2-1. 실내 공간 구성 및 운영	4
2. 보육환경 및 운영관리(14)	2-2. 실외 공간 구성 및 운영	3
	2-3. 기관 운영	4
	2-4. 가정 및 지역사회와의 연계	3
3. 건강 · 안전(15)	3-1. 실내외 공간의 청결 및 안전	3
	3-2. 급 · 간식	3
	3-3. 건강증진을 위한 교육 및 관리	3
	3-4. 등 · 하원의 안전	3
	3-5. 안전교육과 사고예방	3
4. 교직원(12)	4-1. 원장의 리더십	3
	4-2. 보육교직원의 근무환경	3
	4-3. 보육교직원의 처우와 복지	3
	4-4. 보육교직원의 전문성 제고	3

* 3-2, 3-4, 3-5 지표 내 필수요소 8개 포함

출처: 보건복지부 · 한국보육진흥원(2019). 2019 어린이집 평가 매뉴얼(어린이집용). p. 58.

 탐구활동

> 유아평가와 교사평가에 대한 유아교사들의 인식이 어떠한지 알아보고, 현장에서 실제 활용되는
> 평가 방법들을 조사해 봅시다.

4. 유아교육평가 결과의 활용

1) 유아의 발달 지원

유아평가의 결과는 개별 유아에 대하여 발달 패턴과 강점 및 약점을 지닌 영역을 발견하게 해줌으로써 유아 이해에 필요한 자료를 제공한다. 즉, 유아가 어떤 능

력을 지니고 있고, 어느 정도 발달하고 있는지, 발달 가능성은 어느 정도이며, 어떤 영역에서 우세한지 등에 대한 판단을 통해 유아에 대한 종합적 이해를 도모하게 해 준다. 교사는 부모 면담 기회 등을 통하여 이러한 자료를 부모에게도 신중하게 제 공함으로써 유아에 대한 이해를 공유하고 유아 발달을 지원하는 데 있어 연계를 도 모할 수 있다.

유아평가의 결과는 교사가 각 유아의 발달 수준, 학습 능력, 잠재력을 고려하여 개별화된 교육과정을 편성하는 데 유용한 정보로 활용할 수 있다. 또 문제가 있거 나 특별한 도움이 필요한 유아를 발견하여 그에 적절한 지원을 제공하는 데도 활용 할 수 있다. 즉, 평가 결과는 특별한 도움이 필요한 유아들을 조기에 발견하여 전문 가에게 의뢰하거나 조치할 수 있는 기초 지표가 되나, 이 외에도 사회·문화적 차 이로 인해 도움이 필요한 다문화 가정의 유아에게 적절한 지원을 제공하는 근거를 제시하는 데도 활용할 수 있다(교육과학기술부, 2008a).

2) 교수·학습의 질 향상

유아교육평가의 결과는 유아교육기관에서 수행되는 교수·학습의 질적 수준을 향상시키는 데 중요한 자료로 활용할 수 있다. 교사는 유아에 대한 다면적 평가 결 과를 통하여 유아 개별 또는 집단별 교수·학습의 바람직한 내용과 수준을 탐색하 고, 활동 유형에 따라 가장 효율적인 교수·학습 방법을 찾아 실행할 수 있다. 또 교사평가 결과를 통하여 유아교육 수행에 필요한 교사의 자질과 지식, 유아교육에 적합한 교수·학습 방법의 구안 및 적용, 교사와 유아 간 질적 상호작용의 증진, 교 육 내용 및 활동에 적합한 교재·교구의 개발과 활용 등의 측면에서 개선을 도모할 수 있다. 유아교육기관평가에 있어서도 교육 또는 보육의 내용적 적합성과 그것을 실행하는 교수·학습의 과정이 매우 비중 있게 다루어지고 있으므로 교수·학습 의 질에 대한 분석과 개선을 위한 자료를 얻을 수 있다.

3) 교육과정의 개선

유아교육평가의 결과는 현재 운영되는 교육과정의 적절성을 판단하고 다음 학년도의 교육과정을 편성·운영하는 데 반영할 수 있다. 교육과정의 개선을 위해서는 다음과 같은 측면에 초점을 맞추어 평가의 결과를 활용할 필요가 있다.

첫째, 유아교육기관에서는 교육계획 수립의 철학적·사회적·심리적 기초를 고려하여 적절한 내용과 활동을 선정하여 유아들에게 제공해야 한다.

둘째, 유아들을 위하여 선정된 교육내용은 일상생활과 놀이의 맥락 속에서 균형적이고 통합적인 일과로 조직되고 실행되어야 한다.

셋째, 유아교육기관에서 교육환경 및 교육활동 자료는 활동 주제, 활동 내용, 유아의 발달 특성, 교육활동의 효율성 등을 고려하여 구성 또는 준비되어야 한다.

넷째, 개별 유아의 발달 상황을 지속적으로 기록하여 활용하고 교사 자체평가를 포함한 교육과정 평가를 실시하여 그 결과를 다음 교육과정에 반영한다.

유아교육개론
Chapter

12

유아교육 동향 및 발전 방향

우리 앞에 다가오고 있는 미래사회는 4차 산업혁명으로 인하여 인공지능, 증강현실 등 AI 시대
의 도래를 예고하고 있다. 이에 인공지능시대의 미래사회를 대비하고 우리가 바라는 미래를 만들
어가기 위하여 한국의 교육은 어떤 준비를 해야하는가 라는 문제의식을 가지고 유아교육의 발전
방향을 모색해야 한다. 따라서, 이 장에서는 미래 사회의 동향을 조망해 보고 이를 토대로 우리나
라 유아교육의 발전방향을 모색해 보기로 한다.

이 장을 학습한 후
달성할 수 있는
목표

- 미래 사회를 사회, 기술, 경제, 환경, 정치 측면에서 예측해 본다.
- 빈곤가정 유아의 실태를 알아보고 지원 대책에 대하여 생각해 본다.
- 아동학대에 대해 알아보고 지원 대책에 대하여 생각해 본다.
- 다문화가족 유아의 실태를 알아보고 지원 대책에 대하여 생각해 본다.
- 유아 통합교육의 효과와 문제점에 대하여 알아본다.
- 유아교육의 공교육화에 대해 알아본다.

주 요 용 어

빈곤가정, 절대적 빈곤, 상대적 빈곤, 아동학대, 다문화가족, 통합교육, 주류화,
일반주도 교육, 완전통합, 완진융힙, 공교육화

1. 미래 사회의 전망

미래 사회를 전망하는 데 있어 한국교육개발원(2016)에서 제시한 '교육개혁의 전망과 과제'를 바탕으로 사회, 기술, 경제, 환경, 정치 측면에서 살펴보면 다음과 같다.

1) 사회적인 측면

사회적인 측면에서 살펴보면 한국사회의 인구구조 변화와 양극화를 들 수 있다. 학령인구의 감소, 한 자녀 가정의 증대, 다문화가족 자녀의 증가, 고령화 사회의 본격화 등 최근 급격히 변동하는 우리나라 인구통계학적 추이는 요즘의 교육기관 운영에 중요한 변화를 초래하고 있다. 인구구조의 변화는 학생 유치 문제, 학교 재정, 학교의 정책과 교육정책의 추진에 큰 변화를 초래하는 구조적 환경 요인으로 작용한다. 이는 학급규모의 축소, 소규모 학교의 통폐합 정책 시행 등이 대표적인 예라고 할 수 있다(장덕호, 2018). 또한, 미래의 한국사회는 양극화가 심화될 것으로 전망된다. 양극화 현상은 소득, 자산 등 경제적 불평등이 심화되어, 중산층의 지위를 유지하거나 하위계급이 중산층으로 계급 지위를 상승시킬 수 없게 되며, 빈곤층이 증가하게 되는 사회적 현상을 말한다. 이러한 양극화의 심화와 더불어 계층간, 계층내 불평등의 심화를 교육계에서 주목해야 할 이유는 과거에 교육을 통한 사회이동이 비교적 수월하였으나 최근에는 이러한 교육을 통한 사회이동이 상대적으로 여의치 않으므로, 유아기부터 부모의 사회경제적 배경과 무관하게 교육의 혜택을 골고루 받을 수 있는 미래 교육체제가 필요함을 시사한다(최창택 외, 2015).

2) 기술적인 측면

최근 알파고로 인공지능기술이, 포켓몬고 열풍으로 증강현실기술이 크게 주목받으면서 과학기술에 대한 전망에 많은 관심이 쏠리고 있다. 우리 정부는 2016년 8월에 2차 과학기술전략회의에서 인공지능, 가상증강현실, 자동차-ICT-인프라 기술을 융합한 자율주행자동차, 경량소재, 스마트 시티의 5대 성장동력 확보 분야와 정밀의료, 탄소자원화, (초)미세먼지, 바이오 신약의 국민 행복과 삶의 질 제고와 관련된 4대 분야, 총 9대 국가전략프로젝트를 선정하였다. 그러나 4차 산업혁명에서 신기술에 대한 지나친 강조는 교육의 근본적인 틀을 가릴 수도 있다. 기술이 발전한다고 해서 교육의 본질이 변하는 것은 아니므로 기술을 통한, 기술을 위한 새로운 교육이 교육현장에서 나타나는 여러 가지 문제를 가리는 도구가 되어서는 안 된다.

3) 경제적인 측면

'4차 산업혁명의 이해'라는 주제로 2016 다보스포럼에서 조사한 '직업의 미래' 보고서는 전 세계에 큰 충격을 주었다. 4차 산업혁명은 인공지능에 의해 자동화와 연결성이 극대화되는 변화를 뜻한다(장필성, 2016). 직업의 미래 보고서에 의하면 2020년까지 710만 개의 일자리가 사라지는 대신 기존에 없던 200여만 개의 새로운 일자리가 창출되어 결과적으로 500만 개 이상의 일자리가 감소될 것이라고 전망하고 있다. 고용전망과 관련하여 미래 사회의 주요 쟁점은 한국 사회의 남녀 고용률의 격차와 이로 인한 여성들의 결혼 유예, 저출산 문제가 심각하게 대두되고 있다. 저출산의 문제는 여성의 일자리, 육아, 노동 등과 함께 연결되는데, 육아의 책임이 여성에게 주어져 있고, 여성이 육아와 경제활동을 동시에 하기 어려운 환경과 이에 대한 정책 추진에 대한 지적이 꾸준히 제기되고 있다(정미경 외, 2016).

4) 환경적인 측면

기후변화, 에너지 고갈, 자연 재해 등의 환경 문제는 더 이상 개별 국가 단위의 문제가 아닌 전 세계가 공동으로 대응해야 할 문제로 인식되고 있다. 기후변화는 이미 한국 사회에 전례가 없던 폭염, 열대야, 집중호우, 한파 등의 극한기후 현상으로 나타나고 있다. 따라서 21세기에는 지구환경, 자연, 인간, 공동체에 대한 배려와 공존 등 비계량적 가치가 가장 핵심적인 시대가치의 기준이 될 것이다(조용수, 2010).

5) 정치적인 측면

미래사회를 전망하는 데 있어 정치적인 측면에서는 통일을 들 수 있다. 남북통일은 인구, 정치, 경제, 사회문화, 군사안보적 측면에서 시너지 효과를 창출하여 국제사회에서의 발언권이 매우 강화될 것으로 예측되고 있다. 국민들은 통일 이후의 빈부격차, 실업문제, 범죄문제, 지역 및 이념 갈등을 전망하고 있다. 따라서 남북통일을 준비함에 있어 북한이탈주민에 대한 국민들의 인식을 개선할 수 있는 방안과 함께, 점점 더 다원화되는 사회에서 사회 통합을 위한 기관교육이 더욱 확대되어야 할 것이다(정미경, 2016).

2. 우리나라 유아교육의 발전 방향

4차 산업혁명의 도래로 인공지능 시대의 막을 여는 미래를 바라보는 현시점에서 우리나라의 유아교육은 해결해야 할 많은 과제를 안고 있다. 미래사회는 양극화의 심화로 교육에서도 불평등이 초래될 것으로 예측되어 빈곤, 아동학대, 다문화가족, 통합교육 등에 대한 지속적인 관심이 요구된다.

1) 빈곤과 유아

우리나라 「아동복지법」 제2조에는 "아동은 자신 또는 부모의 성별, 연령, 종교, 사회적 신분, 재산, 장애유무, 출생지역에 따른 어떠한 종류의 차별도 받지 않고 완전하게 조화로운 인격발달을 위하여 안정된 가정환경에서 행복하게 자라나야 한다."라고 명시되어 있다. 유아는 미성년자로서 경제적으로 성인 가족원들에게 의존하는 존재이므로, 유아가 속해 있는 가족이나 가구가 빈곤할 경우 유아는 이에 따른 물적, 심리적 자원의 부족에 가장 취약하게 노출된다. 과거에는 가난이 주로 경제적 요인만을 의미하였으나, 최근에는 열악한 환경요인으로 인해 가족관계의 악화, 가족해체, 질병, 때로는 기회의 박탈까지를 의미한다. 따라서 빈곤유아의 문제는 단순히 개별 가정의 문제가 아니라 정책적으로 깊이 있게 다루어야 할 사회적 이슈이므로 유아교육 분야에서도 이에 대하여 적극적으로 대책을 세워야 한다.

(1) 빈곤의 정의

빈곤의 개념은 국가나 사회, 시대에 따라 다르고 학자에 따라서도 다소 다르게 사용하고 있다. 개별적 기준은 상이하지만 일반적으로 빈곤은 절대적 빈곤(absolute poverty)과 상대적 빈곤(relative poverty)으로 구분한다. UN의 기준에 따르면 절대적 빈곤은 식품, 안전한 식수, 하수설비, 건강, 주거, 교육, 정보 등의 기본적인 인간의 욕구가 심각한 박탈에 처한 상태로 규정한다. 상대적 빈곤은 사회에서 통용하는 기준과 연관지어 규정하는 것으로 주로 불평등으로 이해된다. 이 기준은 빈곤을 다른 사람들(공동체의 성원 혹은 개인들 간의 비교 등)과 비교하여 규정한다는 점에서 사회적 규정이 된다. 박탈로도 불리는 상대적 빈곤은 소득, 권력, 기회로 불포괄적인 가치에서의 불평등을 포괄하는 것으로 물질적 개념 등에 국한하지 않고, 적절한 삶에 대한 질의 결여, 문화적 재화에 대한 접근 부재 등도 포함한다(이소희, 1998). 국제적으로는 빈곤을 상대적으로 규정하는 추세인데, OECD 국가들은 중위 가구소득의 40~60%, EU 국가들은 평균가구소득의 40~60% 미만을 상대적 빈곤으로 간주한다(김기원, 2004). 우리나라의 경우는 절대적 빈곤 개념으로 빈곤가족이 정의되는데, 공식적으로 빈곤가족은 최저생계비 이하인 가족과 최저생계비 120%에 속하는 차상위계층 정도를 가리킨다. 따라서 우리나라에서 공식적인 빈곤가족은 경제적으로 매우 어려운 집단이다.

(2) 빈곤의 발생 원인

일반적으로 빈곤은 하나의 요인으로 발생하기보다는 여러 요인이 상호 결합되어 발생되는 경우가 많다. 빈곤의 원인에 대해서는 미시적인 관점인 개인적 요인, 천재지변이나 전쟁 및 사고 등과 같이 개인의 의지와 관계없는 자연 환경적 요인, 그리고 거시적 관점인 사회구조적 요인으로 나누어 살펴볼 수 있다(한국여성복지연구회, 2005).

① 개인적 요인

개인적 요인으로는 우선 자립 및 성취동기 미흡, 과다 출산, 나태, 무절제, 의타심, 음주, 도박 등과 같은 개인의 부적절한 생활 태도 또는 도덕성 부족을 들 수 있다. 다른 측면에서는 세대주나 세대원의 사망, 질병, 장애, 노령, 이혼이나 별거, 세대주의 가출이나 구속, 실직 등과 같이 가족원으로 하여금 주어진 기능이나 책임의 전부 또는 일부를 수행할 수 없도록 하는 가족 구성원의 기능 손상 요인도 있다.

② 자연환경적 요인

태풍, 해일이나 지진, 화산폭발, 산불과 같은 천재지변, 다양한 형태의 선생, 화재 등은 개인이나 가족의 재산 전부 또는 일부를 손실시켜 빈곤을 불러온다. 또 이러한 원인에 가족원의 사망, 장애, 질병, 교육기회 박탈 등이 동반되어 직간접적으로 가족의 경제적 붕괴를 가져오기도 한다.

③ 사회구조적 요인

빈곤의 사회구조적 요인으로는 영세농 출신 도시 이입자의 취업기회 제한과 불안정한 취업, 농촌지역 경작 규모의 영세성, 저소득층 자녀의 빈곤 세습화, 공공부조나 사회보장 등 소득보장 정책의 미흡, 최저 임금제의 미정착과 심한 임금 격차, 사회복지 서비스의 미흡 등을 들 수 있다. 또한 IMF와 같은 국가의 경제적 위기 상황이 대량 실업으로 이어질 때 빈곤이 확대 및 재생산된다.

(3) 빈곤이 유아에게 미치는 영향

가정이 빈곤상태로 들어가면서 가장 심각한 영향을 받는 구성원 중의 하나는 유아이다. 가정의 빈곤이 유아의 사회성발달, 정서발달, 인지발달, 신체발달에 미치는 영향을 살펴보면 다음과 같다.

① 신체발달

빈곤은 유아의 건강과 영양에 문제를 일으켜 신체발달을 지체시킬 수 있다. 일반적으로 빈곤가정 유아는 그렇지 않은 유아보다 열악한 환경에 있으므로 영양이 결핍되거나 적절한 병원치료를 받지 못하여 발달에 어려움을 겪는 경우가 많고(곽금주, 김정미, 유제민, 2007), 건강 관련 문제를 더 많이 일으킨다. 빈곤가정의 유아들이 영양 결핍 등으로 신체발달이 지체되기도 하는 한편 식생활이나 영양 등의 문제에 대한 부모의 관심이나 중재 부족으로 비만이 되는 경우도 많다.

② 인지 · 언어발달

빈곤은 유아의 두뇌발달, 인지발달, 학습 등에 있어서도 부정적 영향을 미칠 수 있다. 두뇌발달이 현저하게 이루어지는 시기인 유아기의 영양결핍은 두뇌세포 부족, 두뇌신경계 발달장애 및 결함 등을 야기할 수 있다. 또한 수학적 능력, 기억력, 어휘력, 주의집중력에 있어서도 일반가정 유아에 비해 결손되거나 지연될 수 있다. 뿐만 아니라 빈곤가정의 환경은 유아들에게 문화결핍을 야기하고 문화결핍은 언어학습의 실패, 낮은 학업성취도, 그리고 비난과 칭찬에 대한 민감성으로 이어질 수 있다(민경화, 2000).

③ 사회 · 정서 발달

빈곤가정 유아들은 대체로 자아존중감이 낮고 우울관련 수치가 높다. 또 사회적 상징이나 권위에 무조건 반응하는 특징을 보이고 개별화가 억제되어 있으며, 낮은 자아 존중감으로 인하여 소극적 성향이나 열등감 등 부적절한 자아개념을 가지기 쉽다. 빈곤은 가족원들에게 높은 스트레스, 불안감, 억압감, 초조감을 야기하므로 자녀에 대한 학대나 애정결핍이 일어나기 쉽다. 따라서 빈곤가정 유아는 정서발달에 있어서도 부정적인 모습을 보일 가능성이 높고, 적절하지 않은 놀이 양상을 보이기도 한다. 빈곤에 대한 최근 연구를 살펴보면 빈곤가정 유아들이 정서불안 등의 문제를 점점 더 많이 겪고 있음을 알 수 있다(신인순, 2011).

(4) 빈곤가정 유아에 대한 지원 대책 방향

빈곤가정 유아에 대한 지원은 현재 가족이 당면하고 있는 빈곤문제를 해결하기 위한 방안이기도 하지만 장기적으로는 빈곤에 대한 예방책이기도 하다. 따라서 빈곤 유아를 지원하는 다양한 서비스에 대한 지속적이고 집중적인 투자가 요구된다(한국여성복지연구회, 2005).

① 영유아 보육료 지원 확대 및 다양한 보육서비스 개발

저소득 한부모 가족을 포함한 빈곤가족 유아를 위해 보육료 지원을 확대하고 빈곤가족이 필요로 하는 다양한 형태의 보육서비스를 도입하여 여성 가장들이 적절히 자녀를 양육할 수 있도록 해야 한다. 또 포괄적 보육을 실시하여 빈곤가족 유아들이 사례관리를 포함한 다양한 지원을 받을 수 있도록 뒷받침해야 한다.

② 유아교육 비용의 국가적 지원 증대

영유아를 위한 보육이나 교육제도 정착을 위하여 국가의 재정 지원과 비용 부담이 강화되어야 한다. 정부에서는 2019년부터 '만 9세 미만' 모든 아동에게 아동수당을 지급한다. 이는 아동의 건강한 성장 환경을 조성하여 아동의 기본적 권리와 복지 증진에 기여하기 위해 정부가 도입한 제도이다. 유아교육이 무상 공교육화되고 있는 세계적 추세를 볼 때 유아교육비용 보조에 대한 국가의 책임이 더 구체화되어야 한다.

③ 방과 후 보호 및 학습지원, 문화지원

저소득층 유아들은 부모들이 맞벌이를 하거나 돌보아 줄 성인이 없는 경우가 많으므로 방과 후 이들에 대한 보호 및 양육을 담당할 주체가 필요하다. 따라서 지역아동센터가 지역사회 기존 복지인프라와 연계한 종합적인 유아·아동 보호 및 육성 체계를 구축할 수 있도록 그 이용 대상 연령 범위를 확대하고 전문가를 배치하는 등의 지원을 해야 한다.

④ 심리·사회적 지지

빈곤가정 유아들은 일반 유아들에 비해 자주 학대, 방임, 기관 부적응, 부모의 이혼이나 별거, 발달지연 등의 문제를 복합적으로 경험한다. 그러한 상황에서 받게 되는 스트레스로 인해 유아들은 우울이나 불안, 공격성, 부적응에 노출될 가능성이 높고 자아 존중감도 낮아진다. 따라서 이들에 대한 심리 상담, 사회기술 훈련, 문제해결능력 배양 등을 실시하여 이들이 교육기관과 가정에 잘 적응하도록 돕는 것이 매우 중요하다.

탐구활동

우리나라 빈곤가정 유아들의 실태와 발달 특징에 대해 조사해 보고, 그에 대한 대안을 토의해 봅시다.

2) 아동학대와 유아

(1) 아동학대의 정의

아동학대란 "아동을 보호할 책임이 있는 자가 18세 미만의 아동에게 정신적 · 신체적 또는 성적으로 위해를 가하거나 제공해 주어야 할 것을 해주지 않는 것"이라고 말한다(강동욱, 2014). 또한 「아동복지법」 제3조 7호에는 아동학대란 보호자를 포함한 성인이 아동의 건강 또는 복지를 해치거나 정상적 발달을 저해할 수 있는 신체적 · 정신적 · 성적 폭력이나 가혹행위를 하는 것과 아동의 보호자가 아동을 유기하는 것과 방임하는 것으로 정의되어 있다.

(2) 아동학대의 유형

「아동복지법」 제29조에서 아동에게 성적 수치심을 주는 성희롱, 성폭행 등의 학대행위, 아동의 신체에 손상을 주는 학대행위, 자신의 보호 · 감독을 받는 아동을 유기하거나 의식주를 포함한 기본적 보호 · 감독을 받는 아동을 유기하거나 의식주를 포함한 기본적 보호 · 양육 및 치료를 소홀히 하는 방임행위, 아동의 정신건강 및 발달에 해를 끼치는 학대 행위 등 아동학대의 구체적인 유형에 대해 열거하고 있다.

아동학대의 유형은 신체적 학대, 정서적 학대, 성적 학대, 그리고 방임으로 분류할 수 있다.

첫째, 신체적 학대(physical abuse)란 보호자를 포함한 성인이 아동의 건강 또는 복지를 해치거나 정상적 발달을 저해할 수 있는 신체적 폭력이나 가혹행위를 하는 것을 말한다.

둘째, 정서적 학대(emotional abuse)란 보호자를 포함 성인이 아동의 건강 또는 복지를 해치거나 정상적 발달을 저해할 수 있는 정신적 폭력이나 가혹행위를 하는 것을 말한다.

셋째, 성적 학대(sexual abuse)란 보호자를 포함한 성인이 아동의 복지 또는 건강을 해치거나 정상적 발달을 저해할 수 있는 성적폭력이나 가혹행위를 하는 것을 말한다.

넷째, 방임(neglect)이란 아동의 보호자가 아동을 위험한 환경에 처하게 하거나 아동에게 필요한 의식주, 의료적 조치, 의무교육 등을 제공하지 않은 행위를 말한다. 방임의 유형에는 물리적 방임, 교육적 방임, 의료적 방임, 유기가 있다(중앙아동보호전문기관, 2016).

(3) 아동학대의 징후

아동학대 유형별 징후를 살펴보면 다음과 같다(중앙아동보호전문기관, 2016).

① 신체적 학대의 징후

- 신체적 징후
  - 설명하기 어려운 신체적 상흔
  - 발생 및 회복에 시간차가 있는 상처
  - 비슷한 크기의 반복적으로 긁힌 상처
  - 사용된 도구의 모양이 그대로 나타나는 상처
  - 담뱃불 자국, 뜨거운 물에 잠겨 생긴 화상자국, 회음부에 있는 화상자국, 알고 있는 물체모양(다리미 등)의 화상자국, 회복 속도가 다양한 화상자국
  - 입, 입술, 치흔, 눈, 외음부 상처
  - 긁히거나 물린 자국에 의한 상처
  - 손목이나 발목 등의 긁힌 상처

- 성인에 의해 물린 상처
- 겨드랑이, 팔뚝 안쪽, 허벅지 안쪽 등 다치기 어려운 부위의 상처
- 대뇌출혈, 망막출혈, 양쪽 안구 손상, 머리카락이 뜯겨나간 두피 혈종 등의 두부 손상
- 고막천공이나 귓불이 찢겨진 상처와 같은 귀 손상
- 골격계 손상, 골절, 대퇴골절로 인한 보행의 어려움

- **행동적 징후**
  - 어른과의 접촉 회피
  - 다른 아동이 울 때 공포를 나타냄
  - 공격적이거나 위축된 극단적 행동
  - 부모에 대한 두려움
  - 집에 가는 것을 두려워함
  - 위험에 대한 지속적인 경계

② 정서적 학대의 징후
- **신체적 징후**
  - 발달지연 및 성장장애
  - 신체발달 지하
- **행동적 징후**
  - 특정물건을 계속 빨고 있거나 물어뜯음
  - 행동장애(반사회적, 파괴적 행동장애)
  - 신경성 기질 장애(놀이장애)
  - 정신신경성 반응(히스테리, 강박, 공포)
  - 언어장애
  - 극단행동, 과잉행동, 자살시도

─신수에 대한 과잉 반응

─부모와 접촉에 대한 두려움

③ 성적 학대의 징후

• **신체적 징후**

■ 신체적 지표

─학령 전 아동의 성병감염/ 임신

■ 생식기의 증거

─아동의 질에 있는 정액/찢기거나 손실된 처녀막/ 질의 홍진

─질에 생긴 상처나 긁힌 자국/ 배뇨곤란/ 요도염/ 생식기의 대상포진

■ 항문 증후

─항문 괄약근의 손상/ 항문 주변의 멍이나 찰과상/ 항문이 좁아짐

─항문 내장이 짧아지거나 뒤집힘/ 항문 입구에 생긴 열창

─회음부의 통증과 가려움/ 변비/ 대변에 혈액이 나옴

■ 구강 증후

─입천장의 손상/ 인두임질

• **행동적 징후**

■ 성적 행동지표

─나이에 맞지 않는 성적 행동/ 해박하고 조숙한 성지식

─명백하게 성적인 묘사를 한 그림들/ 타인과의 성적인 상호관계

─동물이나 장난감을 대상으로 하는 성적인 상호관계

■ 비이성적인 행동지표

─위축, 환상, 유아적 행동(퇴행행농)/ 비행, 가출/ 수면장애

─자기 파괴적 또는 위험을 무릅쓴 모험적인 행동

─충동성, 산만함 및 주의집중장애/ 약물 및 알콜 남용

─혼자 남아 있기를 거부 또는 외톨이/ 자기 파괴적 행동(자살시도)

－특정 유형의 사람들 또는 성에 대한 두려움/ 범죄행위

　　　－우울, 불안, 사회관계의 단절/ 유뇨증, 유분증/ 저조한 학업수행

　　　－섭식장애(폭식증, 기식증)/ 야뇨증/ 외상 후 스트레스 장애

④ 방임의 징후

• 신체적 징후

　　－발달지연 및 성장장애

　　－비위생적인 신체상태

　　－예방접종과 의학적 치료 불이행으로 인한 건강상태 불량

　　－아동에게 악취가 지속적으로 나는 경우

• 행동적 징후

　　－계절에 맞지 않는 부적절한 옷차림

　　－음식을 구걸하거나 훔침

　　－비행 또는 도벽

　　－학교에서 일찍 등교하고 집에 늦게 귀가함

　　－지속적인 피로 또는 불안정감 호소

　　－수업 중 조는 태도

　　－잦은 결석

(4) 아동학대 예방의 문제점

　　우리나라 아동학대 예방의 문제점은 아동보호체계의 구조적 한계와 분절성이
다. 현행 아동보호체계는 다양한 위기를 가진 아동을 요보호 아동과 학대 피해 아
동으로 구분하여 보호의 대상을 학대 피해 아동에 한정하고 있다. 또한 우리나라
의 중앙부처 아동 · 청소년 관련 업무는 보건복지부, 여성가족부, 교육부 등으로 분
산되어 아동보호체계, 청소년보호체계, 가족보호체계 등으로 분리되어 있다. 이들
보호체계는 보호대상 아동의 연령, 위기 유형 및 사업의 주관 부처나 정책 배경 등

에 따라 별도로 형성되어 있어 각각의 다양한 게이트웨이가 존재함으로써 아동보호업무의 일관성과 지속성 부재, 책임소재 불분명 등 개선해야 할 다양한 문제점을 안고 있다. 이 중 영유아를 대상으로 한 아동보호서비스의 부족은 심각한 수준으로, 대부분의 시간을 가정에서 보내며 학대와 방임에 매우 취약한 영유아를 대상으로 한 사례관리 또는 보호 서비스의 확대가 시급하다(류정희, 2017).

(5) 아동학대 예방을 위한 개선방향

아동학대 예방을 위한 개선방향을 살펴보면 다음과 같다(이재분, 2010; 정선아, 2009).

첫째, 아동학대 대응체계의 일원화 및 공공성 확보가 되어야 한다. 아동학대 예방과 조기발견을 위한 전면적 시스템을 구축해야 한다. 우리나라 아동학대 보호체계는 민간에 위탁하는 형태로 이루어져 공공성이 매우 취약하다. 또한 보건복지부, 지방자치단체, 교육부, 여성가족부, 법무부, 행정자치부, 법원에서 아동학대와 다양한 업무를 수행하고 있으나, 한곳에 집중되지 못하여 피해아동 중심의 관리가 어려운 실정이다. 아동학대 컨트롤 타워는 유관기관이 보유한 방대한 데이터를 분석하여 아동학대예방을 도모하도록 해야 한다. 이를 위하여 각 정보의 제공에 대한 법률근거를 신속히 마련하고, 정보를 통합적으로 수집·관리·분석할 수 있는 전문가를 양성해야 한다. 또한 전국 단위의 피해 아동 보호 가이드라인을 제시하고, 집적되고 분석된 정보를 통하여 아동보호를 위한 서비스의 자원 적정 배분을 관리하여야 한다. 그리하여 각 피해아동별 생애주기와 처우에 맞는 지속적인 맞춤형 지원을 할 수 있어야 한다. 중대아동학대범죄 발생 시 컨트롤 타워는 수사·공판·피해아동 및 가족 지원에 이르기까지 통합적인 업무를 수행할 수 있어야 한다(자유한국당, 2016).

둘째, 아동학대 및 보호에 대한 사회적 인식 개선이다. 아동학대에 대한 인식의 제고를 위해서는 아동보호에 대한 더욱 보편적인 접근이 필요하다. 즉, 아동보호의 기본 대상은 우리 사회의 모든 아동이라는 전제 위에서 우선적인 아동 보호의 대상에 다양한 아동발달, 가족적, 경제적 문제를 가진 잠재적 취약 위기 아동을 포괄해야 한다. 현재 아동보호전문기관이 보호 대상으로 하고 있는 학대 피해 아동과 함께 요보호 아동을 최우선적인 보호 대상으로 포함하고, 나아가 가족해체의 위기, 가족의 경제적·물질적 위기에 직면한 아동을 잠재적 위기 아동으로 규정함으로써 이들에게 지원을 확대하는 것이 학대 위기에 대한 최선의 예방책이 될 수 있다(류정희, 2017).

3) 다문화가족과 유아

(1) 다문화가족의 정의

다문화가족은 광의의 개념으로는 자국 내에 거주하는 모든 외국인가족을 포함하며, 협의의 개념으로는 가족 중 한 명이 우리나라 국적을 취득하여 구성된 가족을 말한다. 2008년 「다문화가족지원법」이 제정되기 전에는 북한이탈주민을 포괄한 용어로 사용되기도 하였으나, 2008년 「다문화가족지원법」이 제정된 이후 국제결혼 가족만을 의미하게 되었다. 그러나 2011년 동법이 개정되면서 2012년부터는 혼인귀화자 외에 기타 사유(인지·귀화) 국적취득자도 다문화가족으로 그 범위를 확대하였다.

(2) 다문화가족의 자녀실태

초·중·고별 다문화학생 수의 변화 추이를 살펴보면 최근 10여 년 사이에 10배 정도가 증가함을 알 수 있다. 〈표 12-1〉과 같이 현재는 초등학교급의 다문화학생 수가 가장 많지만, 향후 15년 동안 이들이 학년이 올라갈수록 중등학교에서의 다문화학생 수도 급증할 것으로 보인다. 또한 전체 학생 수는 감소하는 반면, 다문화학생 수는 급증하고 있어, 향후 15년간 전체 학생 수에서 다문화학생 수가 차지하는 비중 역시 급증할 것으로 전망된다.

표 12-1

인원수 \ 연도	2009	2010	2011	2012	2013	2014
다문화학생 수(A)	26,015	31,788	38,678	46,954	55,780	67,806
전체 학생 수(B)	7,447,159	7,236,248	6,986,853	6,732,071	6,529,196	6,333,617
다문화학생 비율 (A/B*100)	0.35%	0.44%	0.55%	0.70%	0.86%	1.07%

출처: 교육부(2015). 다문화 학생 교육지원 계획 발표

(3) 다문화가족 자녀의 문제점

첫째, 법적, 사회적 위치의 문제이다. 다문화가족 자녀 중 국제결혼 가정 자녀는 한국 국적을 가지고 있는 합법적인 거주자인 반면, 외국인 근로자 가정 자녀의 대다수는 불법체류자 신분이다. 따라서 미등록 이주자의 경우 여전히 단속과 처벌의 대상이므로 안정적인 학교생활을 유지하기가 어려운 상황이다.

둘째, 경제적 기반의 취약성의 문제이다. 국제결혼이주가정 자녀의 경우 2005년도 가구당 최저생계비를 기준으로 할 때, 여성결혼이민자 전체 가구의 52.9%가 최저생계비 이하의 소득수준이었으며, 가구소득이 최저 생계비 50% 이하의 수준에 있는 경우도 44.2%에 달하였다(설동훈 외, 2005).

셋째, 다문화가족 자녀교육 지원 여건이 취약하다. 다문화가족에서 이주여성인 어머니는 자녀를 돌보기 위해 여러 가지 교육적 요구를 가진다. 자신의 한국어 능력을 향상시키고 싶어 하고, 자녀의 육아 및 교육지원을 잘하고 싶어 히며, 자신들이 일하고 싶은 영역의 직업교육을 받고 싶어 한다. 그러나 자녀양육, 교육지원 능력이 부족한 형편이어서 이에 대한 교육지원이 요청된다.

넷째, 다문화가족 자녀의 한국어, 기초학습 능력 등이 부족하다. 국제결혼 가정 자녀의 한국어 능력을 파악하기 위해 '단어의미(개념) 이해 검사'를 실시한

결과, 국제결혼 가정의 자녀들이 일반가정의 자녀들보다 한국어 능력이 떨어지는 것으로 나타났다.

(4) 다문화가족 유아를 위한 정책방향

다문화가족 유아를 위한 교육이나 지원정책의 방향은 다음과 같이 제시해 볼 수 있다(이재분, 2010; 정선아, 2009).

첫째, 다문화가족 자녀에게 안정적인 교육환경을 제공하여야 한다. 한국에서는 2008년 3월에 「다문화가족지원법」(법률 제8937호)이 제정되어 9월부터 다문화가족 자녀와 그 보호자를 위한 교육적 지원을 할 수 있는 법률적 근거를 마련하였다. 다문화가족 자녀들이 처한 문제를 해결하기 위해서는 지속적으로 이들에게 필요한 안정된 교육환경을 조성해 주고 지속적으로 개선해 주어야 한다.

둘째, 한국어 및 기초학습 향상을 위한 체계적인 교육지원이 있어야 한다. 다문화가족 구성원을 위한 한국어 교육은 국가에서 체계적인 계획에 의해 이루어지기보다는 각 여러 기관에서 산발적으로 이루어지는 측면이 더 강하다. 따라서 국가기관에서는 다문화가족 부모나 자녀들의 상황과 요구를 반영한 체계적인 교육을 이루어야 한다.

셋째, 상호 문화이해교육의 활성화가 이루어져야 한다. 역사적으로 단일민족의 우수함을 자랑해 온 우리 사회의 경우 다른 나라에 비해 다문화가족에 대한 인식이나 이해를 높이기 위한 노력을 보다 적극적으로 할 필요가 있다. 따라서 모든 교육기관에서 국제이해교육 등을 활성화하기 위해서는 정규 교과에 접목시키려는 노력이 요구된다.

넷째, 다문화가족이 함께 성장하는 교육지원이 이루어져야 한다. 다문화가족의 학부모가 성공적으로 자녀를 교육하기 위해서는 무엇보다도 이주 어머니의 사회·문화에 대한 적응이 필요하며, 이와 더불어 다문화가족의 아버지와 조부모 및 친척들이 다문화가족 어머니의 출신국 문화나 언어 등을 존중해 주는 문화통합적인 자세도 필요하다. 또한 다문화가족과 교육기관과의 상호 연계를 활성화하는 교사 및 학교의 노력이 요청되며, 다문화가족 자녀뿐 아니라 학부모가 함께 고려되고 지원되는 정책추진이 요청된다.

다섯째, 다문화가족 유아에 대하여 전인적 관점(a whole child)에서 유아, 아동, 소년의 각 발달단계의 경험이 연계되도록 평생교육 차원의 접근을 이루어야 한다. 다문화가족의 경우 출생으로부터 학교입학 전까지는 정부의 보호와 교육지원으로부터 사각지대에 놓일 가능성이 크다. 따라서 출생으로부터, 그리고 결혼이주 외국인 부모의 경우 국내 입국 시기부터 전 생애 교육 차원에서 교육지원의 연계가 필요하다.

여섯째, 다문화가족 유아에 대한 지원은 유아교육기관을 중심으로 모든 지원과 서비스가 유기적으로 연계되도록 해야 하며, 각기 다른 기관들로부터의 지원은 유아의 관점에서 경험을 통합하기 위해 연계되어야 한다. 정부부처 간, 중앙－지방 간, 그리고 지역 내 민·관·산·학의 관련기관 및 단체의 유기적 연계·협력을 통해 다문화가족 구성원의 교육과 복지를 위해 이들 모두가 함께하는 통합적 교육지원 방안과 탐색·마련이 필요하다.

 탐구활동

최근의 다문화가족 실태를 조사해 보고 이에 대한 교육적 전망 및 대안을 토론해 봅시다.

4) 유아 통합교육

(1) 통합교육의 개념
통합교육의 개념은 학자에 따라 또는 학문적 배경에 따라 그 정의가 매우 다양하다. 통합교육의 개념은 주류화(mainstreaming), 일반주도 교육(REI-Regular Education Initiative), 완전통합(inclusion), 완전융합(infusion)의 네 가지로 구분하여 활용해 왔다.

① 주류화
어원적으로 볼 때, mainstreaming이란 main(주요한, 주된)과 stream(능력별 반 편성)이 합해진 용어로 일반 유아들이 학습하는 곳을 mainstream이라 할 때, 장애 유아들을 mainstream 지역으로 보내 함께 수업할 수 있도록 하는 것, 즉 장애유아와 일반 유아들을 함께 배치하는 것을 의미한다.

② 일반주도 교육
일반주도 교육이란 일반 교육 주도의 특수교육이라고 할 수 있다. 이는 주류화가 그 실천과정에서 장애아동을 일반학교 교육에 통합시킨 결과, 장애아동들이 잘 적응하지 못하는 것을 보고 좀 더 적극적인 일반교육 주도에 대한 특수교육의 필요성에서 나타났다. 따라서 특수교육을 일반 교육하에 편입하여 일반 교육 주도로 특수 교육을 하려는 행정적인 차원에서, 장애유아를 포함한 공립학교에 다니고 있는 모든 아동들에 대한 직접적인 책임을 지녀야 한다는 기본 이념을 지니고 있다.

③ 완전통합
완전통합은 장애아동을 처음부터 일반 아동과 함께 통합시켜 교육을 한다는 입장이다. 이는 일반주도 교육 입장에서 장애아동에게 일반교사와 특수교사가 공동의 책임을 지고 교육한 결과, 여전히 장애아동의 교육에는 많은 문제점과 어려움이 나타났기 때문이다.

④ 완전융합

완전융합이란 일반인 교육에도 장애인의 특성과 입장 등을 주입 교육시켜 일반인들이 장애인을 먼저 이해할 수 있어야 한다는 의미이다. 이는 미국에서 새롭게 논의하고 있는 개념으로 지금보다 더 장애인 교육에 적극적으로 대처해야 한다는 내용을 담고 있다.

(2) 통합교육의 효과와 문제점

통합교육의 효과와 문제점은 다음과 같다(김경숙 외, 2005; 김정자, 2000; 류시내, 2003).

① 통합교육의 효과

• 발달장애 유아
  - 또래집단의 행동을 모방함으로써 발달을 촉진하고 관찰학습을 할 수 있다.
  - 생활경험의 폭이 넓어진다.
  - 놀이와 생활의 흐름에 따라 규칙적인 행동을 하게 되며 생활습관이 좋아진다.
  - 라벨링의 부정적인 효과와 정상발달 유아와의 접촉 부족에서 야기된 부정적 태도 및 분리교육의 부작용으로부터 자유로워진다.
  - 자립심을 촉진한다.
  - 실제 사회생활에서 활용할 수 있는 다양한 경험들을 제공한다.

• 일반 유아
  - 발달장애 유아에 관하여 더 현실적이고 정확한 관점을 배울 기회를 갖는다.
  - 자기와 다른 사람들에 대한 긍정적인 태도를 기른다.

—이타적 태도와 언제, 어떻게 그러한 태도를 사용하는가에 대해 배운다.
—어려움 속에서도 성공적으로 성취한 사람들의 모델을 경험한다.

② 통합교육의 문제점

첫째, 유아특수교사자격을 소지한 인력의 확보가 시급하다. 유치원 교사, 보육교
　　사와 유아특수교사의 전문분야 훈련은 분리되어 실시하며, 그 내용도 서로
　　다른 측면이 있다. 통합교육의 개선을 위해서는 교사에게 전문성을 요구하
　　는데 전문성을 갖춘 인적자원이나 전문성 함양을 위한 교육이 부족한 상황
　　이다.
둘째, 유치원 교사, 보육교사와 유아특수교사의 철학의 차이로 인하여 양쪽 교육
　　현장에서 다른 교육양상이 나타나고 있다. 또 통합 프로그램 운영 시 양자
　　간 교육 프로그램의 선정 및 계획, 수업준비 및 수업진행, 생활지도, 수업
　　외의 학급 업무 분담 등에서 최저의 협력체제가 이루어지지 못하고 있다.
셋째, 발달지체 유아는 다양한 교육적 서비스를 요구하나 정상발달 유아들을 중
　　심으로 교육하는 현장에서는 인적·물적 자원의 부족으로 그 요구를 충족
　　시키기 어렵다.
넷째, 전문가와 부모들의 통합에 대한 부정적인 태도도 문제시된다. 유아특수교
　　사, 유치원 교사, 보육교사, 발달지체 유아 부모, 일반유아 부모들의 통합
　　교육에 대한 부정적 태도는 통합교육의 실천에 큰 장애가 될 수 있다.

(3) 통합교육의 발전 방향
유아 통합교육이 나아갈 방향을 살펴보면 다음과 같다(김성애, 2007; 박연화, 2003).

첫째, 유아들이 발달 과정에서 제공 받는 상이한 교육환경 사이에서 부적응하여
　　행동이나 학습 면에서 문제를 보이거나 정서적 충격을 경험할 수 있으므로

영유아의 통합교육에 적합한 제도적 교육환경을 구안해야 한다.

둘째, 관련 서비스의 지원과 연계에 따른 복합적인 전문성을 가진 기관들 간의 협력이 필요하다. 유아특수교육 대상자의 발견 및 진단부터 지원에 이르기까지 다학문적인 전문가가 자신의 전문성을 팀워크 속에서 발휘해야 한다. 유아특수교육은 복합적인 성격을 띠고 있어서 경제적 측면과 지원의 효과성 및 효율성 측면 모두에서 부처 간 협력체계는 필수적이다. 이러한 복잡한 기관협력이 요구되는 유아특수교육 시스템의 운영 주도기관을 어디에 둘 것인가에 대해서도 심도 있는 논의가 이루어져야 한다.

셋째, 가족참여 및 지원, 교육과의 연계를 위해 노력해야 한다. 특수교육이나 통합교육의 실제에 있어서 가족지원이나 부모의 교육참여 정도는 매우 저조하다. 그러므로 교육 속에서 가족참여 지원이나 실제 참여를 좀 더 적극적이고 활발하게 바꾸는 계기를 마련하도록 하는 다양한 시스템의 개발이 필요하다.

넷째, 통합교사들의 전문화를 위하여 유치원 교사, 보육교사, 유아특수교사 모두 관련 과목을 이수과목으로 정하고 전문성을 향상시키며, 특수교육 요원의 양성기관이 확충되어야 한다.

다섯째, 교육내용의 전문화에 있어 특수아동의 장애 정도를 고려하여 개개인의 요구와 적절히 개별화한 다양한 프로그램을 개발하여야 한다.

여섯째, 사회의식의 전환을 위하여 사회매체나 학교에서의 교육적 노력이 필요하고 우선적으로 장애에 대한 배타적인 의식부터 개선해야 한다.

일곱째, 통합교육의 재정 확보를 위해 정부의 제도적인 대책수립과 지속적인 연구 노력이 뒷받침되어야 한다.

5) 유아교육의 공교육화

유아교육의 공교육화는 '유아의 삶의 질'을 향상시킬 뿐만 아니라 복지국가의 이상을 실현하기 위해서도 꼭 거쳐야 할 필수 과정이다. 이 장에서는 공교육의 개념, 유형, 기본원리, 필요성을 살펴보고 유아교육의 공교육화를 위한 과제를 제시해 보고자 한다.

(1) 공교육의 개념

공교육이란 국가의 지원 및 관리 운영하에 전 국민을 대상으로 교육의 기회를 개방하여 보편적인 교육내용을 실시하는 교육이다(교육학사전편찬위원회, 1965).

교육부에서는 공교육을 크게 두 가지 측면으로 나누고 있다. 협의의 공교육은 국가 또는 지방공공단체가 설치하고 국공립학교에서 행하는 교육에 국한한 의미이고, 광의의 공교육은 공적인 성격을 띠는 학교, 즉 국가, 지방공공단체 및 학교법인이 설치하고 학교에서의 교육을 총칭하는 개념이다. 그러므로 사립에 대한 국가와 지방자치단체의 지원 기능을 기초로 해서 사립학교에서 실시하는 교육도 공교육으로 간주된다.

(2) 공교육의 유형

공교육을 유아교육 공교육화 개념 중심으로 살펴보면 5가지 유형으로 나뉜다.

첫째, 공립유치원을 설립 · 운영한다.
둘째, 공립유치원을 설립 · 운영하는 것뿐만 아니라 사립유치원에도 행 · 재정적 지원을 해준다.
셋째, 유치원 교육을 의무교육이나 정식학제에 포함하지 않은 상태에서 무상교육을 실시하여 관리한다.
넷째, 유치원을 정식학제에 포함하고 공 · 사립유치원에 행 · 재정적 지원을 해준다.
다섯째, 유치원 교육을 의무교육에 포함하고 공 · 사립유치원에 행 · 재정적 지원을 해준다.

(3) 공교육의 기본 원리

공교육은 평등성, 의무성, 무상성, 보편성, 중립성의 원리에 기반하여 이루어지는데 각각에 대하여 살펴보면 다음과 같다.

① 평등성

평등이란 구성원 개개인에게 공정하게 경쟁하고 혜택 받을 수 있는 기회가 제공됨을 의미한다. 교육에서의 기회의 평등은 다음과 같이 정의하고 있다.

첫째, 교육기회균등은 각 개인의 잠재능력에 상관없이 교육자원의 균등한 몫을 분배받아야 함을 의미한다.

둘째, 교육기회균등은 모든 유아를 환경적 요인에 상관없이 측정된 능력에 의해 똑같은 방법으로 다루는 것을 의미한다.

셋째, 교육기회균등은 교육적으로 바람직하지 못하고 불리한 환경에 있는 유아에 대한 적극적 지원을 의미한다.

② 의무성

의무성이란 국가가 평등한 교육기회를 보장해야 함을 뜻한다. 따라서 대부분의 국가들이 법으로 규정하고 있는 바와 같이 강제적 규범으로 강제적 취학을 요구하는 교육이다. 교육의 의무성은 다음과 같은 방향으로 발전하고 있다(김영식, 1987).

첫째, 적용범위의 확대이다. 즉, 평생교육 시대의 도래와 함께 취학 전 교육에서부터 고등교육에 이르는 학교교육뿐 아니라 학교 외 교육까지도 학습의 장을 보장하려는 방향으로 나아가고 있다.

둘째, 보호사의 취학의무에서 벗어나 학교설치 의무와 취학지원 의무를 포함하는 교육조건 보장의무의 적극적 이행을 강조하고 있다.

셋째, '차별의 금지'라고 하는 소극적 차원의 기회균등을 실현하기 위한 의무성으로부터 개인의 힘으로는 어쩔 수 없는 장애의 제거 또는 보상의 적극적 차원인 '차별금지'라는 교육복지를 지향하는 방향으로 나아가고 있다.

③ 무상성

무상성은 교육을 받은 자 또는 그 보호자가 교육을 받거나 자녀교육을 시킬 때 수업료나 교재 구입비 혹은 기타 취학에 필요한 어떤 경비도 전혀 부담하지 않고 자유로이 교육 받고 교육할 수 있도록 하기 위한 것이다.

공교육과 교육비 무상성과의 관계는 다음과 같다.

첫째, 교육비 무상화는 국민의 교육 받을 권리를 실질적으로 보장하는 조치의 하나로 간주되고 있다.

둘째, 교육비의 무상화는 역사적으로 의무교육에 수반되는 것이었다.

셋째, 유치원 교육에서의 무상화는 의무교육과는 무관하게 실시되는 경향이 있다.

넷째, 최근 들어 교육비 무상화는 초등학교 이전 단계와 이후의 중등교육 단계까지 그 범위와 대상의 폭이 확대되고 있다.

④ 중립성과 보편성

교육내용의 중립성과 보편성은 교육내용이 정치세력이나 종교집단의 영향을 받지 않음을 의미한다. 또한 교육에서 다루어지는 내용이 공공의 이익을 위한 것이어야 하고, 교육을 통해 누구나 알아야 할 보편적인 내용을 전달함으로써 일반적인 교육을 실시해야 함을 뜻한다.

공교육에 있어서 중립성과 보편성의 방향을 살펴보면 다음과 같다.

첫째, 공교육은 교육내용에 있어서 정치적·종교적 중립성이 추구되는 것이 원칙이다.

둘째, 교육내용의 보편성은 인류의 문화유산으로 남겨진 지적인 측면의 교육내용을 중심으로 추구되고 있으며, 구체적으로는 교육과정과 교과서 정책을 통해 구현된다.

이와 같이 공교육의 원리는 교육의 기회균등, 무상성과 의무성, 교육내용의 보편성과 중립성을 근간으로 국가 필요 재정의 전부 또는 상당 부분을 지원하고 지도·감독의 권한과 책임을 갖는 제도 중심의 교육이라 할 수 있다.

(4) 공교육의 필요성

우리나라의 유아교육에 있어서 공교육의 필요성에 대해 살펴보면 다음과 같다.

첫째, 교육의 기회균등실현 측면이다. 현재 우리나라 유아교육은 「유아교육법」에 의한 유치원과 「영유아보육법」에 의한 보육시설로 이원화되어 있다. 이러한 이원화된 제도 안에서는 교사의 양성과정과 교육내용에서 차이가 나타날 수 있기 때문에 같은 욕구를 가진 같은 연령의 유아가 어떤 기관에 다니느냐에 따라 다른 교육적 경험을 할 수 있다.

둘째, 가정과 사회의 요구 수용 측면이다. 여성의 사회진출과 핵가족화로 인하여 영아기 때부터 보육기관에서 양육을 받아야 하는 유아들이 점차 증가하고 있다. 따라서 기본 생활습관 형성, 가정교육을 보완하는 질 높은 교육, 사교육비에 대한 부담 해소, 유아의 보호에 대한 요구가 증가하고 있다.

셋째, 교사의 전문성 결여의 문제이다. 교사의 질은 교육의 질을 가늠하는 중요한 지표라고 할 수 있다. 특히 유아를 교육해야 할 교사는 바른 인성을 갖추고 풍부한 지식을 연마하여 질적으로 우수해야 한다. 유아기에 제공하는 질높은 교육과정과 교육은 이후의 학습이나 생활에 영향을 미친다. 전문적인 교사를 양성하기 위해서 정부에서는 예비교사 양성단계에서부터 교직 진출 이후 추후지도까지 정책적으로 지원하여 질적인 교사의 양성과 전문성 제고에 노력을 해야 한다.

넷째, 교육과 보육의 이원화 체제이다. 유아의 교육이나 보육을 관리하는 정부의 체제가 두 개의 부처로 이원화되어 있다. 현행 이원화체제는 지속적으로 유아교육 발전의 저해요인으로 제기되어 왔다. 이러한 체제는 유치원 교육 과정과 표준보육과정으로의 이원화, 유치원 교사와 보육교사를 양성하는 상이한 경로 등으로 인하여 공교육의 기본 원리인 평등성과 보편성의 문제를 초래한다.

(5) 유아교육의 공교육화를 위한 과제

① 유아교사의 전문성을 제고한다

유아들에게 질적으로 높은 교육의 기회를 제공하기 위해 가장 먼저 고려해야 할 사항은 교사로서 필요한 전문적인 능력과 자질을 갖춘 교사를 양성할 수 있는 체제를 확립하는 것이다. 교사를 양성하는 주무 부처, 자격의 종류, 양성 기간, 양성 교육과정 내용에 있어 차이가 있기 때문에 우리나라 유아들이 제공받고 있는 교육의 질에도 차이가 있을 수 있다. 따라서 유치원 교사와 보육교사의 양성과 관리를 담당하는 부서와 자격 제도를 일원화하고, 양성교육과정 내용의 편차와 양성교육기관 간의 격차를 해소할 수 있는 방안을 모색하여야 한다.

② 유아들에게 보편적인 교육경험을 제공한다

우리나라 유아교육이 이원화된 체제 안에 있으므로 기관의 특성에 따른 교육이나 보육이 이루어지며 이에 대한 관리 지도가 체계적이지 못하기 때문에 유아들이 경험한 유치원이나 어린이집에 따라 다른 교육경험을 가지고 초등학교에 들어가게 된다. 따라서 정부에서는 모든 영유아에게 제공할 보편적인 교육과정의 정비와 이를 질적으로 운영할 수 있는 지속적인 노력이 필요하다.

③ 유아교육 여건을 개선한다

유아교육비 공공부담 비율이 OECD 국가들에 비해 적다. 부모들이 부담하는 교육·보육비의 추가부담 문제는 저소득층 유아들에게는 교육기회의 박탈로 이어질 수 있다. 따라서 모든 유아들에게 교육의 기회를 균등하게 주기 위해서는 유아교육비의 공공부담 비율을 점차 늘려나가야 한다.

④ 유아교육의 공교육화에 대한 교육계 전반과 국민들의 이해와 관심을 유도한다

유아교육의 공교육화를 위해 교육과 관련된 정책들에 대하여 평가를 실시함과 동시에 국민들에게 교육계 전반과 정책에 대해 알림으로써 국민의 정책에 대한 이해와 관심을 높이고 정책에 협조할 수 있도록 유도해야 한다.

 탐구활동

> 우리나라 유아교육 공교육화는 어떤 유형으로 진행되고 있는지 알아보고, 공교육화의 바람직한 방향에 대한 의견을 나누어 봅시다.

참고문헌

강동욱(2014). 아동학대 행위의 처벌 및 이에 관한 법제의 검토. 법학논총, 제21권, 제1호, 조선대학교 법학연구원

강현석, 주동범(2004). 현대 교육과정과 교육평가. 서울: 학지사.

곽금주, 김정미, 유제민(2007). 빈곤 아동에 대한 보호요인과 위험요인 탐색. 한국심리학회지 발달. 20(1). 1-19.

곽영우, 권상혁, 서정화, 신통철, 최성락, 하상일, 황희일(1997). 예비교원을 위한 교사론. 서울: 교육과학사.

교육과학기술부(2008a). 유치원 교육과정 해설(I) 총론. 서울: (사)장애우권익문제연구소.

교육과학기술부(2008b). 제1주기(2008-2010) 유치원 평가 계획(매뉴얼 포함). 교육과학기술부.

교육과학기술부(2009). 유아교육선진화 추진 계획. 교육과학기술부.

교육과학기술부(2009a). 2007년 개정유치원 교육과정 해설 1 총론. 서울: 미래엔.

교육과학기술부(2011). 2011-2013년 제2주기 유치원 평가 추진 계획. 교육과학기술부.

교육과학기술부(2011). 영 · 유아 교육 원리. 교육과학기술부.

교육부(1995). 유아 발달에 적합한 유치원 실내 교육 환경. 교육부.

교육부(1995). 유치원교육활동지도자료 1: 총론. 교육부.

교육부(1998). 유치원교육과정. 교육부.

교육부(2000). 유치원교육활동지도자료 1: 총론. 교육부.

교육부(2015). 2015 개정 유치원 교육과정(3〜5세 연령별 누리과정). 교육부.

교육부(2015). 다문화 학생 교육지원 계획. 교육부.

교육부(2017a). 학교안전교육 실시 등에 관한 고시. 교육부 고시 제2017-121호(2017. 4. 21.).

교육부(2017b). 제4주기 유치원 평가 중앙연수. 교육부.

교육부(2019). 유치원 교육과정. 교육부 고시 제2019-189호

교육인적자원부(2006). 학교 교육력 제고를 위한 교원양성체제 개선방안. 교육인적자원부.

교육학사전편찬위원회(1965). 교육학 사전.

김경숙, 김미숙, 김성애, 김수진, 박숙영, 백유순, 이성봉, 조광순, 조윤경, 최민숙, 허계형 (2005). 유아특수교육개론. 서울: 학지사.

김경철(2008). 2007 개정 유치원 교육과정에 따른 미디어 활용방향. 한국어린이미디어학회 학술대회자료집.

김기원(2004). 공공부조정책과 빈곤 가족의 문제. 한국사회복지정책학회 2004년 전기 학술대회 자료집, 7-47.

김대현, 김석우(2005). 교육과정 및 교육평가. 서울: 학지사.

김성애(2007). '장애인 등에 대한 특수교육법'에 따른 한국 유아특수교육의 과제 및 해결방향. 유아특수교육연구. 7(3), 111-139.

김승환(1990). 불교의 아동교육사상 연구. 국민대학교 대학원 석사학위논문.

김영식(1987). 2000년대를 향한 교육행정의 전망과 과제. 교육행정학연구, 5(1), 3-5.

김영옥(2007). 부모교육. 경기: 공동체.

김옥련(1990). 유아교육사. 서울: 정민사.

김은희(2007). 유아교육 현장으로의 레지오 에밀리아 접근법 적용과 통합. 2007 한국열린유아교육학회 추계학술대회 논문집, pp. 71-81.

김정자(2000). 장애아 통합교육에 대한 유아교육기관 교사의 태도. 대전대학교 대학원 석사학위논문.

김진규(2002). 교육과정과 교육평가. 서울: 동문사.

김호, 유영의(2011). 유아의 놀이성에 따른 창의성의 변화 과정 탐색. 한국어린이문학교육연구. 12(1), 333-352.

김희정(2010). 유아교육기관 귀가 후 유아의 일과 실태 분석. 열린유아교육연구,15(3), 293-311.

김희진, 박은혜, 이지현(2000). 유아교육 기관에서의 관찰. 서울: 창지사.

노영희(2007). 유아 교수-학습 이론과 실제. 2007학년도 유치원감 자격 연수 교재(pp. 63-79).

충북: 한국교원대학교 종합교육연수원.

단현국(2007). 유아 놀이 지도. 2007학년도 유치원감 자격 연수 교재(pp. 95-129). 충북: 한국
    교원대학교 종합교원연수원.

도남희, 김정숙, 하민경(2013). 영유아의 생활시간 조사. 서울: 육아정책 연구소 연구보고
    2013-10.

동덕여자대학교 국정도서편찬위원회(2003). 인간발달. 교육과학기술부.

류시내(2003). 장애유아통합교육에서 유아교사의 역할인식과 보수교육 요구조사. 숙명여자
    대학교 대학원 석사학위논문.

류운석(2002). 신유아교육기관 운영관리. 서울: 교육아카데미.

류정희(2017). 아동학대 현황과 아동권리 보장을 위한 아동보호체계 개선방향. 보건복지포럼.
    161), pp. 1 11.

문미옥, 이혜상(2003). 동서양이 만난 유아교육개론. 서울: 교육아카데미.

민경화(2000). 빈곤가족 아동의 심리사회적 특성에 관한 연구. 호남대학교 대학원 석사학위
    논문.

바경애(1991). 사회극화놀이의 효과와 지도 방법에 관한 연구. 숙명여자대학교 교육대학원
    석사학위논문.

박성연(2006). 아동발달. 서울: 교문사

박연화(2003). 통합교육에 대한 특수교사의 인식 연구. 공주대학교 대학원 석사학위논문.

박은혜(2009). 유아교사론. 서울: 창지사.

박은혜(2011). 유아교사의 전문성 신장을 위한 정책과 실제. 유아교사의 전문성 제고와 유아
    교육 현안. 한국전문대학유아교육과교수협의회 35회 유아교육 학술대회 및 연수집.

박은혜, 조운주(2007). 예비유아교사가 인식한 유아교사 이미지의 변화 탐색. 유아교육학논
    집, 11(4), 225-246.

방인옥, 박찬옥, 이기현, 김은희(2009). 유아교육과정(제3판). 서울: 정민사.

백경숙, 변미희(2001). 공개입양부모를 위한 사전·사후 서비스 프로그램 개발을 위한 기초
    조사 연구. 아동권리연구, 5(2), 81-95.

보건복지부(2009). 보육실태조사.

보건복지부(2011). 2011 보육시설 평가인증 지침서(40인 이상 보육시설).

보건복지부(2013). 제3차 어린이집 표준보육과정.

보건복지부 · 교육부(2014). 3~5세 연령별 누리과정 해설서. 한국시각장애인연합회.

보건복지부 · 질병관리본부(2016). 2016년도 감염병 관리사업지침.

보건복지부 · 질병관리본부(2017). 2017년도 어린이 국가예방접종 지원사업 관리지침(위탁 의료기관용).

보건복지부 · 한국보육진흥원(2019). 2019 어린이집 평가 매뉴얼(어린이집용).

서울대학교 교육연구소 편(1998). 교육학 대백과 사전. 서울: 하우동설.

서울특별시교육청(2017). 유치원 교육과정 및 유아 평가. 서울특별시교육청.

서정현(2005). 유아교육기관운영관리. 서울: 태영출판사.

설동훈, 김윤태, 김현미, 윤홍식, 이혜경, 임경택, 정기선, 주영수, 한건수(2005). 국제결혼 이 주여성 실태조사 및 보건 · 복지 지원방안. 보건복지부.

신명희, 박명순, 권영심, 강소연(1998). 교육심리학의 이해. 서울: 학지사.

신은수, 김은정, 유영의, 박현경, 백경순(2011). 놀이와 유아교육. 서울: 학지사.

신인순(2011). 빈곤가구 아동 건강의 위험요인과 보호요인. 가톨릭대학교 대학원 박사학위 논문.

신화식, 김명희(2008). 유아교육기관운영관리. 경기: 양서원.

심성경, 조순옥, 이정숙, 이춘자, 이서경, 이효숙(2004). 유아교육개론. 서울: 창지사.

안경식(2000). 한국 전통 아동교육사상. 서울: 학지사.

양승주(1995). 기혼여성의 노동공급행태분석. 한국인구학, 18(1), 63-87.

양옥승(2006). 3~6세 유아의 자기 조절력 측정척도 개발. 미래유아교육학회지, 13(2), 161-187.

양옥승, 김미경, 김숙령, 김영연, 김진영, 박선희, 서현아, 오문자, 장혜순, 조성연, 조은진, 최 양미, 현은자(2001). 유아교육개론. 서울: 학지사.

양옥승, 나은숙(2005). 세계화의 관점에서 본 유아교육의 공교육화. 사회과학연구, 11, 19-31.

여성가족부(2005). 표준보육과정.

오영희, 박창옥, 박윤자, 정미애(2010). 영 · 유아를 위한 유아교육개론. 경기: 21세기사.

이경민, 엄은나(2005). 유아 교사 자질에 대한 유치원 1급 정교사 자격 연수 참여 교사의 기 대와 자기 평가. 유아교육학논집, 9(4), 133-152.

이경옥(2007). 디지털 환경과 유아교육. 한국어린이미디어학회 학술대회 자료집.

이경우(1998). 유아를 위한 컴퓨터 활동의 접근 방향. 서울: 창지사.

이기숙, 이연섭, 이영자(1986). 유아교사 양성대학의 교육과정 모형에 대한 이론적 고찰. 유
　　아교육연구, 6, 30-50.

이기숙, 장영희, 정미라, 엄정애(2002). 유아교육개론. 경기: 양서원.

이기숙, 장영희, 정미라, 홍용희(2002). 가정에서의 유아 조기 · 특기교육 현황 및 부모의 인
　　식. 유아교육연구, 22(3), 163-188.

이소은, 이순형(2009). 초등학생의 전자매체 놀이문화 실태분석. 아동과 권리, 13(2), 305-332.

이소희(1998). 아동의 사회계층이 언어능력과 학업성취에 미치는 영향. 홍익대학교 대학원
　　석사학위논문.

이소희, 최덕경, 강기정, 김훈(2004). 가족문제와 가족복지. 서울: 대왕사.

이숙재(2001). 유아 놀이 활동. 서울: 창지사.

이숙재(2004). 유아를 위한 놀이의 실제(제3판). 서울: 창지사.

이순형(2005). 영 · 유아 보육 · 교육 프로그램의 이해. 서울: 학지사.

이순형, 민하영, 권혜진, 정윤주, 한유진, 최윤경, 권기남(2010). 부모교육. 서울: 학지사.

이연섭, 방인옥, 주희숙, 주정숙, 이광자, 박찬옥, 지성애, 마송희, 유왕효(1996). 유아교육개
　　론. 서울: 정민사.

이영 외 11인(2009). 영유아발달. 서울: 학지사.

이영, 이정희, 김온기, 이미란, 조성연, 이정림, 유영미, 이재선, 신혜원, 나종혜, 김수연, 정지
　　나(2009). 영 · 유아발달. 서울: 학지사.

이영석, 이항재(1998). 최신 유아교육학 개론. 서울: 교육과학사.

이영자, 이기숙, 이정욱(2000). 유아교수 · 학습방법. 서울: 창지사.

이원영, 이태영, 강정원(2008). 영 · 유아 교사를 위한 부모교육. 서울: 학지사.

이윤식(1993). 장학론 논고: 교내자율학론. 서울: 과학과 예술.

이은화, 배소연, 조부경(1995). 유아교사론. 경기: 양서원.

이은화, 양옥승(1988). 유아교육론. 경기: 교문사.

이재분(2010). 한국다문화가정 학생을 위한 교육지원 현황 및 과제. 한국교육개발원.

이재연, 김정희(2003). 부모교육. 경기: 양서원.

이정림, 도남희, 오유정(2013). 영유아의 미디어 매체 노출실태 및 보호대책. 서울: 육아정책연

구소 연구보고. 2013-15.

이정미(1986). 유치원 교실의 공간구성이 유아의 행동에 미치는 영향에 관한 연구. 이화여자 대학교 교육대학원 석사학위논문.

이정환, 김희진(2007). 영·유아교육의 교수학습방법. 서울: 파란마음.

임승렬(2001). 유아교사 평가의 새로운 접근. 유아교육연구, 21(1), 87-116.

임재택(2005). 유아교육기관 운영관리. 경기: 양서원.

임재택, 조채영(2000). 소파방정환의 유아교육사상. 경기: 양서원.

자유한국당(2016). 아동학대 대응체계 강화방안. 20대 대선 총선 공약

장덕호(2018). 최근 교육정책환경 분석과 향후 변화 전망. 한국교육개발원.

장명림(2007). 유치원 평가지표 및 평가편람 개발 연구. 서울: 육아정책개발센터.

장영인, 최영신(2004). 복지적 교육의 개념에서 본 보육시설의 고유성에 관한 일고찰. 한국 영·유아보육학, 38, 174-175.

장필성(2016). 2016년 다보스포럼: 다가오는 4차 산업혁명에 대한 우리의 전략은? 과학기술 정책, 26(2), 12-15.

장현숙(2001). 맞벌이 가정의 부모교육. 지성과 창조, 4, 171-188.

정계숙, 유미숙, 차지량, 박희경(2013). 메타분석을 통한 유아기와 아동기 자녀 부모 대상 부모교육 프로그램의 효과 연구. 한국보육지원학회지, 9(3), 365-387.

정미경·박희진·이성희·허은정·김성지·박상완·백선희·김현정·김규식(2016). 교육개혁의 전망과 과제(1) 초·중등교육 영역 언론자료 TNA. 한국교육개발원 연구자료 REM 2016-08.

정미라(2006). 한국의 현대적 아동관에 대한 탐색. 서울: 창지사.

정범모(1976). 교육과 교육학. 서울: 배영사.

정선아(2009). 다문화가정 유아를 위한 정책에 대한 연구. 유아교육연구, 29(1), 253-272.

정옥분(2004). 영유아발달의 이해. 서울: 학지사.

정옥분(2006). 아동발달의 이해. 서울: 학지사.

정옥분(2008). 유아교육연구방법. 서울: 학지사.

정옥분, 정순화(2007). 예비부모교육. 서울: 학지사.

정현숙, 유계숙(2001). 가족관계. 서울: 신정출판사.

조복희(2006). 아동발달(개정판). 서울: 교육과학사.

조부경, 백은주, 서소영(2001). 유아교사의 발달을 돕는 장학. 경기: 양서원.

조용수(2010). LGERI의 미래 생각(1)-10년 후 세상을 말한다. LGERI 리포트(1075), 36-54.

조용태(2003). 교육철학의 탐구. 서울: 문음사.

지옥정, 김수영, 정정희, 고미애, 조혜진(2008). 유아교육개론. 서울: 창지사.

천희영(2015). 만4세 유아의 스마트폰 이용정도와 발달특성, 생활시간 간의 관계 및 이용정
　　도 예측변인. 한국보육지원학회지, 11(6), 153-175.

최기영(1993). 현대사회와 유아교육. 경기: 교문사.

최문주(2017). 영ㆍ유아기 자녀에 초점을 둔 취업모 관련 변인 연구. 가천대학교 대학원 석
　　사학위논문.

최성우(2015). 부모의 확신의 일치성에 관한 탐구, 발달심리 · HRD연구, 12(1), 143-166.

최윤정, 김이선, 선보영, 동제연, 정해숙, 양계민, 이은아, 황정미(2019). 2018년 전국다문화
　　가족실태조사 연구. 한국여성정책연구원.

최창택ㆍ김상일ㆍ최문정ㆍ손석호ㆍ안장진ㆍ이승규ㆍ김보라(2015). 2015년 KISTEP 10대
　　미래유망기술 선정. 한국과학기술기획평가원.

통계청(2006). 인구통계연보. 대전: 사회통계국 인구동향과.

통계청(2007). 통계청 한국 표준 직업 분류. 통계청.

통계청(2008). 각 연도별 교육통계연도표. 통계청.

통계청(2010). 만 5세 이하 자녀양육실태. 통계청.

통계청(2011). 인구주택총조사보고서. 통계청.

통계청(2011). 2011년 5월 고용동향. 통계청.

통계청(2019). 다문화 신혼부부의 성별 출신국적 현황.

팽영일(2003). 유아교육의 역사와 사상. 경기: 양서원.

하늘빛유치원(2018). 2018학년도 행복어울림 하늘빛교육과정. 하늘빛유치원.

한국여성복지연구회(2005). 가족복지론. 서울: 청목출판사.

한국유아교육학회(1996). 유아교육백서. 한국유아교육학회.

한국유아교육학회(1996). 유아교육사전. 한국사전연구사.

한상길, 김응래, 박선환, 박숙희, 정미경, 조금주(2007). 교육학개론. 경기: 공동체.

한성심, 김현자, 김유진, 신현정, 임미혜, 이명숙(2008). 예비부모교육. 경기: 공동체.

허지연(2003). 탈북자의 탈북요인과 중국, 한국 이동경로에 관한 연구:이상적 정착지와 행위
변화를 중심으로. 고려대학교대학원석사학위논문.

허혜경, 김성희(2003). 아동건강교육. 서울: 창지사.

황광우(2006). 철학 콘서트. 서울: 웅진지식하우스.

황윤세, 임미혜, 이혜원(2009). 유아교육기관 및 어린이집 운영관리. 경기: 공동체.

황해익(2009). 유아교육평가의 이해. 서울: 정민사.

황해익, 송연숙, 정혜영(2009). 유아행동관찰법. 서울: 창지사.

황해익, 송연숙, 최혜진, 정혜영, 이경철, 민순영, 박순호, 손원경(2001). 유아교육기관에서의
포트폴리오 평가. 서울: 창지사.

황해익, 최혜진, 정혜영, 권유선(2014). 아동관찰 및 행동연구. 경기: 공동체.

Anderson, E. M., & Shannon, A. K. (1995). Towards a conceptualization of mentoring. In
T. K. Kerry & S. M. Mayes (Eds.), *Issues in mentoring* (pp. 25-34). London & New
York : Routledge.

Barbour, C., Barbour, N., & Scully, P. (2005). *Families, schools, and communities:
Building partnerships for educating children* (3rd ed.). Upper Saddle River, NJ:
Merrill/Prentice Hall.

Beatty, B. (1998). *Preschool education in America*. (미국유아교육사). (이원영 역). 서울: 교
육과학사. (원저는 1995에 출간).

Bredekamp, S., & Rosergrant, T. (1995). *Reaching potentials: Appropriate curriculum and
assessment for young children, Vol 2*. Washington, DC:NAEYC.

Bredekamp, S., & Willer, B. (1992). Of ladders and lattices, cores and cones: con-
ceptualizing an early childhood professional development system. *Young Children*,
47(3), 47-50.

Chudacoff, H. P. (2007). *Children at play: An American history*. New York and London:
New York University Press.

Cole, A., & Knowles, J. G. (1994). *Emerging as a teacher*. New York: Routledge.

Connelly, F. M., & Clandinin, D. J. (1988). *Teachers as curriculum planners: narrative of experience.* New York : Teachers Collage Press.

Diamond, K., LeFurgy, W., & Blass, S. (1993). Attitudes of preschool children toward their peers with disabilities: A year-long investigation in integrated classrooms. *Journal of Genetic Psychology, 154,* 215-221.

Diane, M. (2004). *Quick and easy ways to connect with students and their parents, Grade K-8: Improving student achievement through parent involvement.* London: Sage.

Dunn, J., & Kontos, S. (1997). Research in review: What have we lesrned about developmentally appropriate practice? *Young Children, 52*(5) 4-13.

Elkind, D. (1981). *The hurried child.* Reading, MA: Addison-Wesley.

Elkind, D. (2001). The adaptive function of work and play. *Play, Policy, Practice Connections, 6*(2), 6-7.

Feinman, S., & Floden, R. E. (1980). The cultures of teaching. In Wittrock, M. C. (Ed.), *Handbook of research on teacher thinking* (3rd ed.) (pp. 505-526). New York : Macmillan.

Fessler, R. (1995). A model for teacher professional growth and development. In P. J. Burke & R. G. Heideman (Eds.), *Career-Long education* (pp. 181-193). Springfield, IL : Charles C Thomas.

Frost, J., Wortham, S. C., & Reifel, S. (2005). *Play and child development.* Ohio, NJ: Pearson Education, Inc.

Fuller-Thompson, E., & Minkler, M, Driver, D. (1997). A profile of grandparents raising grandchildren in the United States. *The Gerontologist, 37,* 406-411.

Gandini, L. (1997). Foundations of the reggio emilia approach. In J. Hendrick (Ed.), *First steps toward teaching in the reggio way.* Upper Saddle River, NJ: Merrill' Prentice Hall, 14-25.

Gardner, H. (1999). *Intelligence reframed: Multiple intelligence for the 21 st century.* New York: Basic Books.

Glover, A. (1999). The role of play in development and learning. In E. Dau & E. Jones

(Eds.), *Child's play: Revisiting play in early childhood settings* (pp. 5-15). Baltimore: Paul H. Brooks Publishing Co.

Goodson. S. P. (1992). Paradigms, transitions, and the new supervision. *Journal of Curriculum Supervision, 8*(1), 62-76.

Hargreaves, A., & Fullan, M. G. (1992). *Understanding teacher development.* New York: Teachers Collage Press.

High/Scope Educational Research Foundation. (1989). *The high/scope k-3 curriculum: AniIntroduction.* Ypsilanti, MI: Authoe.

Hirsh-Pasek, K., & Golinkoff, R. M. (2008). *Why play=learning. Encyclopedia on Early Childhood Development: Centre of excellence for early childhood development* (pp. 1-7). Retrieved from May, 20, 2010. http://www.child-encyclopedia.com/documents/ Hirsh-Pasek-GolinkoffANGxp.pdf

Johnson, J. E., Christie, J. F., & Wardle, F. (2005). *Play, Development, and Early Education.* New York. Pearson. Allyn and Bacon.

Johnson, J., Christie, J., & Yawkey, T. (2001). *Play and early childhood development.* (놀이와 유아교육). (신은수, 김은정, 안부금, 유영의 공역). 서울: 학지사. (원저는 1999년에 출간)

Katz, L. (1985). The education of pre-primary teachers. In L. Katz (Ed.), *Current topics in early childhood education.* Norwood, NJ: Albex.

Katz, L. G. (1970). Teaching in preschools: roles and goles. *Children, 17*(1), 42-48.

Katz, L. G. (1972). Developmental stages of preschool teachers. *Elementary School Journal, 73,* 50-54.

Katz, L. G. (1989). 유아교사를 위한 제언 (이차숙 역). 경기: 양서원.

Lamb, M. E., Easterbrooks, A., & Holden, G. (1980). Reinforcement and punishment among preschoolers: Characteristics, effects, and correlates. *Child Development, 51,* 1230-1236.

Levin, D., & Carlsson-Paige, N. (1994). Developmentally appropriate television: Putting children first. *Young Children, 49,* 38-44.

Liberman, J. N. (1977). *Playfulness: Its relationship to imagination and creativity*. New York: Academic Press.

Lindsey, E. W., & Mize, J. (2001). Contextual differences in parent-child play: Implications for children's gender role development. *Sex Roles, 44*, 155-176.

MacDonald, S. (1997). *The portfolio and its use: A road map for assessment*. Little Rock, AR: Southern Early Childhood Association.

MacNaugton, G., & Williams, G. (1998). *Techniques for teaching young children*. South Melbourne, Australia: Longman.

Martin, S. (1999). *Take a look: Observation and portfolio assessments in early childhood*. Reading, MA: Addison-Wesley.

Montessori, M. (1965). *Dr montessori's own handbook*. New York: Schocken.

Montessori, M. (1966). *The Secret of childhood*. Notre Dame, IN: Fides.

Morrison, G. S. (1995). *Early childhood education today*. Columbus, OH: Merrill.

Morrison, G. S. (2007). *Early childhood education today*. New Jersey: Holt, Rinehart, & Winston.

NAEYC (1995). *Using NAEYC's code of ethics*. Washington, DC: National Association for the Education of Young Children.

National Association for the Education of Young Children (1991). Guidelines for appropriate curriculum content and assessment in programs serving children ages 3 through 8. *Young Children, 30*, 21-67.

National Association for the Education of Young Children (2006). *Self study kit: for program quality improvement through NAEYC early childhood program accreditation*. Washington, DC: NAEYC.

Noddings, N. (1984). *Caring: A feminine approach to ethics and moral education*. Berkeley: University of California Press.

OECD(2006). *Education at a glance: OECD indicators 2006*.

Olsen, G., & Fuller, M. L. (2003). *Home-school relations: Working successfully with parents and families* (2nd ed.). Boston: Allyn and Bacon.

Pellegrini, A., & Boyd, B. (1993). The role of play in early childhood development and education: Issues in definition and function. In S. Spodek (Ed.), *Handbook of research on the education of young children* (pp. 105-121) New York: Macmillan.

Raymond, D., Butt, R., & Townsend, D. (1992). Context for teacher development: Insights from teachers' story. In A. Hargreaves, & M. G. Fullan (Eds.), *Understanding teacher development* (pp. 143-161). New York: Teachers College Press.

Rychen, D. S. & Salganik, L. H. (Eds.). (2001). *Defining and selecting key competencies*. Gottingen, Germany: Hogrefe & Huber Publisher.

Rychen, D. S. & Salganik, L. H. (Eds.). (2003). *Key competencies for a successful life and a well-functioning society*. Gottingen, Germany: Hogrefe & Huber Publisher.

Schwartz, S. L., & Robison. P. C. (1992). *Designing curriculum for early childhood*. Boston, MA :Allyn & Bacon.

Shaffer, D. R. (1999). *Developmental Psychology: Childhood and adolescence* (5th ed.). Brooks/cole.

Smith, A., & Inder, P. (1993). Social interaction in same-and cross-gender pre-school peer groups: A partipant observation study. *Educational Psychology, 13*(1), 29-42.

Spodek, B. (1978). *Teaching in the early years*. Englewood Cliffs, NJ: Prentice-Hall.

Spodek, B. (1991). *Early childhood education*. Englewood Cliffs, NJ: Prentice-Hall.

Spodek, B., & Saracho, O. N. (1988). Professionalism and the early childhood education. In B. Spodek, O. N. Saracho & D. L. Peter (Eds.), *Professionalism and the early childhood practitioner*. New York : Teachers College Press.

Wardle, F. (1991). Are we shortchanging boys?. *Child Care Information Exchange, 79* (May/June), 48-51.

Williams, I. R. (1987). Determining the curriculum. In Seefeldt, C. (Ed.), *The early childhood curriculum, a review of current research*. New York: Teachers College Press.

Wing, L. A. (1995). Play is not the work of the child: Young children's perceptions of work and play. *Early Childhood Research Quarterly, 10*(2), 223-247.

법제처 국가법령정보센터 http://www.law.go.kr.

서울특별시보육정보센터(2003). http://seoul.childcare.go.kr

중앙보육정보센터(2008, 2009). http://www.educare.or.kr

중앙아동보호전문기관(2016). http://korea1391.org

중앙아동보호전문기관(2017). http://korea1391.org

통일부(2016). 북한이탈주민 현황. http://www.unikorea.go.kr

한국보육진흥원 평가인증국(2011). http://www.kcac21.or.kr

http://childstats.ed.gov/americas children/pdf/ac.2005/pop.pdf

Canadian Encyclopedia(2015). What is adult edcation? Retrieved October 25, 2014, from
    http://thecanadianencyclopedia.com/en/article/adult-education

http://www.famliy.org/Publications/mometum/August1999/fathers,cfm

http://www.highscope.org/EducationalPrograms/EarlyChildood/homepage.ht

http://www.naeyc.org/accreditation/ center_summary.asp)

찾아보기

저자 소개

우수경(Woo Soo Kyeong)
한국교원대학교 제1대학 유아교육과(교육학사)
한국교원대학교 대학원 유아교육 전공(교육학석사)
한국교원대학교 대학원 유아교육 전공(교육학박사)
현재 협성대학교 아동보육학과 교수
주요 저서-유아미술교육(공저, 공동체, 2016), 아동상담(공저, 공동체, 2017)

김현자(Kim Hyon Cha)
한국교원대학교 제1대학 유아교육과(교육학사)
오하이오 주립대학교 대학원 유아교육 전공(M.A.)
강원대학교 대학원 교육학 전공(교육학박사)
현재 경기도교육연구원 부연구위원
주요 논문-유치원 수석교사의 임용과 생활경험에 관한 질적 사례연구(2015)
　　　　　유치원 평가의 현장 적합성 제고 방안 연구(2018)

신선희(Shin Seon Hee)
한국교원대학교 제1대학 유아교육과(교육학사)
한국교원대학교 대학원 유아교육 전공(교육학석사)
충북대학교 대학원 아동복지 전공(문학박사)
현재 탄금유치원 원감
주요 논문-유아기 자녀를 둔 어머니의 놀이성과 유아의 정서능력 및 사회적 능력 간의 관계(2012)
　　　　　다문화가정 어머니의 개인변인과 문화적응스트레스가 유아의 행동특성에 미치는 영향
　　　　　연구(2013)

유영의(Yoo Yung Eui)

한국교원대학교 제1대학 유아교육과(교육학사)

한국교원대학교 대학원 유아교육 전공(교육학석사)

덕성여자대학교 대학원 유아교육 전공(교육학박사)

현재 순천향대학교 유아교육과 교수

주요 논문—셀프리더십 함양 활동이 유치원교사의 행복감과 조직몰입에 미치는 영향(2018)

　　　　Borich 공식을 붕헤 살펴본 유아의 놀이권리에 내한 교사의 중요도와 실행도에 대한

　　　　인식(2018)

김 호(Kim Ho)

한국교원대학교 제1대학 유아교육과(교육학사)

한국교원대학교 대학원 유아교육 전공(교육학석사)

한국교원대학교 대학원 유아교육 전공(교육학박사)

현재 경인교육대학교 유아교육과 교수

주요 논문—창의적인 인재양성을 위한 유아 창의성 교육의 새로운 방향(2016)

　　　　유치원교사의 효과적인 수업대화에 대한 중요도와 실행도 인식(2018)

김현정(Kim Hyun Jung)

강남대학교 유아교육과(교육학사)

한국교원대학교 대학원 유아교육 전공(교육학석사)

한국교원대학교 대학원 유아교육 전공(교육학박사)

현재 제주한라대학교 유아교육과 교수

주요 저서—아동관찰 및 행동연구(공저, 양서원, 2018)

유아교육개론 (2판)
An Introductionto Early Childhood Education

2012년 2월 25일 1판 1쇄 발행
2016년 3월 25일 1판 4쇄 발행
2019년 2월 20일 2판 1쇄 발행
2023년 1월 20일 2판 3쇄 발행

지은이 • 우수경 · 김현자 · 신선희 · 유영의 · 김 호 · 김현정
펴낸이 • 김 진 환
펴낸곳 • (주) **학지사**

　　　　04031 서울특별시 마포구 양화로 15길 20 마인드월드빌딩 5층
대표전화 • 02) 330-5114　　　팩스 • 02) 324-2345

등록번호 • 제313-2006-000265호

홈페이지 • http://www.hakjisa.co.kr
페이스북 • https://www.facebook.com/hakjisabook

ISBN 978-89-997-1750-5 93370

정가 21,000원

저자와의 협약으로 인지는 생략합니다.
파본은 구입처에서 교환하여 드립니다.

출판미디어기업 **학지사**

간호보건의학출판 **학지사메디컬** www.hakjisamd.co.kr
심리검사연구소 **인싸이트** www.inpsyt.co.kr
학술논문서비스 **뉴논문** www.newnonmun.com
원격교육연수원 **카운피아** www.counpia.com